从创业者到企业家

从目标管理到自我管理，助推"从1到n"

李会军 著

ONE N

管理者就是管理能力 · 管理者就是管理意愿

✦ 目标管理是企业经营管理的起点　✦ 目标管理的核心目的在于促进自我管理
✦ 系统化和结构化的工具构建企业经营管理体系和促进目标达成　✦ 方针目标必须与三现主义结合

经济管理出版社
ECONOMY & MANAGEMENT PUBLISHING HOUSE

图书在版编目（CIP）数据

从创业者到企业家 / 李会军著 .—北京：经济管理出版社，2020.6
ISBN 978-7-5096-7217-4

Ⅰ.①从… Ⅱ.①李… Ⅲ.①创业—研究 Ⅳ.① F241.4

中国版本图书馆 CIP 数据核字（2020）第 108254 号

组稿编辑：杨国强
责任编辑：杨国强 张瑞军
责任印制：黄章平
责任校对：张晓燕

出版发行：经济管理出版社
（北京市海淀区北蜂窝 8 号中雅大厦 A 座 11 层 100038）
网　　址：www.E-mp.com.cn
电　　话：（010）51915602
印　　刷：三河市延风印装有限公司
经　　销：新华书店
开　　本：710 mm×1000 mm/16
印　　张：22
字　　数：326 千字
版　　次：2020 年 8 月第 1 版　2020 年 8 月第 1 次印刷
书　　号：ISBN 978-7-5096-7217-4
定　　价：68.00 元

编　委　会

前言 蜕变有方法

人类存在的奥秘不在于活着，而在于寻找为之而活的目标。

——陀思妥耶夫斯基

关于民营企业家成长和企业绩效突破这个课题，笔者探索和实践已经有9年了。

但关于这本书，笔者已经准备了至少15年。

一、15年前开始的一个梦想：通过管理助力中国企业成长

彼时的2003年，东风汽车公司与当时行业盈利能力最好的汽车企业之一的日产汽车公司合资成立了中国当时最大的中外合资企业——东风汽车有限公司（简称DFL）。DFL成立伊始，总部率先组建并要求每个子公司成立一个全新的部门：QCD部，主要职责是在日产派驻专家的指导下，全面导入"日产生产方式"（Nissan Production Way，NPW），这被称为"QCD改善"，意指围绕顾客需求的质量、成本和交付期进行改善。

2004年初，笔者通过竞聘的方式成为某核心动力总成公司新创部门的负责人。

通过学习和比较才能获得真切感受：中国企业的管理模式和方法是多么落后，即使所谓中国管理最好的央企之一；系统的管理方法和工具能够非常有效地帮助企业绩效提升。

当时笔者曾经问过一位日产派驻中国的管理专家一个问题，中国企业

的管理比日本落后多少年？他含蓄地说，50年吧。笔者又追问，是100年吧？他笑而不答。

笔者当时曾多次与本部门的团队成员交流，我们未来应该去创办一家管理咨询公司，向中国企业导入既系统又高效的管理方法和工具。

一年后，笔者作为合资公司6万名员工中的18位代表之一，因为参与"商用车相关事业的QCD改善"获得2005年"全球日产总裁奖＆MC-GOM奖"金奖。表彰笔者对理解和应用"方针管理"（目标管理和PDCA结合在日本创新的管理方法）的贡献。

2006年，笔者又因为参与"V-up在DFL的展开"，作为20位代表之一获得2006年"全球日产总裁奖＆MC-GOM奖"特别奖，成为当时唯一一位获得两项"全球日产总裁奖＆MC-GOM奖"的中国人。

V-up方法是对当时"日产复兴计划"所实施的任务小组制（欧美的群策群力方法和日产的方针管理方法相结合）基础上发展和创新的一套系统的管理方法及工具的称谓，它致力于围绕企业确定的方针目标进行跨职能、跨组织协作的绩效突破。

在此期间，DFL又与某世界著名的某人力资源公司合作，构建全新的组织和人力资源管理体系，我们部门配合人力资源部门担当了评价、指标模块的任务。在这个过程中，笔者对"人"的激励特别是意愿的激发有了全新的认识，当时提出了"人"与"事"互为载体，促进方针目标的达成和绩效的突破。

后来，因为公司的需要，笔者又负责过营销中心（前后负责过两次，曾领导实施过配件订单4倍突破的模式创新）、经营管理中心（含人力资源、财务、信息化、QCD等部门），对企业的经营管理积累和沉淀了更深入的理解和实践认知。

应该说，2004~2010年这7年中国最大合资公司的学习和实践经历让笔者受益匪浅，体会最深的几点在于：

（1）目标管理是企业经营管理的起点。没有目标就没有方向，而企业的目标必须从竞争力和收益力两个维度构建。竞争力是顾客感受到的价值，是与竞争对手的QCD进行比较的结果；收益力是以投资回报率、销售利润率、资产周转率为衡量的投入资源的生产力。上述两个维度是企业方针目标制定的起点。

（2）目标管理的核心目的在于促进自我管理。在明确公司方针的基础上提炼出公司的目标，并层层向下分解，上级的对策（日产称为方策）就是下级的目标。每位员工只有在明确自身目标的基础上才能发自内心（不需要被控制和推动）地做好自我管理。只有全员做好了自我管理，企业的目标才能达成和实现。

（3）系统化和结构化的工具构建企业经营管理体系和促进目标达成。企业是一个"过程"，达成目标需要一个"过程"，通过构建达成目标的充分条件和要素，将相关要素流程化，通过流程图的形式做到可视化、具象化表达，并运用好相关工具，如树状图、流程图、亲和图、矩阵图等，统一团队认知，快速碰撞出目标达成和突破的方向和方案。

（4）方针目标必须与三现主义结合。如果没有"现场、现实、现物"的三现主义，方针、目标都是空中楼阁。同时，在"三现"之前必须加上"二原"（原理、原则），即"二原三现主义"，用一句话可以表达：运用原理，依据原则，到现场去，仔细观察现物，用当时的情景进行判断（决策）——这是企业领导和员工必须统一的工作标准。

其中，两个"无限"的原则对笔者而言印象尤为深刻：无限地与顾客的需求同步，无限地凸显课题并进行改革。

后来经常有人问笔者对DFL业绩突破的看法，笔者总结了两点：一是能力问题，因为日产生产方式围绕顾客需求进行的QCD改善，围绕跨职能绩效突破的V-up教会和相对统一了6万员工的方法和工具，解决了能不能干的问题；二是意愿问题，因为适时导入了组织和人力资源体系，解决了6万名员工想不想干的问题。

笔者因此得出一个结论：管理者就是管理能力，管理者就是管理意愿。

一个企业的领导人赋能于员工能力和意愿的程度，决定了企业绩效成长和事业发展的高度。

二、2010 年开始实践，助力多家亿元规模小巨人企业突破瓶颈

2010 年 5 月，笔者离开了工作 14 年的央企，与另外一位共同研究 TOC（限制理论）的营销专家合伙创办了一家管理咨询公司。我们当时创造了一个"黑手党提案训练营"的咨询产品，希望通过结构化的方式和方法做到一个绩效管理团队同时服务多家企业（我们称为"1 对多"）绩效突破和成长。

感谢长沙市工信委（现称工信局）领导的决心和魄力，于 2010 年 9 月开始了一项前无古人的由政府购买管理服务的创举，即促进小巨人企业管理升级、绩效突破的"十百千管理升级擂台赛"活动，这项活动持续到 2012 年，近 3 年时间共服务 100 多家小巨人企业。目前统计看，超过 15 家企业已经成功登陆 A 股。已经出版《100 天突破》和《突破瓶颈》两本书记录了整个过程。

这个过程是笔者探索民营企业家成长、中小企业绩效突破的开始，这个过程伴随着笔者从央企视角到民营视角的突破和蜕变，特别是近距离观察、学习和探索创业者进化的心路历程，笔者的实践和突破可以总结为以下几点：

（1）"三个一切"的提出，理论、方法和工具的融合创新。我们当时提出了"一切从目标开始、一切用流程梳理、一切由瓶颈突破"，实际上，细心的读者能够发现，前两个"一切"就是日产生产方式的方针管理和 V-up方法的核心，后一个"一切"是学习应用 TOC 的成果。我们希望通过方针目标明确方向，通过流程梳理达成目标的要素、资源和过程，通过明确瓶颈找到第一步、实现快速绩效突破。

（2）从繁复中还原到简单。民营企业的管理基础之薄弱，即使是所谓1 亿~5 亿元销售规模的小巨人企业也一样让人震惊，原来繁复的日产生产

方式（方针管理有 13 张表单、一个合资公司的班长 1 个月要填写 100 多张基础表单）和 TOC 的方法、工具必须结合中国民企特点简化。所以，笔者充分发挥自己定制工具的特长，作为教练组组长的我为"管理升级擂台赛"的参赛企业统一简化设计了四张表单：瓶颈识别图、目标蓝图、行动计划表、KPI 激励机制表，为方法和工具的快速导入打下了基础——既简单，又系统，才能帮助到民营企业和民营企业团队。

（3）运用"促进者"的方式促进企业从瓶颈突破到绩效成长。每个企业都需要一个外部的观察者，更需要一个中立的促进者，每一个企业家也需要一个张良，特别是需要一个外部的、可以不用"证明老板是对的"的张良。我们将原来在合资公司作为促进者促进一个项目团队绩效突破的方式运用到一个个企业，设计了"六步 PK 导入"方法和工具的 6 个步骤，同时，总结和运用了三种学习和实践结合的方法：实践学习、团队学习、竞赛学习，教练团队作为促进者促进企业团队学以致用，促进企业绩效突破、目标达成与团队成长有效结合。

在这个过程中，我们开始了一个问题的思考和探索，为什么中国 4000 万家企业中，中小企业占到了 99%，为什么绝大部分企业在 1 亿元营收规模这个"坎"上止步不前，"营收 1 亿元"成为难以逾越的瓶颈？在服务更多企业的基础上，笔者觉得更大程度上还是"人"的问题，借用古语：成也萧何、败也萧何。可以说：成因为创始人，到一定程度止步不前也是因为创始人。

笔者因此得出了一个结论：只依靠方法是不够的，企业的创始人（实际控制人）必须突破自己。笔者因此提炼了一个公式：创业者的自我进化 + 从目标管理到自我管理的管理体系和方法 = 企业绩效突破、成长成就。

笔者个人总结，创业者成功创业并将企业带到 1 亿元规模的水平，他应该具备一些有极强脸谱意义的特质：

（1）极端地想证明自己的渴望和野心。创业者必须有强烈的企图心、野心，特别在创业之初，很大程度上需要强烈的自恋和对成功的渴望。

（2）极强的目标感。没有目标就没有方向，有了目标就一定要达成目标，并且为了达成目标付出不亚于任何人的努力。

（3）极端的机会主义和勇气。创业者都能看到机会，并促成生意或交易，他必须在99%的人都认为不可能的环节发现机会，并以极大（失败了无非从头再来）的勇气去将机会成真。

（4）百折不挠的精神、毅力和责任。创业没有一帆风顺，创业路上都充满了坎坷和苦难，创业者必须有一种让自己坚持下来的精神、毅力和责任，而只有经历风雨才能见到彩虹。

但是，如果上述特质发展到一定程度成为限制时，那么企业也就只能止步不前了，如证明自己变成了唯我独尊，机会主义变成了盲目自信（自恋），目标意识变成了刚愎自用，百折不挠变成了认死理。

在上述四点基础上，笔者认为，创业者需要对自己进行"反人性"的自我进化，辅以高效的经营管理方法和工具的有效应用，企业创始人是可以实现从创业者向企业家进化的，当然这需要自省、促进和陪伴。

（1）从一个人到一群人。从将知识工作者培养为内部岗位上的创业者开始，从发掘和培养合伙人开始，从发掘和培养接班人开始，将大家培养成你的样子，而你不断进化为大家的牵头人。这个时候，你需要找到自己的位置，发挥自己对这个组织最大的效用。

（2）从证明自己到给团队证明自己的机会。创业者发挥和发展自己的人性而创业成功，向企业家进化过程中需要反思自己的人性，给员工以发挥和发展人性、证明他们的机会。企业家无私成自私，创业者自私成无私。必须做到不与民争利（名、权），逐步从自我到忘我、再到无我。

（3）从自己的目标出发，发掘和培养全员的使命感，进而构建全体员工共同的使命、愿景、价值观和目标。这需要方法和工具，这是本书的重点内容。应用高效的方法和工具，反过来促进创业者放心地放下自己，成就团队和员工的成长成就，最终成就企业的成长成就。

（4）从机会主义到创造机会。成功是因为机会，但成功之后不能只看到现在的机会，更需要创造未来的机会和可能，关注市场和顾客，视变化为常态，迎接变化，将变化视为重新创新创业的机会，创造更大的可能和未来。

（5）从自己的百折不挠到促进团队自我管理。只有团队做到了如创业者一样的思维和行为，实现了自我管理，才能解放老板。让员工成为创业者和岗位英雄，让创始人做企业家应该做的事，他需要从一个个人英雄进化为一个团队领袖。

在上述总结的基础上，笔者用一句简单的话阐明创业者和企业家的区别和联系：一个创业者发掘和培养出一群创业者了，他就从一个创业者进化为一个企业家了。

三、继续实践，助力更多处于规模化瓶颈的企业突破

2013~2015 年，笔者被一家集团性质拥有多家子公司的制造业主板上市公司聘请担任总裁，促进其绩效突破和事业发展。笔者和团队于 2016~2017年在"大众创业、万众创新"的洪流中通过"1 对多"模式帮助了 300 多家创业者（创业期企业）进行商业模式优化创新，同时采用顾问的形式重点帮助了几家有潜力的企业成长。2018~2019 年，笔者和团队为清华工研院孵化和投资的企业进行管理升级服务，并负责了一段时间的"清华 BI（挪威商学院）教育项目"运营。

2013 年，笔者与另外 11 位创业者共同组建了一家投资公司，并以联合创始人的身份参与到几个实体企业的创业中，有成功也有失败，但这并不重要，重要的是收获了一种切身的体悟。

这段时间的实践，特别是既在企业外部观察又作为企业联合创始人的实践，使笔者对创业者需要向企业家进化，企业家必须永葆创业者激情的认知更加深刻：

（1）创业者和创业企业在发展到一定阶段后，一个"个人英雄"可能已经成为组织发展的限制，必须量身定制建立经营管理体系，通过系统的、体

系化的管理解放自己，促进全员围绕企业的共同目标而不是围绕创业者这一个人努力创造价值。

（2）已经发展到一定规模和阶段的大公司必须时刻保持警醒，它构建的经营管理体系不能变成僵化的官僚体系。企业必须保持与时代同行的创业者精神，这时候需要一群个人英雄内部创新创业，重构价值体系，为顾客、资本和社会持续创造价值，实现价值成长。

（3）创业者和企业家是一个人的两面，创业者需要向企业家进化，企业家是创业者成长的结果，创业者是企业家必须永远保持的特质之一。

那么，创业者如何向企业家进化？笔者认为，必须"人"与"事"互为载体，互促互进协同突破。

需要从统一目标作为出发点，以实现组织中每位知识工作者（从创业者本身做起）的自我管理作为落脚点，即"从目标管理到自我管理"，助推创业者向企业家进化，助推企业"从1到n"。

基于自身的实践和认知进化，笔者优化了2010年提出的"三个一切"为新的三句话：从目标开始、用流程梳理、由机会着手。

这三句话构成的三个维度可以让我们从经营管理的角度诠释创业者和企业家的区别和联系，创业者和企业家都有自己的目标，都会从机会着手，但角度、高度和深度不同。而创业者和企业家最大的区别在于是否能够用"流程"打通顾客价值、资本（经济）价值和组织知识之间的链接，在于通过"流程"不断基于目标链接机会，在于不断从点状思维到系统构建进而实现组织效能最大化，在于基于组织力量促进知识工作者创造50倍的生产力。

笔者简单绘制了一张表格（见表0-1），希望从经营管理的"事"的视角梳理和审视一下创业者和企业家在"人"的视角的区别和联系，希望对创业者向企业家进化提供参照价值。

表 0-1　从经营管理视角看创业者与企业家的区别和联系

维度		人：创业者→企业家	
		创业者	企业家
事：经营管理体系	从目标开始	①以赚钱为目的制定目标或无量化目标 ②目标是自己的，全员觉得难以理解和做到 ③将目标当成控制手段，员工可能会抵触	①从使命、愿景、价值观出发制定远大目标 ②目标既是自己，更是利益相关方共同的 ③使目标成为激励全员的最有效因素
	用流程梳理	①通过点状要素创造性思维、决策和行为 ②通过个人聪明才智达成目标、解决问题 ③员工责权利不清，自己变成裁判员	①从顾客需求出发制定企业价值交付流程 ②通过流程再造共创利益相关各方共赢 ③通过流程落实责、权、利，培育创业者
	由机会着手	①视"关系"为机会 ②将机会作为做生意（交易）的起点 ③更多时候能开拓顾客，但难持久服务 ④更多时候不是从机会而是从问题着手	①视时代进步和顾客需求变化为最大机会 ②从核心竞争力出发有所为、有所不为 ③激发知识工作者的意愿和能力创造机会 ④将机会作为开创新事业的起点

　　这三句话构成了本书中阐述的建议企业构建的基于"目标管理和自我管理"的最简经营管理体系的核心内容，通过这三个维度构建经营管理体系，企业将有效夯实管理基础，促进绩效快速突破。

　　本书的第一部分，重点阐述如何从目标开始。

　　目标就是方向。企业需要在统一使命、愿景和价值观基础上明确全员共同认知的远大目标。企业目标是顾客价值、资本（经济）价值和核心竞争力（组织知识）的完美结合。只有目标管理才能促进员工实现自我管理，促进员工成为岗位上的创业者。

　　当然，首先需要创业者做好"自我管理"，管理自己、影响他人，用自己的行动诠释企业使命、愿景、价值观和战略目标；其次是制定企业目标并有效地分解到不同的专业和层级的部门和岗位，落实到最终每个岗位员工的

"目标管理和自我管理";最后必须做好目标本身的过程管理,有效地系统落实个人和组织目标及绩效的 PDCA,最终真正实现企业所追求的使命和目标。

本书的第二部分,重点阐述如何用流程梳理。

企业本身就是一个"过程",达成目标也需要一个"过程"。这个"过程"从顾客的需求发现到需求满足,就是企业的价值链和流程,但这需要梳理、定制和持续优化。围绕企业的目的——创造顾客,价值链和流程梳理使组织中的每位专业知识工作者都能明确自身岗位追求的成果和价值,最终汇聚为组织的成果创造——创造顾客价值、创造资本(经济)价值。

经过从目标到价值链、流程梳理、定制和优化,每位专业岗位的知识工作者都能明确他们的岗位目标、岗位任务、岗位责任和岗位权力,并实现责、权、利统一,使其"成为自己的首席执行官"(德鲁克著名文章标题)进而真正实现自我管理。

本书的第三部分,重点阐述如何由机会着手。

要由机会着手而不是从问题着手,做正确的事而不仅仅是正确的做事。

机会在外部。在顾客未被满足的需求和隐性的需求中,在社会发展进步的认知、知识和变化中,企业必须有组织地去洞察,将顾客的需求和变化转化为企业创造的价值、产品和服务。当然,这个前提和最大的挑战是如何有组织地放弃过去。

机会又在内部。机会是因为我们企业自身的组织知识和核心竞争力才有能力抓住和创造,而企业的核心竞争力是知识工作者知识聚合的结果。所以,机会在知识工作者的大脑里,在被有效地激发意愿和能力之后,被企业有效组织起来的创新、创造、创业中。

本书写作的出发点实质上是帮助从创业期向成长期突破的企业家和企业建立一个既系统又简单的基于目标、流程和机会,进而实现"目标管理和自我管理"的经营管理体系,通过体系领导、经营和管理一家企业,而不仅是靠创业者个人或几个人。同时,使创业者从能力成长角度收获自信,进而实现心理成长和进化,实现从冲锋在前的创业者到指挥若定的企业家的成长、蜕变和升华。

　　本书尝试将理论、方法和工具进行结合，尝试将过去笔者服务的一些企业案例结合方法和工具进行诠释，希望能够更加高效地与读者进行交流和互动。当然，如果有的企业案例不能具名，则笔者会用"某公司"代替，如果可以（特别是公开资料显示的案例）具名就会直接具名，并注明出处。

　　本书开篇从讨论笔者自身的经历、总结和心得开始，参考彼得·蒂尔所著《从0到1》一书，我们也可以考虑从另外一个维度区分一下创业者和企业家：从0到1、到5甚至最多能到10的是创业者，从10到100甚至以上的是企业家。

　　如果，从0到1依赖个人英雄、一位创业者，从0到5或到10则需要依赖一位超级英雄、一位超级创业者；那么从10到100则必须也必然要依靠一大群创业者撑起一位企业家或者反过来说：一位成功的企业家是因为领导和造就了一大群优秀的创业者而被称为企业家的（无论是在其企业内部还是外部产业链或更大的范围），而一位创业者因为只是他一个人、只有他一个人在创业，所以，他只能是创业者。仅从字面上理解，这也是"者"和"家"、一个人和一群（家）人的区别。

　　希望本书能够对达到一定规模需要突破的企业，特别是需要从创业者实现向企业家转型升级的企业创始人和高管团队有所帮助。当然，即使做到了10、50、100的企业家，本书也一定会对你和你的组织内部的创业者们有所帮助。

　　这是笔者写作本书的目的，也是这本书的目标。

　　当然，本书难免有疏漏之处，请各位读者批评指正。想了解更多实践进展，探讨更多实践体会，请关注"一亿先生教练"公众号。我们期待能与智慧的你一起实践，共同分享、共同创造。

目　录

第一部分　从目标开始

第一章　制定"远""大"目标 …………………………… 3

一、企业经营追求的到底是什么? …………………………… 3

二、谁认知的成果? …………………………………………… 8

三、制定远大的目标 ………………………………………… 15

四、基于成果进行系统化、结构化和组织化的目标制定 ……… 21

第二章　制定目标不能"拍脑袋" …………………………… 26

一、问六次为什么 …………………………………………… 26

二、以终为始,从企业希望的理想状态开始构建充分条件 …… 29

三、远大目标的制定需要先从横向协同展开 ………………… 30

四、从顾客需求出发,站在顾客的角度构建充要条件 ……… 35

五、站在"组织知识"即核心竞争力匹配顾客需求的角度审视 … 38

六、同步考虑同业(竞争对手)进行价值再造 ……………… 40

七、销售增长目标是企业最重要的目标 …………………… 47

八、明确内部的价值交付的生产力 ………………………… 49

九、从 VIP 顾客到终生顾客 ……………………………… 51

第三章　为"自我管理"而制定目标 ……………………… 53

一、知识工作者必须"自我管理" ………………………… 53

二、公司目标必须是公司使命、愿景和价值观的体现 ……… 57

三、从战略目标到经营管理体系构建 ·················· 61

四、从战略目标到目标分解，构建与公司目标方向一致的个人目标 ··· 64

五、做好目标到指标（值）的系统平衡 ·············· 71

第四章　目标管理的力量·················· 78

一、共享目标，责任到人 ·················· 78

二、目标管理体系 ·················· 81

三、专门项目（课题）的目标管理 ·············· 88

四、目标管理的前提是做好日常管理 ·············· 91

五、构筑企业"组织知识"、构建核心竞争力·········· 96

第二部分　用流程梳理

第五章　企业就是一个"过程"·············· 103

一、达成目标需要一个"过程" ·············· 103

二、价值链 ·················· 107

三、创新价值链 ·················· 109

四、流程——将任务落实到岗位和个人 ·············· 112

五、价值链是企业家"重组社会生活"最有效的工具 ········· 116

六、你必须"领导"这个"过程"·············· 119

第六章　价值链定制·················· 122

一、企业必须定制价值链 ·················· 122

二、顾客是谁? ·················· 124

三、战略定位和价值主张：顾客认知的价值和企业核心竞争力的交集 ··· 128

四、价值链定制的程序 ·················· 132

五、有组织地"创新"：创造第二曲线 ·············· 136

第七章 从价值链到流程······················· **145**

一、突破中国式创业的情义制约 ··················· 145

二、必须站在顾客的角度梳理价值链和编制流程 ····· 148

三、从价值链到流程 ·························· 150

四、从流程节点到关键控制点 ···················· 157

五、流程优化 ································ 161

第八章 从流程到责任到组织··················· **165**

一、流程是制度最高效的表达和呈现形式与方式 ······· 165

二、从流程到岗位职责 ························· 168

三、岗位职责 ······························· 170

四、目标管理必须基于自我管理落地 ·············· 174

五、人人组织和动态进化 ······················· 178

第三部分 由机会着手

第九章 发现"我是谁"························· **191**

一、什么是机会 ····························· 191

二、基于成果审视组织优势、资源和核心竞争力 ······· 193

三、顾客和产品交互分析 ······················· 195

四、从顾客到市场和竞争分析 ···················· 200

五、顾客贡献和产品贡献分析 ···················· 202

六、知识和资源匹配分析 ······················· 207

七、价值链匹配分析 ·························· 209

八、经营分析和初步结论 ······················· 213

第十章　发现"顾客是谁" ···················· **217**

一、因为创造需求而创造顾客 ············· 217

二、观察、问询、倾听 ·················· 220

三、归纳、总结、升华 ·················· 229

四、解决方案 ······················ 234

五、调查式营销 ····················· 238

第十一章　发掘意愿 ······················· **240**

一、敬业度之惑 ····················· 240

二、敬业度是一种意愿吗? ·············· 243

三、笔者 15 年绩效激励机制的实践和体会 ······ 245

四、激励是老板的首要职责 ·············· 253

五、向上看愿景,对下负责任 ············· 259

六、目标、组织和机制——机制、组织和目标 ······ 261

第十二章　发掘能力 ······················· **264**

一、成长的力量 ····················· 264

二、管理的力量 ····················· 270

三、自我管理的力量 ·················· 273

四、领导的力量 ····················· 279

五、组织的力量 ····················· 283

第十三章　高效行动 ······················· **291**

一、挑战 50 倍的生产力 ················ 291

二、资本（经济）价值＝顾客满意度 × 员工敬业度 ······ 294

三、战略定位和业绩突破同时启动 ·········· 297

四、事与人同时互动互促 ················ 300

五、价值链定制打通利益相关方共赢 ⋯⋯⋯⋯⋯⋯ 302

六、目标管理和自我管理构建经营管理体系 ⋯⋯⋯⋯ 304

七、从目标、机会、资源到计划 ⋯⋯⋯⋯⋯⋯⋯ 308

第十四章 从 1 到 10 再到 100⋯⋯ ⋯⋯⋯⋯⋯⋯⋯ **312**

一、从一个人到一个组织再回到组织中的每一个人 ⋯⋯ 312

二、合伙人的重要性 ⋯⋯⋯⋯⋯⋯⋯⋯⋯⋯⋯ 314

三、一个企业家带领一群创业者持续进化 ⋯⋯⋯⋯⋯ 315

四、从 1 到 n,从蜕变到聚变到裂变 ⋯⋯⋯⋯⋯⋯ 320

致 谢⋯⋯⋯⋯⋯⋯⋯⋯⋯⋯⋯⋯⋯⋯⋯⋯⋯ **325**

第一部分　从目标开始

如果一个人的人生之舟不知驶向何方，那么它的航行将会是痛苦并徒劳的。

——黑格尔

企业的使命和任务，必须转化为目标。

——彼得·德鲁克

第一章　制定"远""大"目标

卓有成效的管理必须将所有管理者的愿景和努力指向同一个目标。它必须确保每一个管理者都理解企业需要自己实现什么样的结果。

——彼得·德鲁克

阅读本章前，你需要首先问自己几个问题：

（1）为什么要创办一家企业？

（2）企业经营的目标是什么？

（3）你觉得怎样的目标才能称得上远大目标？

（4）企业的目标来源于（或谁的要求）什么？

（5）你目前已经应用了什么方法和工具让你能够结构化地进行企业的目标制定？

一、企业经营追求的到底是什么？

很多创业者告诉笔者，他创业的初衷是赚钱（或缺钱花）。这没有什么不对，但似乎少了一些什么东西，可以试着换一个角度再思考一下。

德鲁克给出的答案是：成果。

讨论什么是企业的成果或企业经营追求什么样的成果好像有点"小儿科"，因为早在50多年前的1964年，德鲁克出版的《成果管理》书中就已经明确了，该书第1章"企业的现实中"是这样描述的：经营可以被定义为一个将外部资源（知识）转化为外部成果（经济价值）的过程。

在这里提出"什么是企业经营或企业经营追求的到底是什么"的主要原因是，50多年过去了，很多创业者并没有理解他为什么创业或者创业为了什么。这也可能是日产管理专家认为中国企业管理落后日本50年的原因之一吧。

德鲁克强调，企业的目的是"引导消费、创造顾客"，因此，"企业的基本职能只有两个，营销和创新，其他一切都是成本"。

回答企业的目的就是"引导消费、创造顾客"这一结论是从企业的目的和目标出发的，这也是本书最为关键的主题之一和起点。从这个角度理解，企业存在的目的，一方面要尽可能地满足顾客、市场和社会的需求，提供顾客满意（"满足感"）的产品和服务，即所谓顾客价值（一个也已经被用滥的但还必须使用的词汇）；另一方面要谋求最大的经济效益，也就是追求经济成果，即所谓的经济价值或资本价值（本书会将这两个词放在一起使用，虽然这两个词既有区别又有联系）。德鲁克用一句话将这两点完美地匹配在了一起："想创造经济成果的公司必须在某些为顾客或市场带来真正价值的方面取得领先地位。"

这句话包含了三个层面的意思：

一是企业必须明确服务的对象是顾客，并能够为顾客或市场创造顾客认知的价值。

二是企业必须具备"领先"这个条件，不论对"领先"如何定义，但总有一点是关键因素：顾客或市场认为企业（提供的产品和/或服务）有价值，不是企业甚至是创业者自己认为自己有价值，所以，这个"领先"起码应该是在洞察顾客需求并在某些（一）环节满足顾客需求的领先。

三是只有顾客或市场认为有价值，才会用自己的"购买力"去投票，进而使企业创造经济（资本）价值。所以，经济（资本）价值实际是追求顾客价值、市场领先后的结果而不是目的，更不是目的的全部。

认为什么是成果实际上就是一种价值观,考虑如何(为谁)创造、交付和兑现这种成果(价值)实质上就是企业的使命。

稻盛和夫在他著述的书中记述了他创业不久面临员工辞职的心路历程,用以诠释他创业时提炼公司使命和价值观的痛苦过程:

你们既然有辞职的勇气,为什么没有勇气相信我呢?为了大家,我就是拼上性命,也要守护好这个公司。如果你们发现我是为我自己的私利私欲经营企业,那么,到时杀了我也行!

交谈持续了三天三夜,我总算说服他们留在了公司。但是,经历了这样的交涉,我不能不重新思考公司存在的意义。也就是说,即使是这么一家不起眼的小公司,年轻的员工们也是准备托付自己的一生才进入公司的。

此后的几个星期中,我心情沉闷,苦苦思索。最后我这么想:"当初,我是为了实现我作为技术人员的梦想才创办公司的,但公司一旦成立,员工们却是为了托付终身才进入公司的。这样的话,公司就有了比实现我个人的梦想更为重大的目的。这个目的就是保障员工及其家庭的生活,就是谋求他们的幸福。而站在最前头,为实现员工的幸福而奋斗,就是我的使命。"

于是,我就把京瓷的经营理念确定为:"在追求全体员工物质和精神两方面幸福的同时,为人类社会的进步发展做出贡献。"

就明确了京瓷存在的意义。京瓷是一家追求全体员工物质和精神两方面的幸福,并为社会为世人做贡献的企业。这样,员工就把京瓷当作"自己的公司",把自己当作经营者,像经营者一样拼命工作了。同时,从这一刻开始,我与员工的关系已经不再是经营者与劳动者的关系,而是为了同一个目的共同奋斗的同志关系。而在全体员工之间也萌生出了真正的伙伴意识。

如果创业者能够有这样一个公司使命、价值观或企业经营理念提炼的过程,那么将会为这个企业未来的成长、成就注入强大的基因力量。

正如德鲁克在《管理的实践》一书中指出的:"企业原本就是人类的社会组织,企业的经营绩效也就是人表现出来的成绩。人的团体必须以共同的信念为基础,必须用共同的原则来象征大家的凝聚力。"

1999 年，德鲁克在 89 岁高龄时出版了《21 世纪的管理挑战》一书，书中指出："每个组织都有自己的经营之道，即一套自己的假设，涉及组织的业务、组织的目标、规定目标的方法、组织的客户、客户的价值和客户的需要。"

这也是企业制定"远""大"目标的基础。

所以，德鲁克说："不理解企业的使命、目标和战略，就无法对管理者进行管理，就无法对组织加以设计，管理工作也就无从富有成效。""他们（管理者）必须知道和了解最终的商业目标，知道企业对他们的期待是什么、为什么这样期待，以及企业会以怎样的尺度对其进行衡量"。

德鲁克在《管理的实践》一书中提出了企业宗旨的经典三问：

我们经营的事业是什么？

我们经营的事业应该是什么？

我们经营的事业将来是什么？

我们的创业者在向企业家的进化过程中需要不断体会和实践经典三问，并在体会和实践中实现自己及企业的蜕变、升华。

德鲁克在《管理的实践》一书中提出了企业的八大目标，其中包括：

（1）营销；

（2）创新；

（3）人力资源；

（4）物质资源；

（5）财务资源；

（6）生产力；

（7）利润；

（8）社会责任。

笔者认为，这八大目标必须按照三个层面进行理解和应用：

第一个层面：营销和创新层面

德鲁克认为"企业的基本职能只有两个：营销和创新"，营销的目的在于充分了解顾客，将其潜在需求转化为实际需求，并提供相应的产品与服务。创新则是赋予人力、物力创造更大财富的任务，用超越过去的方法满足顾客需求。所以，"除了营销和创新，其他的一切都是成本"。

这其中创新的目标是最难以制定、量化和管理的，特别是它的成效和时间几乎不能被"计划"，更难以被"考核"，它只能被希望、被期待、被追求。这是所有企业目标管理的难点和重点。正如德鲁克所强调的："创新就是通过改变产品和服务，为客户提供价值和满意度。"虽然改变就会伴随风险，但我们必须创新——"企业家从事创新，而创新是展现企业家精神的特殊手段。创新活动赋予资源一种新的能力，使它能创造财富"。

第二个层面：人力、物质、财务资源和生产力层面

三大资源目标是为了实现营销和创新目标的投入，从一个角度看是成本，从另一个角度看是必需的投入。衡量三大资源创造成果的标准就是"生产力"。所以，德鲁克又说："把优势变为生产力是企业的唯一目的"，当然，笔者理解，德鲁克所讲的生产力是通过营销和创新所创造的成果与投入资源的衡量标准。

彼得·德鲁克在《成果管理》第5章"成本中心和成本结构"中提出了"成本（或称资源）—生产力"的衡量标准：首先，以每1美元工资创造出的产出和利润作为衡量员工生产力的成本的标准；其次，以员工付出和机器运转的每1小时创造出的产出和利润作为衡量时间生产力的成本的标准；最后，以企业动用的每1美元的全部资金创造出的产出和利润作为衡量资本生产力的成本的标准。

德鲁克同时指出："企业内部没有利润中心，只有成本中心"，我们必须聚集资源于机会，创造成果（顾客价值和经济价值）。

第三个层面：利润和社会责任

彼得·德鲁克在《管理：任务、责任、实践》中指出：

"首先，利润是经济成果的检验——而且是唯一的有效检验。"

7

"利润的第二种职能是对于不确定性的风险的报酬。"

"利润，而且只有利润能为明日的工作提供资本，既为更多的工作又为更好的工作提供资本。"

"最后，一个社会的经济满足和服务，从卫生保健到防务、从教育到歌剧，都是用利润来支付的。它们都必须用经济生产的剩余，即经济活动所生产的价值及其成本之间的差额来支付。"

"符合一个企业的需要的最低限度的利润率就是资本的成本。这个最低限度的利润率就是向企业提供它达到其目标所需的财务资源的资本市场利率。"

所以，利润在一定程度上也是企业的社会责任。

在20年前从事管理工作之初，笔者面对"八大目标"时产生过不少困惑，主要在于：这八个方面就能够构成企业的全部目标吗？或者说，如何通过这八个目标进行有效的目标管理，并在目标管理的基础上落实"自我管理"呢？

德鲁克并没有给我们一个"落地"的答案。

二、谁认知的成果？

成果或价值在更大程度上是一种"感知"，价格或金钱只是衡量的角度之一，或者是因为"感知"成果和价值之后的结果。

什么是企业的成果不是单方面决定的，更不仅仅是由创始人一个人或企业内部的人决定的。

从"企业的目的是创造顾客"这个论断出发，应该说顾客视角、资本视角、员工视角和外部利益相关方视角共同作用和决定了：我们企业的成果到底是什么？企业的目标源于谁的要求（需求）？

（一）顾客视角是审视成果和制定目标的第一基准

正如彼得·德鲁克指出的：客户的满意度是衡量企业绩效和结果的基础。

"顾客是谁？顾客应该是谁？顾客在哪里购买？顾客重视的价值是什

么?"这几个问题,构筑了顾客视角审视成果,并将成果转化为企业目标的起点。

在最传统的工业企业,他们首先从销售收入的结果角度——从顾客购买的是"满足感"的角度;再从质量、成本、时间和服务四个过程角度来考虑提供顾客"重视的价值",因为这些指标对顾客视角的成果更"容易"量化。但实际上,仅仅这样做是不够的。因为没有人花钱买"产品",无论是ToB还是ToC还是服务型、知识型的企业,顾客买的都是"满足"。但是,没有人可以供给"满足",所以企业必须利用出售的产品或服务,使顾客达到"满足"。

很多教授、专家、学者、咨询公司都在做着这方面的尝试,试图量化一切,为制定所谓的KPI并落实目标考核服务。而且,衡量成果一般都是按照月、季、年等周期状态下进行的,而这与实际不符。因为顾客不可能按照自然的时间周期或企业设定的周期去表达"满足"或"满意"与否。

顾客对企业的了解和认知并产生的购买行为,实际上是由一个个的"接触点"叠加获得"满足感"的过程和结果。

在笔者看来,从顾客价值角度诠释企业的目标可以从以下维度思考:

(1)按照顾客需求、了解、认知、认可、购买、拥护(重复购买和转介绍)(借鉴了《营销革命4.0:从传统到数字》一书,作者:菲利普·科特勒,何麻温·卡塔加雅,伊万·栋蒂亚万)的过程(我们可以将顾客与企业接触的每一个时点称为"接触点")对顾客的"满意度"和"满足感"进行衡量。

(2)定量与定性结合(见本书第十章,发掘"顾客是谁",通过如何有效地市场调查来详细解读)可能是更好的一个选择。

(3)企业内部既可以按照传统的月、季、年进行总结、归纳、改善和提升;更可以按照具体的"接触点"进行定性和定量的评估,并在此基础上进行总结、归纳、改善和提升。

将顾客的价值认知转化为企业整体和为顾客提供"满足感"的每位员工的目标,即需求发现,本身就是一个艰巨的挑战,更不要说想把认知完全转化为定量的目标。

一家以别墅装修为主营业务的家装公司，按照传统的结果衡量销售收入和过程的 Q、C、D、S 的目标设置方式并不能将顾客的"满足感"转化为全员的目标和行动。在笔者为他们的服务过程中，我们摒弃了按照月度僵化设置目标的方式，按照项目的过程，即将整个项目服务过程设置了 8 个关键节点，在关键节点上引入了定量、定性结合的顾客评价，通过顾客在关键触点表达"满足感"，实现了将顾客认知价值转化为整体企业交付价值的各个节点、相应岗位员工的目标（和 / 或改善）、责任和行动。如表 1-1 所示：

表 1-1　客户满意度调查表

项目	阶段				
（5 分制，最高 5 分，最低 1 分）请打钩	杰出（5）	优秀（4）	合格（3）	一般（2）	差（1）
让您满意的环节有哪些？					
让您感觉多余和不满意的环节有哪些？					
您有什么好的意见或建议？					

通过表 1-1，企业管理者和具体交付者按照项目交付过程设定的 8 个关键接触点，判断企业和具体岗位员工在整个过程中使顾客"满足"的程度和趋势。

通过趋势和顾客评估了解顾客"满足感"的变化，了解是什么影响了顾客满意度和满足感的变化，既为企业和团队制定项目目标，更为及时、快速地指导每个责任人做出改善和创新打下了基础。一个目的：顾客满意——因为企业的目的是"引导消费、创造顾客"。

需要重申的是，满意度目标和结果与月度的目标（销售收入，过程目标：质量、成本、交期、服务等）匹配分析，会得出更加具有指导意义的改善经营和企业内部交付价值的程序的改进措施。

（二）资本视角是明确成果和制定目标的衡量基准

一家主营食品、保健品原材料并以出口贸易为核心业务的新三板上市企业（该公司目标、战略和组织优化的案例会贯穿本书始终）需要股权融资，请笔者作为专家对其商业计划书（包含战略规划、商业模式和年度经营计划）进行评审，他们提出了一个对未来的预期目标，核心是收入增长和利润实现。如表 1-2 所示：

表 1-2 某贸易公司过去 3 年实绩和未来 3 年的战略目标（万元，取整后的非真实数据）

	2016 年	2017 年	2018 年	2019 年（预测）	2020 年（预测）	2021 年（预测）
总资产	2000	3000	7000	10000	15000	20000
销售收入	7000	6000	5500	7000	10000	12000
利润	850	300	400	700	1000	1200

该公司董事长对数据的解读在于以下几个关键点：

（1）2016 年是公司历史上销售和利润最好的一年。

（2）2017 年、2018 年的销售收入和利润的下滑是因为启动了制造工厂的投资，又因为启动新三板上市补交了很多税费，加之美国和欧洲市场的变化，导致收入和利润双双下降。

（3）投资工厂是因为国际客户的要求，必须有工厂，以有效保证成本和质量，会对未来销售和利润提升做出更大的贡献，未来预期的结果是在利润率为 10% 的情况下的核算。

笔者针对董事长的描述提出了一个问题，股东（或资本方）到底关注的是什么，是利润吗？

这家公司的董事长说："是投资回报率（净资产收益率）！"

笔者告诉他，该企业对战略目标设定的考虑中，只考虑了经济价值的角度，但未从资本价值的角度考虑经济价值，目前设想的销售收入和利润的增长速度并不符合实际的资本投资而带来的资产增加的速度，没有达到资本层面对企业经济价值的要求（本书会在本章后文分析这个问题）。

这说明，我们很多创业者甚至是企业家本身作为资本方的首要代表，不能对资本的价值做到有效衡量，或者说提出的经济价值不能衡量资本价值（所以本书试图将资本价值和经济价值综合考虑），更不用说站在资本的角度做出有效决策，制定有效、必须达成的资本价值和经济价值统一的目标。

当然，投资回报率只是衡量资本价值和经济价值的一个维度，过程的衡量角度包括成本和费用的花费，包括固定资产的投资和流动资产的周转，包括负债的高低或者权益乘数的大小。

（三）员工（或内部）视角是最重要的企业"核心竞争力"的基准

现在的企业基本都已经发展为知识型组织。在知识型组织中，作为知识工作者的员工基本上都是"知识供应商"。他们的目标、行动和过程中根据具体情况的决策对企业价值创造能力甚至发展方向，不仅构成了直接的重大影响，更是企业"核心竞争力"的源泉。

因为知识是任何企业所拥有的一项和唯一截然不同的资源。正如德鲁克指出的："只有在知识上，企业才会与众不同，才会生产出在市场上有价值的东西。"所以，最高管理层的任务是：动员、组织、安排和指引知识，将这些知识、将这些资源分配给机会，进而创造出最大的成果。

知识工作者的资源是他本人拥有的知识和时间，他们的知识学习、实践、积累、付出、与其他员工共同协作是创造成果和价值的基础，加之他们愿意投入时间的多少以及有效性，构成了员工对企业成果贡献的衡量标尺。而且，员工对成果的认知程度直接决定了其对企业目标的认知程度，构成了他们付出知识和时间进而创造性地达成目标、创造成果的基础。

德鲁克曾经作为案例提到过一位卓有成效的管理者的好习惯：他每年两次让自己的下属写"经理来信"，在这封写给上级的信里，要求"每一名管理者首先根据自己的理解，界定上级的工作目标，以及自己的工作目标"。

当然，我们现在有了更加有效的方式，即"绩效面谈"，但如果上级没有"人类学"的功底，有将绩效面谈搞砸的风险，或者将绩效面谈变成一个上级对下级探讨下级对错得失的讨论，却误将自己"置身事外"。

德鲁克也认为"目标管理的最大优势或许在于它让管理者得以控制自己的绩效……更强的激励……更高的绩效目标，更广阔的愿景"。

笔者对"自我控制"这个词持"反对"态度，而倾向于使用"自我管理"，德鲁克也不喜欢"控制"这个词，他强调说明他用"控制"表达的是"测量"的意思，他在《21世纪的管理挑战》一书中，专门用了一章的篇幅详述如何做好"自我管理"。所以，笔者理解，自我管理是在目标管理的基础上，"它意味着引导自我、引导工作的能力"，并"能够对照目标，测量自己的绩效和结果"，更重要的是在此基础上改善、改进、突破，创造更大的绩效和成果。

如果企业的目的是创造顾客，那么"市场是成果的载体，知识就是资源"。

所以，德鲁克认为："'管理'意味着用思想代替体力和肌肉，用知识代替民风和迷信，用协作代替强权。它意味着用责任替代服从，用绩效的权威替代权力的权威。"

所以，从员工角度去审视成果和目标格外重要。

（四）其他利益相关方同样发挥了界定什么才是企业追求的成果和目标的作用外部供方同样是企业的顾客

特别是对于平台型的组织，顾客、供方是相互转化的。如图1-1所示：

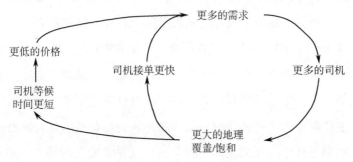

图1-1 大卫·萨克斯关于优步良性循环模式的餐巾纸草

司机和顾客都是优步顾客,他们是相互作用的,构成了一种所谓的"网络效应"。

即使是传统的价值链型公司,供方同样是公司保证顾客"满意"的关键环节。

企业的外部机构同样是企业重要的利益相关方,如政府、社会组织等,企业的目标源于这些利益相关方共同的诉求。

结合上述利益相关方分析和八大目标分析,笔者绘制了一个利益相关方与八大目标匹配图。如图 1-2 所示:

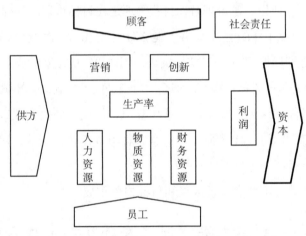

图 1-2 利益相关方与八大目标匹配

图 1-2 试图表达以下含义:

(1) 目标源于利益相关方的诉求和需求,从企业相对紧密的四个利益相关方(顾客、资本、供方、员工)划出了一个企业的认知边界。

(2) 营销和创新作为目标,连接顾客,充分体现了企业的目的是创造顾客。

(3) 生产率(在本书中,生产率与生产力是一个意思)是三大资源目标衡量产出的结果,支撑营销和创新,进一步的目标是创造顾客满足感。

(4) 生产率(力)是利润的基础,而且利润是资本(方)价值的需求。

(5) 利润是社会责任的基础,社会责任既是企业对内部的也是对外部的利益相关方的责任。

三、制定远大的目标

彼得·德鲁克指出：目标不是命运，是方向；目标不是命令，是承诺；目标不能决定未来，它是调动企业管理资源和精力创造未来的手段。

《3G 资本帝国》一书告诉我们：一定要"Think big, think long"。

还是前述那家主营食品和保健品原材料出口贸易的新三板上市企业，除了与他们交流他们的目标需要在销售收入和利润的基础上增加投资回报率的衡量之外，笔者对其战略目标的设置也提出了两个维度的思考建议。

第一个维度是过去的理想状态，即过去未投资工厂（大规模投资固定资产：工厂）前，相对轻资产的状态下最好年份的投资回报率或总资产回报率的情况。假设在未来工厂的固定资产投资后总资产达到的一定规模的情况下，按照最好年份的总（或净）资产回报率倒算，必须达到多少销售收入，才能达到历史上最好年份的状态。

第二个维度是未来的理想模型，即基于公司期望的未来 A 股上市的目标，按照 A 股上市公司的年度最低 5000 万元净利润的要求，必须达到多少的销售收入才能实现这个目标。

在上述两个理想状态的综合考量下，这个公司未来的具体战略目标（指标）实际上就已经被锁定了。

最终，该企业的战略目标被设定为 5 年 A 股上市，具体战略目标如表1-3 所示。

表 1-3　某贸易公司 5 年战略目标

	2016 年	2017 年	2018 年	2019 年（预测）	2020 年（预测）	2021 年（预测）	2022 年（预测）	2023 年（预测）
总资产（万元）	2000	3000	7000	7000	7000	7000	10000	15000
销售收入（万元）	7000	6000	5500	7000	21000	30000	42500	63750

续表

	2016 年	2017 年	2018 年	2019 年（预测）	2020 年（预测）	2021 年（预测）	2022 年（预测）	2023 年（预测）
利润（万元）	850	300	400	700	2100	2975	4250	6375
利润率（%）	12.14	5	7.27	10	10	10	10	10
总资产回报率（%）	42.5	10	5.7	10	30	42.5	42.5	42.5
备注	过去的理想状态	利润率最低谷	总资产回报率最低谷	低谷	增长	回归最好的自己	突破之年	上市之年

表 1-3 与表 1-2 是一家公司在不同的假设和不同的思维角度下的不同结果，变化在于：

（1）表 1-2 只考虑了销售收入增长，按照 10% 净利率核算利润，但未从资本价值的角度思考。

（2）表 1-3 确定了两个基准：一是历史上最好的自己，从总资产回报率角度衡量；二是从未来企业自身的一个阶段重点目标——A 股上市的最低基准要求。

（3）表 1-3 承认在投入期的 2017~2019 年连续 3 年的投资回报处于低谷阶段，这是企业向制造、向重资产转型的必须经历的过程（当然，假设这个重资产的投入是正确和有效的情况下）。

（4）该公司应该在 2018~2021 年保持工厂 60% 的投资强度，使企业逐步将内部价值链进行平衡和生产力提升，达到最优的总资产回报率的状态，再在此基础上逐步追加投资，最终达到 A 股上市最低的基准要求。

当然，上述案例还有一个需要考虑的对标基准，即同业的上市公司，按照同业的上市公司的利润率、总资产回报率、投资回报率进行综合分析。也就是说，通过外部标杆进行分析，可能会得到其他更加具有意义的目标和可能性。

上述案例是从总资产回报率和利润率，历史上曾经的最好的自己和下阶段一个关键点（登陆 A 股资本市场）两个基准值，进行综合平衡的结果。如果将总资产回报率换作投资回报率（或称净资产回报率）测算又会获得不同的结果；如果将假设进行修正，如利润率自 2020 年逐年增加，对销售收入增长的压力就会降低。

所以，上述结果是在不同假设、变量或可能性变换基础上核算的一种可能情况。承载了企业对自身、对市场、对未来的一种判断，是对目标和行动的一次有效决策。

作为领导者，自己挑战不可能的欲望必须比其他任何人都要更强烈。所有伟大的公司都是抱着比谁都更想赢、更想发展的欲望，制定"远""大"的目标，并能够迅速行动的公司。

当然，只有领导者挑战"远""大"目标是远远不够的，领导者必须鼓舞全员同样接受挑战。但是，要创建真正有必胜信念的理想团队，在鼓舞成员之前，领导者自己必须身先士卒迎接挑战。让员工做到的，自己一定要先做到——要让员工感受到：不管外面的社会是什么观念，在自己的企业里，越有追求就越能获得工作和生存的价值。让每位成员体会并意识到这一点，既是领导者的工作，也是领导者的责任。

当然，树立远大目标的同时，必须为这个要实现的目标找到充分必要条件和匹配相应的资源，这个问题我们将在后续的内容中逐步讨论。

利·加拉格尔（Lenny Rachitsky）其《爱彼迎传：打造让用户热爱的产品》书中写道："Airbnb 的首席执行官 Brian Chesky 以将目标翻倍而闻名于世，他经常把我们的目标提高到 10 倍。"

在书中，利·加拉格尔提出五个关键因素：

（1）设置跳出舒适区的目标。Airbnb 的方法是，总是选择一个让我们感到非常不舒服的目标，同时清楚地理解为什么实现这个目标对企业来说是不可思议的。

当设定目标时，我们经常会问两个问题：①要达到这个目标，需要实现什么？②如果没有任何障碍（预算、人员等问题），你能完成到什么程度？

（2）确保有人对这个目标直接负责。实现这一目标需要个人的努力。如果一个目标只是数字没有负责人，那么它肯定不会发生。

（3）考虑长期任务。为了确定今年的目标，我们通常会研究5~10年的信息，包括增长方面以及我们的使命方面。

（4）给目标建立起跨职能团队，并让团队拥有实现目标的所必须的权限。作为一名领导者，首要任务是组建正确的团队，为他们指明正确的方向，并保持警惕，为他们扫清障碍。

（5）庆祝成功，而不惩罚失败。这个目标最初的意图是推着你前进，而不是让你完蛋。如果你没有达到目标，但离目标很近了，那你就要恭喜团队，然后继续下一个雄心勃勃的目标。

上述这五点，很值得企业创始人思考、理解并做到。

要事优先——从机会优势出发的优先级决策和行动。一家某省级农业龙头企业，以鲜奶作为主业，通过4年多的创业发展，打造了"种、养、加、销、游、创"六位一体的产业链协同共创的经营模式。在自身发展的过程中，得到了当地政府的有效支持，政府的产业引导基金也对其进行了投资。在2018年终的一次会议上，当地分管农业的副市长希望该公司未来3年销售规模要达到一定的数量级，为当地经济发展做出贡献。

这当然也是企业所有股东和经营团队的希望，公司创始人兼董事长在年度经营和战略研讨会上向所有股东和高管理团队通报分管副市长的希望时，大家产生了共鸣。

但是，在如何发展的问题上大家因为不同的角度而发生了分歧，新加盟公司、在奶品行业有着多年丰富实战经验的公司总经理提出了在鲜奶基础上快速扩张的多品类计划，公司原联合创始人之一（个人第二大股东、前任总经理）提出了优先购进原种奶牛，优化品种，滚动发展的建议。

笔者作为创始股东之一发现，无法用1年的目标来统一大家的意见。于是，笔者作为公司经营管理委员会的促进者提出了一个用4年后的目标倒推当下"要事",当然的前提是基于使命,发挥优势、创造机会的情况下。经过大家讨论,我们制定了公司的"一页战略",如表1-4所示。

表1-4 某奶业公司的一页纸战略

愿景	持续为消费者提供安全、营养、新鲜的生态食品,成为健康生活的引领者
使命	做有益于人类健康的事业
价值观	用良心做食品,用坦诚待客户
绩效目标	3年销售收入达到……亿元以上,三年利润分别达到……万元、……万元、……万元以上; 建设(略),存栏奶牛数量达到信……头以上; ROIC达到……%以上
战略(差异化)	围绕一杯鲜牛奶,如下略……
战略选择: 在哪里竞争	目标客户:略 产品:略 渠道:略
战略选择: 如何竞争	构建与现有市场不同的核心竞争力来实现战略目的: 1.略 2.略 3.略 4.略 5.略
资源支撑	硬件:资金支撑、人才支撑、物流体系构建 软件:战略协同支撑、经营管理协同、产业链利益协同、板块投资回报机制协同、信息化支撑

通过这一张A4纸,让大家统一了目标和方向,特别是统一了当下企业前进的"天才第一步":优先购置原种奶牛,为后续持续滚动发展打下坚实基础。

这个"一页纸战略"实际上同样是"Think big, think long"的结果。当然,更是强调使命、愿景和价值观的必然结果,是构建"优势机会"策略、统一股东和经营团队目标和行动的结果。

通过这一案例，我们可以得到几点重要的启示：

（1）如果不从"远""大"的目标出发，在高管层面统一目标和方向的可能性都没有。

（2）重申企业的"创业初心"的重要性，特别是在关键时刻：如年度经营计划制定、战略研讨和修正时，重申或重新思考企业使命、愿景和价值观非常重要。

（3）关于企业的优势到底是什么的思考。德鲁克认为，"这种优势始终是知识上的优势，即人们通过某些事给企业带来领先地位的能力（摘自《成果管理》）"。需要通过向股东和经营团队成员确认，公司自成立以来，之所以走到今天所构筑的市场信誉或顾客对公司的认知到底是什么。也就是公司的战略定位到底是什么，只有这样才能明确公司的"有所不为、有所为"——放弃什么，为的是抓住和创造什么。

（4）必须明确的问题是：我们的机会在哪里？（这一问题笔者会在本书第三部分用五章的篇幅重点讨论和强调）这些机会是不是我们的机会？为什么？——一个当然的理由是：因为这是我们的优势所在，当然是我们可以抓住和创造的机会。

有了上述的思考和讨论，并形成结构化的战略方向，企业就可以将资源和行动进行优先级的调适及明确，并在此基础上努力创造和配置最优的资源，即分配关键的资本和人力资源，特别是拥有强大知识的知识工作者，去努力实践。

正如德鲁克在《21世纪的管理挑战》一书中指出的："战略将经营之道转化为绩效。它的目的是帮助组织在不可预知的环境中取得预期的成效。战略有助于组织有目的地抓住一切有利机会。"

"战略也是对经营之道的检验。若在战略的指导下无法取得预期的成效，这就是重新思考经营之道的第一个严重警告。而意外的成功，也是需要重新审视经营之道的第一个信号。如果没有战略，'机会'也就不能称其为机会。"

四、基于成果进行系统化、结构化和组织化的目标制定

小艾尔弗雷德·斯隆所著《我在通用汽车的岁月》一书（华夏出版社，刘昕译）的第128~130页这样描述道：

"唐纳森·布朗先生来到通用汽车，也带来了相关的财务标准。这是一种针对管理效率、从业务的各个方面——财务控制、考虑预期生产需求的投资计划、成本控制及其他类似问题——确立行为规范的方法。换句话说，布朗先生充分发展了投资回报率的概念，并使其既可以评价各事业部的运营效果，又可以评价宏观的投资决策。他的这一概念可以用方程式表达，从而可以直接计算投资回报率。……

"当然，投资回报率受到业务中各项因素的影响。因此，如果一个人能够看出这些因素是怎样分别作用于投资回报率的，他就完全看透了这项业务。为了深入了解这样的规律，布朗先生将投资回报率定义为利润率和资金周转率的函数（二者相乘得到投资回报率）。如果你搞不懂这一点，那就不用管它，只要记住下面这句话就可以了：你可以通过提高与销售相关的资金周转率或利润率来提高你的投资回报率……你可以将这理解为通过对指标的合成和分解，来了解业务运营中利润与亏损的结构，从本质上讲，这是一个将事物逐渐可视化的过程……

"为了使这一概念发挥作用，所有事业部经理都必须就他的运营成果提交月度报告……

"高层经理定期研究这些事业部投资回报率报告。如果情况不令人满意，我或者其他的执行官们和该事业部总经理就需要采取的纠正措施进行协商……

"统一会计作业的发展使我们能够对各事业部内部情况进行分析，并可以将一个事业部的绩效同其他事业部相比较。但是，同样重要的是，这种统一的会计作业——尽管中间也存在一些例外——从实际生产成本和开发运营

效率标准两个方面为我们的管理成本会计提供了指导方针。"

这个方程式就是杜邦公式,简单的理解如图 1-3 所示:

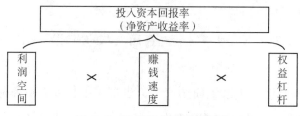

图 1-3　杜邦公式的简单逻辑

杜邦公式实际上不仅仅是个公式,更重要的是一种系统化和结构化的思维逻辑,特别是将顾客价值、资本(经济)价值和生产力统一在了一起。如图 1-4 所示:

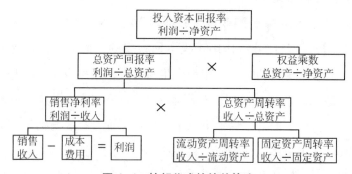

图 1-4　杜邦公式的简单算法

通过上述公式,读者们回顾表 1-2 和表 1-3 的变化以及笔者所进行的分析,大家就会发现,在不同的角度和维度下会得到不同的假设下的结果。

通过杜邦公式,我们可以得出一些虽然简单但绝对重要的结论,特别是可以将企业的"远""大"目标有效地呈现,将企业经营的思路和优先级有效地呈现。如图 1-5 所示。

笔者得出两个方向上的思考:

(1)图 1-5 从上向下即从开源到产出(笔者过去用得最多的是"节流",但从本书起,笔者将节流改变为产出,意指所有的成本都是为了产出更大的生产力而必须投入的资源）、再到加速、最后到杠杆，是一个已经有顾客、有收入、有业务的公司绩效突破的思维路径。

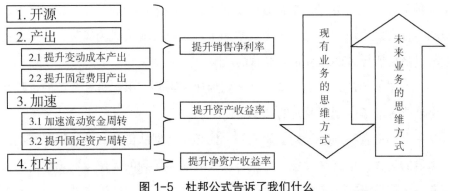

图 1-5　杜邦公式告诉了我们什么

这一点很好理解，"开源"第一，毕竟"企业的目的是创造顾客"，销售增长是创造顾客的结果。

内部投入的资源都是为了创造成果而必须付出的成本，必须同时考虑资源的投入产出效力，德鲁克在这一点上给出了一个关键的衡量目标：生产力。生产力包含了图 1-5 中的"产出"和"加速"两个环节。

德鲁克在《管理的实践》一书第 5 章"企业是什么"中指出："生产力意味着所有生产要素之间的平衡，能以最少的努力，获得最大的产出。""生产力提升完全是以规划取代劳动、脑力取代体力、知识取代汗水的结果"。

他同时指出，会计师混起来统称为"管理费用"的人这其实包含了最具生产力的资源：管理者、规划人员和设计师、创新者（本书第十二章就是探讨企业如何将"人"的"管理费用"变为"有效激励"），当然指的是这类"管理费用"：生产性的管理费用——用于管理者、技术或专业人才的费用。

德鲁克同时指出，企业必须避免出现"寄生性的或摩擦性的管理费用"。这种费用不但没有提高生产力，反而降低了生产力，根本原因是管理人员（特别是"搭便车"的）过多，反过来会制造摩擦。这种管理费用必须删除。

资金效力和效率是必须考虑的资本投入目标，所以如何用最快的"资金周转"、最少的资金投入创造经济价值是"加速"的目标，也是衡量资本生产力的目标之一。

杠杆（权益乘数）同样是为了支撑规模必须付出的成本，同时，杠杆也是一种资源的获得方式，是企业在发展过程中必不可少的从社会调用资本资源的一种有效手段。当然，这个成本如果过大就可能会成为风险，特别是负债率过高后所导致的各种企业经营的风险。

（2）图1-5从下向上，即从杠杆到加速、再到产出、再到开源的过程是一个创业者准备启动创业时的思维路径。

一个创业者在准备开始创业之初，他必须规划从创意到产品到顾客选择和满足的过程。他必须设想自己、合伙人或能够找到的天使投资（对创始人而言，天使投资在一定意义上也是杠杆）是多少，股权融资之外，还需要多少债权融资，能够支撑创业企业最基本的经营。

自筹 + 股权 + 债权融资为了投资，投资多少固定资产和流动资产，决定了企业的产能。

流动资产是由企业与上下游的商业模式和内部的工艺流程决定的，也是在创业之初产品定型和确定相应的固定资产投资时决定的，这决定了资金周转率。

固定费用很大程度上是由固定资产的投资额度决定的。一个笑话告诉我们，如果办公室摆放了多张办公桌，老板一定会想办法尽快招聘将其填满——所以，开始创业的时候，固定资产的投入越少越好。

成本是由创业者创造的产品和 / 或服务决定的，设计决定了产品成本的80%，包括材料成本和制造成本等变动成本。

我们需要把"产能"卖出去，实际上，在固定投资启动的那一刻，企业的产能已经被决定了。营销必须加速这个过程，以"产能利用率（销售收入 ÷ 产能）"衡量，并尽可能实现产销平衡。这样，投资回报率最大，也能最快实现。

所以，从创业之初，企业基本的投资回报率已经被决定，当然，后续运营效率提升也有一定的空间——最大的突破机会也一定是顾客结构和产品结构调整（营销和创新）带来的突破。

这就是杜邦公式在经营管理中作用巨大的应用，将企业的使命、愿景、价值观，将顾客、资本、员工等利益相关者的期望统一在一起，既可总结过去，又可展望未来，供企业创始人和经营管理团队在不同的变量调适下有效决策。

第二章　制定目标不能"拍脑袋"

创造未来的努力不是为了确定我们明天应做什么，而是为了确定我们今天应做什么，才能拥有明天。

——彼得·德鲁克

阅读本章前，你需要首先问自己几个问题：

（1）公司制定年度（战略）目标吗？哪些目标是最重要的？为什么？

（2）公司年度目标达成率处于什么水平？

（3）公司怎样制定年度（战略）目标？

（4）公司在制定目标过程中有哪些值得肯定或需要改善的环节？

（5）你认为怎样制定目标才不至于"拍脑袋"？

一、问六次为什么

人们都有一种喜欢"归因"的倾向，甚至急于归因、简单归因、单一归因。实际上，这个世界大部分情况下很难是线性的"因果"关系，更多情况下是朝一个方向努力，发掘更多机会、集成更多资源、投入更多时间、增加更多概率而已。

丰田汽车公司在苏格拉底式提问的基础上发展出了"问五次为什么"。很多人把它当作针对过去出现问题分析原因的有效方法。

　　实际上，活用"问五次为什么"可以作为有效制定并分解目标，进而找到目标达成的充分条件（要素、资源），同时落实由谁做、从哪里做起、什么时间完成的有效方法。

　　我们知道，"苏格拉底式"的提问有四个递进的维度：

　　第一是问本身，"这是什么"；

　　第二是往前多问几次"为什么"；

　　第三是往后多问几次"所以呢"；

　　第四是往两边多问几次"还有别的可能吗"。

　　对于"目标"管理，我们可以在"苏格拉底式"提问的基础上，通过"问六次为什么"展开目标并为目标管理打下基础：

　　（1）Who? 企业、组织或个人的目标是谁（不止一个或一类）的诉求和期望？或者说制定目标必须让谁满意，这样的目标才有意义？——我们在第一章中已经讨论了公司的目标的源头这个问题：目标源于利益相关方的诉求。

　　（2）Why? 为什么需要考虑他（她、它）的诉求？他（她、它）的诉求为什么如此重要？——这个问题我们在第一章中也已经重点讨论过，但具体到企业内部的部门或个人，则又有一定的不同。

　　（3）What? 利益相关方认为什么重要？基于这些认知需要制定什么目标？目标的达成必须具备的条件是什么？或者说为什么这些条件具备了，目标就一定能够达成呢？——这是本章讨论的重点。

　　（4）How? 为了达成目标，或者说明确了达成目标的充分条件，怎样做才能更加高效地达成目标呢？——这是本书第二、第三部分讨论的课题。

　　（5）How much? 目标达成的程度是多少？定量的数值和 / 或定性的评价目标达成的衡量基准是什么？——我们在第一章中已经就此部分进行过讨论，并且这也是下一章讨论的重点之一。

　　（6）Who? Where? When? 确定了目标（同时明确了定量和定性的衡量标准），也明确了达成目标的条件和资源，那么由谁、在哪里、在什么时限内完成呢？在时限到达之后，用衡量基准进行测量、归纳和总结之后，如何回到"Who？"重新开始问起……

同样一件事情，因为角度不同，思维的结果就会有很大差异，如对公司业绩或公司利润，从不同维度思考就会产生不同的结果。如图 2-1 所示：

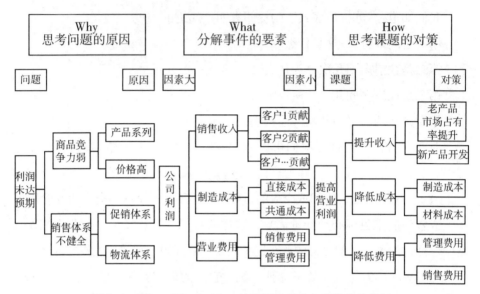

图 2-1　Why、What、How 的不同思考的角度带来的差异

从 Why 的角度思考，我们更多情况下想到的是为什么。

从 What 的角度思考，我们更多情况下想到的是什么。

从 How 的角度思考，我们更多情况下想到的怎么做。

笔者看到了太多的企业，无论是老板还是企业内部的员工，思考和做事的起点都是 How，这实际上非常可怕，如果搞不清楚是什么，更搞不清楚为什么，可能会陷入一种盲目的状态——方向不明干劲大，这非常无效甚至事与愿违。这本身也是为什么企业经营一定要"从目标开始"的出发点。

如果第一章讨论的是"Who"和"Why"，那么本章重点实际讨论的就是"What"。

二、以终为始，从企业希望的理想状态开始构建充分条件

我们可以把本章开篇德鲁克的话换个角度表达：确定了希望和一定要做到的理想状态的明天，我们必须确定今天一定要做什么，这样才能真正创造、拥有理想的明天。

杜邦公式实际上是一个从"资本方"的"资本价值"这个角度构建充分条件的起点。从"资本方诉求的资本价值"这个起点基础上，通过销售利润率引出的销售收入将顾客价值和满意度进行了有效导入。

它以投资者的诉求——"投资回报率"为目标，以"开源"——销售收入的实现为顾客价值的衡量目标，再向内部的成本、费用和资金周转展开。

可以说，杜邦公式将利益相关方的诉求归纳在一个树状图上。每位从事"经营管理"事业的知识工作者，都应该向创造性地梳理出"杜邦公式"的100多年前的杜邦公司的经营管理者们致敬。

笔者总结的"开源"—"产出"—"加速"—"杠杆"四个维度，可以说是达成目标投资回报率的充分必要条件。

从 Why 创办公司的目的和目标是经济价值和顾客价值，到 What 从投资回报率到销售利润率，到资金周转率，再到杠杆，再到 How："开源""产出""加速""杠杆"，最终回归到实现最初设想的 Why。

本书第一章中的"一页纸战略"的案例，就是从对 3~5 年后的期望构建这家公司的理想状态，即从"公司经营的事业将来是什么"开始构建，反过来思考"公司经营的事业是什么？公司经营的事业应该是什么？"以始（使命、价值观）为终（愿景），以终（战略目标）为始（现在的机会是什么？为什么是我们？我们从哪里迈出"天才第一步"？）不断演练和归纳。

第一章中所举的那家主营食品和保健品原材料出口的贸易公司的案例同样是一个从过去的理想状态和未来希望的理想状态倒逼现在必须从哪里出发的例子。

这家新三板公司的创始人有一个阶段性的小目标：登陆 A 股市场。笔者从这个小目标中的一个关键绩效衡量的指标——年度净利润达到 5000 万元开始，结合一些他已经认知的状态或基准（如销售利润率 10%，最好的投资回报率的年份是 2016 年的 42.5%——当然，这些基准也是有希望突破的，但在讨论时，先承认基准或基本假设）倒推公司必须达到的销售收入的状态，从而找到目标、投入资源（特别是资金，还有一个重要的资源是知识工作者如何有效招募和培育）与产出、成果和绩效的最合理匹配。

三、远大目标的制定需要先从横向协同展开

"开源、节流、加速、杠杆"这四个维度是横向协同展开的，与传统所谓的企业选择从上而下制定和分解目标的思路有所不同。

并不是笔者不建议自上而下制定目标，而是建议企业先横向协同展开目标制定，再在目标协同的基础上进行自上而下的目标分解（且协同分解）才更有意义。

笔者建议可考虑按照如下的路径展开横向协同的目标制定：

1. 结合销售收入，同步重点考虑所谓"市场地位"的衡量，如市场占有率（份额）、销售增长率等（这两个指标就是战略管理著名的波士顿矩阵的两个维度）

因为，只有这两个维度才可以使企业从顾客（甚至顾客的顾客）维度考虑市场空间和容量，考虑企业的增长与市场空间的增长的关系，考虑与同业（竞争对手）的竞争（份额）和增长（率）关系。

笔者对 to B 企业制定营销目标一般会提出如下建议：

第一，从"二八法则"开始，考虑创造 80% 的销售收入的 20% 的顾客是谁（本章后面部分专门讲到"二八法则"的应用），在此基础上分析企业在具体顾客的供货份额，如果达到 50%~60% 甚至更高，则是说明企业是顾客的 A 类供方，这个时候重点需要考虑的是顾客的增长率问题，他们的增长会带给

企业同步的增长机会——与顾客共同成长。当然，更重要的是，通过 VIP 顾客总结企业的核心竞争力，进而明确企业的目标顾客并进行市场定位。

第二，如果企业在顾客的采购份额中占比不足 30%，说明我们只是顾客的 B级、C 级甚至后备供方，则考虑的是如何更进一步提升该顾客的市场份额问题。

第三，运用"长尾理论"，考虑其他的带来 20% 的 80% 的顾客或市场的市场机会和份额的提升问题，特别是考虑是否开拓新的应用场景、开创第二曲线可能。

第四，结合上述顾客市场份额和销售增长率，运用产业链"toB–toB–toC"思维，一直向下游考虑整个（或不同市场的）市场容量（对应我们的是市场份额）和市场增量（对应我们的是销售增长率）问题，为企业的可持续发展明确方向。

第五，基于上述思考再考虑我们的核心产品的市场份额和销售增长率问题，包括新产品开发、老产品新的市场应用场景开拓问题。

To C 的"市场地位"的思考就是 to B 产业链的终端思考，即终端消费者（用户）的市场份额和市场增长率问题。

2. 从"市场地位"到"生产力"考虑目标协同展开

市场地位从顾客价值向经济价值转换时就会出现"销售收入"这个目标，但它的前提是市场份额和销售增长率，这必须系统思考。

为了提升市场份额、销售增长率和销售收入——市场地位，企业必须投入相应的资源——人、财、物和时间。

这个时候，生产力目标"粉墨登场"。

人的生产力是第一位的生产力目标，因为只有人，才能最有效地运用"个人知识"和"组织知识"，通过"经营和管理"将财、物统筹起来发挥生产力，且在最高效的时间内发挥生产力。

人的生产力可以用人均产出来衡量，即由销售收入（或利润）作为分子，人数作为分母——这是衡量组织和团队绩效的一个关键目标，对具体团队成员而言，则可以用如"1 元费用产出"衡量——人不是成本，也不仅仅是资源，是创造顾客价值和经济价值的源泉。

而只有通过"人的生产力"的绩效目标和绩效衡量，才能使能干的"人"脱颖而出，才能促进团队成员明确标杆、相互学习、有效反馈、绩效提升，为自我管理打下基础，创造新的组织知识和发挥组织的核心竞争力。

"财"的生产力包括了固定费用的产出、变动成本的产出，由销售收入（或利润）作为分子，相关的费用、成本作为分母，衡量"财"的生产力是否在有效增长。

"物"的生产力很大程度上是"产能利用率"，实物产品的"成品率"（与产品设计、工艺设计和质量问题强相关）等物的产出，即企业投入的产能最终多大程度上转化为销售收入，采购的原材料多大程度上能够产出合格的产成品。

"时间"的生产力很大程度上与上述三大生产力的分母（人、财、物）匹配的结果，如对于销售增长率而言，很大程度上包含了时间的生产力；对于"财"的生产力，流动资金的周转率（天数）是一个有效的衡量；对于"物"的生产力，固定资产的周转率、产能利用率和交付周期等都是有效地衡量基准——物的生产力目标。

3. 创新的目标和成果必须用市场地位和生产力系统衡量

生产力实际衡量的是相关投入与顾客价值（营销—市场地位之间）和经济（资本）价值的匹配关系，创新同样如此。

创新的衡量目标是由营销（市场地位）和生产力两个维度来衡量的。

借用克里斯坦森在《创新者的窘境》一书中的结论，如果是延续性创新，则很大程度上是现有市场和顾客的市场份额的提升、企业的销售增长率超越同业和行业的增长，人、财、物的生产力同样与同业和行业的生产力对标——如果达不到这样的目标，则说明企业的现有事业的延续性创新还有很大的提升空间。

如果是颠覆性创新，则更大程度上是新的应用场景、新的顾客群、新的市场份额的提升、新的技术和产品的应用——销售增长率超越同业和行业增长的问题，人、财、物的生产力随着创新的深入同样不断提升——同样地，如果达不到这样的目标，则说明企业的新事业的颠覆性创新还有很大的提升空间。

特别重要的是，创新领域的市场地位和生产力目标可以作为判断其是否继续创新事业的一个重要标准，为快速试错失败提供有效依据。

4. 从短期利润目标到长期投资回报率目标

如果企业销售收入是市场地位所反映的结果，作为企业顾客价值的衡量之一，并同时作为企业经济价值的分母之一，那么，利润则是市场地位、创新和生产力综合的结果。

首先，没有现有市场的市场地位，就不可能产生销售收入，但如果"人、财、物、时间"的生产力水平太低，或反过来说运营成本费用过高，则企业不可能产生利润，没有利润，企业不可能获得可持续发展的基础和支撑——所以，虽然企业的目的是创造顾客，但利润一定是有效衡量创造顾客价值和顾客获得满足感的成果，而且是最终成果——所以，利润目标是上述营销（市场地位）、创新和生产力综合反映的结果。

其次，站在企业可持续发展的维度来看，利润又只是一个起点，企业必须引入另外一个利益相关方——资本方（无论是股权还是债权），这个时候，总资产回报率"粉墨登场"——衡量企业总资产的"生产力"。

最后，企业的权益方的长期绩效和价值的衡量基准：投资（净资产）回报率"粉墨登场"——衡量企业权益资产的"生产力"。

5. 横向目标制定与传统的目标自上而下制定和分解有何不同

德内拉·梅多斯在《系统之美》一书中指出的：系统的三个构件是要素、连接和目标。这个结论带给我们的洞见是：对于"构建协同型组织"而言，最首要的应该是澄清它的整体目标，组织需要的不仅仅是一系列目标，组织必须澄清目标背后的业务逻辑，并用业务逻辑来将所有目标连接为一个整体。没有业务逻辑的目标，没有用业务逻辑来连接成一个整体的目标，是没有灵魂的一盘散沙。

德鲁克曾经系统地指出，衡量企业的绩效需要从：市场地位、创新、生产力、生产流动性和现金流、盈利能力（短期利润和长期投资回报）五个维度衡量。这实际上就已经非常明确地告知了我们如何系统思考设定企业目标，并考虑与企业的业务逻辑有效连接。

所以，企业必须站在自身是一个系统的角度，层层递进诠释地结合企业的业务逻辑（或德鲁克事业理论）的目标展开的路径和方法。

这个路径和方法与传统的企业目标管理的路径和方法在很大程度上有所不同：

第一，笔者建议的目标管理不是先由自上而下展开的，面是先从企业的业务逻辑或者价值链展开的，是按照企业价值创造的路径一步步展开的，起点是创造顾客价值，核心是人的生产力（无论是通过营销、创新还是生产力管理本身），终点落实在资本价值。在结合业务逻辑进行目标展开的基础上再进而实现自上而下分解，自下而上支撑，才有意义。

第二，价值链的目标协同的意义大于单独模块的目标远大，当然，整体目标必须远大。因为，协同所创造的生产力无论从哪个维度的绩效衡量上，都是最优的———一人走百步，不如百人走一步。

第三，目标定多少，不是我们拍脑袋拍出来的，必须参照（锚定）"标杆"——市场容量的巨大空间、同业（竞争对手的份额和增长率）标杆、生产力（无论是人、财、物、时间的产出，还是总资产、净资产的）标杆——这告诉我们，企业必须以超越标杆来设定目标值，不是企业愿意不愿意制定这样"远大"的目标，而是企业必须制定这样的远大目标，而且，在这个时候，"锚定效应"将会使目标管理发挥它应有的巨大作用。

第四，从压力到动力，只有从"市场地位"这个视角，从基于市场容量和标杆出发，才可以使自己突破自我设限，制定远大目标，才可以将远大目标的制定过程从过去的团队内部的"讨价还价"，到睁开眼睛看世界，发现外部巨大可能和机会，发现内部巨大潜力和能力，实现营销、创新和生产力不断的协同突破。最终实现德鲁克提出的八大目标的有机协同。

四、从顾客需求出发，站在顾客的角度构建充要条件

杜邦公式是企业经营的起点和终点，真正体现了以终为始——投资回报率这个长期的绩效衡量目标是起点，这个起点源自资本价值。但投资回报率又是终点，它的起点又是销售收入这个兼顾资本方价值和顾客方价值的目标，然后通过销售利润率、总资产回报率触达投资回报率这个终点。

结合德鲁克的一个关键结论：企业的目的是创造顾客。结合前述从"市场地位"出发，与创新、生产力、生产流动性和现金流、盈利能力结合横向展开目标的思路，我们还是从销售收入——这个顾客"满足感"到企业资本（经济）价值的系统目标开始。毕竟，销售收入是企业追求顾客价值和资本（经济）价值的连结点，我们必须首先从顾客出发，考虑销售收入目标一定达成的充分必要条件是什么。如图 2-2 所示：

图 2-2　企业经济价值 = 顾客数量 × 客单价

这个简单的道理谁都知道，但很多人在构建未来目标和分析过去的得失时却没有充分应用，不能充分应用还在其次，最可怕的是得出盲人摸象式的结论。

在这个简单的结构下，实际上蕴涵了极度的不简单，让我们尝试按照苏格拉底式提问的方式一直问下去会是怎样的呢？

彼得·德鲁克在《成果管理》一书的第 6 章"企业经营的是顾客"中持续提出了以下问题：

谁是顾客？

顾客在哪里？

他怎么购买？

他们认为什么重要？

我们的产品能满足顾客的什么目的？

我们的产品在顾客的生活和工作中发挥什么作用？

这种作用对他有多么重要？

在什么情况下（如年龄或家庭结构），这个目的对于顾客是最重要的？

在什么情况下，这个目的对他是最不重要的？

谁是直接或间接的竞争对手？他们在做什么？他们今后会做什么？

正如德鲁克指出的："企业的目的是创造顾客。""企业的目的是向独立的外来者提供后者愿意用他的购买力交换的东西，而这种外来者拥有选择不购买的权利"，当然，这种外来者就是顾客。

所以，笔者认为，从顾客价值到资本（经济）价值的连接实际上是从"我是谁"到"顾客是谁"的反复问询，并最终得出一个关键结论："为什么是我？为什么一定是我？"这实际上就是市场定位，即STP，从市场细分，到明确目标市场，最后到市场定位，最终实现销售收入目标与充分必要条件的充分构建。

企业只有询问顾客、观察顾客、试图了解顾客的行为，才能知道他是谁、他是做什么的、他如何购买、如何使用购买的商品、他有什么希望、他认为什么是重要的，等等。

我们可以继续从顾客数量、单个顾客的购买价值分解：顾客数量源于企业基于定位的市场开发和发展顾客，按照STP的逻辑找到潜在顾客，再在此基础上发掘目标顾客，然后将其发展为成交顾客；单个顾客的购买价值也必须从初次购买后，提供持续的"满足感"，使顾客重复购买、一次多买、转介绍——这类顾客我们称为VIP顾客。如图2-3所示：

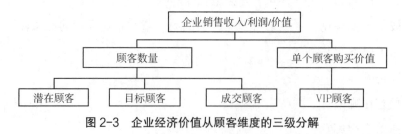

图2-3　企业经济价值从顾客维度的三级分解

实际上，潜在顾客向目标顾客转化，目标顾客向成交顾客转化，成交顾客向VIP顾客转化，VIP顾客再反过来向潜在顾客因为口碑转介绍进而转化，这实质上是一个营销的"闭环"流程（营销流程的详细构建在第二部分讨论）。

考察不同企业实际上都会发现有一个转化，虽然很多情况下存在很多转化不畅通的、需要突破的情况。

继续考察转化情况，从最初的潜在顾客数量开始，按照转化率和转化时间两个变量进行测量，如潜在顾客向目标顾客的转化率、转化时间，目标顾客向成交顾客的转化率（即成交率）和成交时间，成交顾客向VIP顾客的转化率和转化时间，一般成交顾客的客单价、VIP顾客的客单价，等等。通过这样的分析，企业就可以对自身的现状进行比较清晰的把握。如图2-4所示：

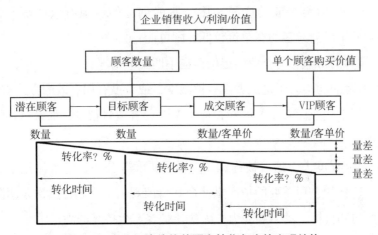

图2-4 企业经济价值从顾客转化角度的实现结构

通过这样的分析和总结，就可以明确企业目前的经营现状，一般情况下会存在以下几种状态：

（1）潜在顾客数量不足，说明企业市场空间不大，或企业发展存在天花板，或者顾客、市场、社会发生了变化，这时需要重新回到创业时的起点，问自己几个关键问题：我是谁？为了谁？为什么是我？顾客是谁？在此基础上，甚至启动针对全新顾客和市场的二次创新创业。

（2）如果潜在顾客数量足够，但目标顾客数量不足，说明潜在顾客向目标顾客转化时出现问题。这个问题的核心可能是企业的"定位"有问题，也就是说，没有明确和创造独特的、差异化的自己（不知"我是谁"，也不知道"顾客是谁",更不知道"我为了谁"),或者没有一个有效的"潜在顾客向目标顾客转化的筛选标准"。在这种情况下,需要重启 STP 程序(具体做法见第三部分的第十章:发现"顾客是谁")。

(3)如果潜在顾客和目标顾客数量足够,但成交顾客数量不足,则可能:

1)我们没有把握顾客的价值需求,不知道顾客认为到底什么是最重要的。

2)我们不知道我们的产品或服务能满足顾客的什么目的,也不知道我们的产品或服务在顾客的生活或工作中发挥什么作用。

3)我们向顾客传递价值的方式、方法可能存在问题,有可能未将顾客的需求价值与企业的产品和服务所能创造的价值有效匹配和传递。

(4)如果成交顾客的客单价较低,则可能:

1)顾客的价值感与企业的定价存在不匹配的情况;

2)顾客的购买力不足或者没有被激发,或者没有用有效的方式被释放。

(5)如果企业没有 VIP 顾客,或者 VIP 顾客数量很少,那么这种情况非常不乐观:

1)很大程度上,这可被称作"一锤子买卖"公司,笔者见过很多这样的公司。这样的公司首要的情况是使命和价值观出了问题,其次是团队没有共同的方向和目标、动力和能力,无法让顾客产生持续的满足感。

2)如果有一定数量和比例的 VIP 顾客,这是非常重要的,可以作为德鲁克总结的创新来源之一:"偶然的成功"进行总结和归纳,作为制定更高目标的起点。

五、站在"组织知识"即核心竞争力匹配顾客需求的角度审视

进行了现状把握,特别是找到了 VIP 顾客,那么,这个企业就具备或可以称为实现了起码的"从 0 到 1"的基础条件了,就可以在此基础上总结自身的"知识",进而向更大、更高目标挑战的可能。

正如德鲁克指出的:"只有知识(唯一例外的是全面垄断)能让任何企业的产品拥有领先地位,而企业的成功与生存基本上取决于是否拥有这种领先地位。"

当然,必须对VIP顾客的标准进行定义,如有时候可以用客单价高于成交客单价平均数或中位数的几倍,有时候是一段时间内重复购买金额较大,有时候是转介绍数量巨大。

在VIP顾客的基础上,通过运用"二八法则",分析出哪些80%的结果是由哪些20%的顾客、产品、优秀经理带来和创造的。在此基础上,我们就可以展开"苏格拉底之问"了,如图2-5所示。

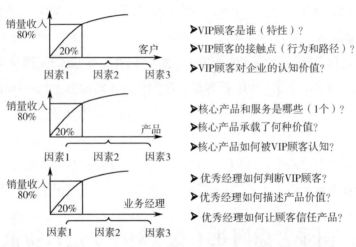

图2-5 通过VIP顾客、核心产品、优秀经理明确企业的核心竞争力

通过VIP顾客的三问(可以在此基础上提出更多问题,探索更多可能性),我们可以真正明确:VIP顾客是谁?VIP顾客在哪里?我们如何找到他们?或他们如何找到我们?他们认为什么重要?

在此基础上,我们可以重新定义我们的潜在顾客、我们的目标顾客,更重要的是,通过STP明确企业的定位。

通过核心产品的三问,我们可以明确,我们的产品或服务的哪些价值才是顾客所看重的?我们的产品或服务是通过什么路径被顾客找到,或者我们的产品或服务是如何找到最匹配的顾客的?通过什么过程、用了多长时间被顾客信任，并产生持续信任，甚至信赖？

通过优秀经理的三问，我们可以明确，他们为什么能够那么高效地判断出目标顾客并能够与其成交并将其发展为 VIP 顾客？优秀经理是通过什么样的描述或表达向顾客展示我们的产品或服务所能带给顾客的价值的？优秀经理用什么有效的方式、方法和路径逐步让顾客认识、认知、信任、信赖我们的产品或服务，使顾客获得持久"满足感"的？

上述三个环节的三问是相互联系的，"顾客是谁"是核心起点，也是很多企业越来越重视的顾客画像；VIP 顾客的接触点、核心产品如何被 VIP 顾客认知、优秀经理如何让 VIP 顾客信任产品在很大程度上是同一问题的不同角度；VIP 顾客对企业的认知价值、核心产品承载了何种价值、优秀经理如何描述产品价值这三个问题同样也可以被理解为同一问题的不同角度；优秀经理如何判断 VIP 顾客、VIP 顾客是谁这两个问题实质上也是不同角度的描述和理解。

通过这样的三个"二八法则"分析，我们基本上就可以明确："顾客是谁？我是谁？"这两个关键问题。特别是明确了企业的核心竞争力以后，就可以进一步明确"我为了谁"？为制定"远""大"目标打下坚实的基础。

六、同步考虑同业（竞争对手）进行价值再造

世界著名的战略管理学家福克纳和鲍曼在其所著的《竞争战略》书中提出了一个专用于企业竞争战略研究的方法，被称为：福克纳和鲍曼顾客矩阵（The Customer Matrix），也称顾客价值矩阵（Customer Value Matrix）。

这个工具的创设是因为这样的假设：公司为获得顾客而竞争，因此，竞争战略的主要目的是为了能比竞争对手更加有效地满足顾客的需求。向顾客提供价值是竞争战略的基础，顾客价值矩阵就是基于这一认识而提出的一个分析工具。我们可以应用顾客价值矩阵进行客单价的管理和提升，并同时与市场份额和经济价值的提升充分结合。

让我们先看看这个工具的样子，如图 2-6 所示。

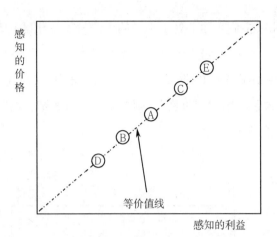

图 2-6　顾客价值矩阵

图 2-6 的纵轴是顾客"感知的价格",横轴是顾客"感知的利益",中间的斜线叫作等价值线,可以理解为在这条线上顾客感知的价格和利益(价值)相等。

我们可以考虑模拟 A~E 共 5 家同行企业(或称竞争对手),尝试运用顾客价值矩阵进行分析,假设这 5 家企业因为不同的定位,都正好处于顾客价值矩阵的等价值线上,这是一个理想的状态,这 5 家企业应该不被称为竞争对手,而应该被称为"同业"。

但现实版的"顾客价值矩阵"绝对不可能是几家同业都处于等价值线上,实际状况更大可能如图 2-7 所示。

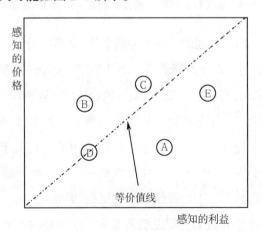

图 2-7　实际顾客价值矩阵图现状

图 2-7 中几家企业实际上处于不同的市场份额变化区间，对于等价值线的左上方的 B、C 企业，因为顾客"感知的价格"大于"感知的利益"，则其一定处于市场份额缩减的阶段。而等价值线右下方的 A、E 企业则因为"感知的利益"大于"感知的价格"，则处于市场份额增长的阶段。而 D 企业则处于市场份额的平衡阶段。

这个时候，我们可以把顾客对各个企业的"感知的利益"进行调查分析。如图 2-8 所示。

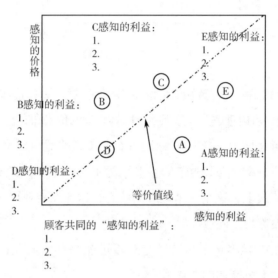

图 2-8 顾客价值矩阵"感知的利益（价值）"要素呈现

矩阵图外的"顾客共同的'感知的利益'"是指所有同业或竞争对手必须具备的价值要素，每家企业都能做到，是参与行业竞争的基础。每家企业（A、B、C、D、E）感知的利益是指该企业自身较独特的顾客感知的价值要素。

基于图 2-8，结合各企业目前的市场现状，如果是 A 或 E，则说明企业目前市场占有率在提升，但也说明企业的价格可能定得低于顾客"感知的利益"，后续是删除还是减弱部分交付价值要素，还是提升价格，需要学习应用蓝海战略的方法和工具进行价值要素的重构和再造。

如果公司现状是 B 或 C，则说明该企业目前市场占有率在下降，同时也表明企业的价格高于顾客"感知的利益",或者竞争对手带给顾客的"感知的利益"增强了,后续是加强还是新增部分交付价值要素,还是降低价格,同样需要进行价值要素的重构和再造。

如果公司的现状是D,则说明公司市场占有率处于维持状态,是保持与市场需求的同步还是优化价值要素,降低价格提升市场占有率,则同样需要进行价值要素的重构和再造。

价格是客单价中最重要的一环,客单价实际上就是针对顾客消费或购买的一个统计周期内的各种产品和价格相乘后的求和:$\sum$产品 $\times$ 价格。

随着价格的变化和顾客"感知的利益"的变化,特别是同业(竞争对手)整体价值创造能力的提升,等价值线可能会向右漂移(见图2-9,原来市场份额增加的E落在了等价值线上)——顾客感知的利益上升,而整体价格下降,等价值线向右漂移,这是市场竞争的常态,所以D如果不提升顾客"感知的利益",在同业整体价值提升的情况下,等价值线右移,D就会处于等价值线的左上方,则会成为市场份额下降的一分子。如图2-9所示。

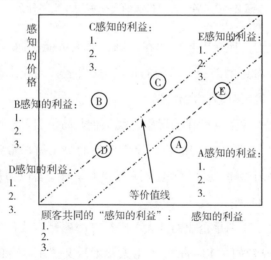

图2-9 等价值线向右漂移的价值矩阵

如果价值感下降,而价格上升,等价值线向左漂移,这种情况出现的可能性不大,除非时光倒流,回到原始社会。

同时，企业还可以用自己（或同业、竞争对手）过去和现在的市场份额进行对比（见图2-10），如果过去一段时间处于B状态，而现在市场份额在下降，则可能存在两种或两种都有的状况：一是向B1发展，说明在价格不变的情况下，顾客的"感知的利益"正在下降；二是向B2发展，说明在顾客的"感知的利益"不变的情况，可能企业进行了"愚蠢"的价格提升。无论是哪种情况发生，企业都要反思反省。

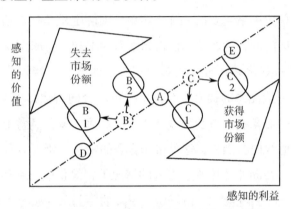

图2-10 通过市场份额的变化探知发生了什么

如果企业是C，现在市场份额在上升，那么可能是向C1发展，主动降价，这不是企业希望的，企业希望的是向C2发展，构建出新的顾客"感知的利益（价值要素）"提升市场份额。

当然，还有一种普遍存在的现象，就是企业高估自己给顾客带来的"感知的利益"，结果在做出相应的价值要素调整的决策后，希望市场份额有所上升，但结果事与愿违，这实际上是顾客和市场对"自以为是"的企业的一种惩罚。如图2-11所示。

这要求企业（特别是企业的老大）必须在战略制定或价值要素调整时将自己"抽离"，或者如7-Eleven的创始人铃木敏文提示企业的：不是为顾客考虑，而是站在顾客的角度。

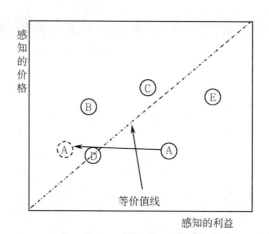

图 2-11 自身感知的利益与顾客感知的利益不一致的尴尬

除了顾客的角度，还要用最终的结果：市场份额、用竞争状况（自己和竞争对手的市场份额变化）、用顾客的调查结果综合进行衡量把握，并在过程中不断优化。

以顾客"感知的利益（价值要素）"重构的角度进行价值提升，进而为市场份额提升、客单价（$\sum$产品 × 价格）提升，甚至为重新创新创业打下坚实基础——从顾客价值提升到资本（经济）价值创造。

充分把握顾客需求特别是"感知的利益"之后，就可以用图 2-12 的方式构建：如果公司是 B 的现状，则公司主要考虑价值提升，如在现有价值要素的基础上新增更能让顾客"感知的利益（价值要素）"，第二优先级才是价格下降（当然成本必须更大幅度下降）。当然，可能也有中间路线，既提升部分价值，又同步降低部分价格，一个衡量基准是：资本（经济）价值最大化。

当然，有更加有效提升经济价值的方式：创造全新的顾客认知的价值，大幅度提升价格——创造出新的需求和市场，构建全新的顾客价值矩阵。

如果公司是 A 现状，则公司正处于市场份额扩大的状态下，但不要高兴太早，可能会引来"狼"，或者出现如图 2-9 所示的情况，同业整体水平上升，等价值线右移，市场份额不再扩大，而公司会有落入市场份额下降的左上方区间的风险。这个时候，是有意提升价格，还是在继续强化顾客"感知的利益"并同步维持或降低价格，需要根据现实的情况进行判断和决策。

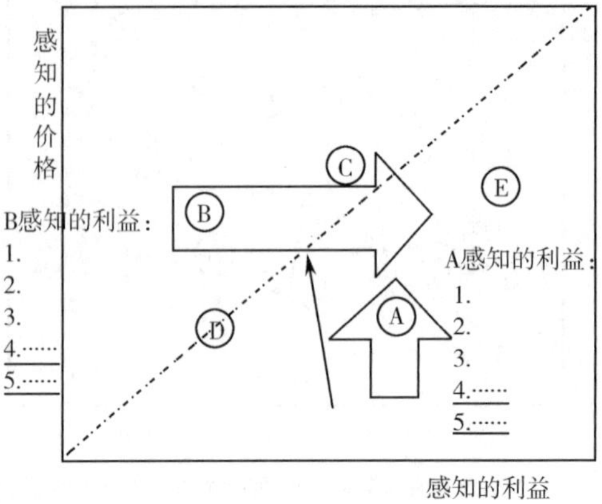

图 2-12　根据现实情况基于顾客"感知的利益"进行价值要素重构

当然，必须明确的是，不是所有"感知的利益"的增加都是增加成本的，有的时候，我们只需要进行几个环节的小小微调，顾客的"感知的利益"就会增加，如为顾客创造的尊重和仪式感，真正对顾客的关心和关怀等情感的价值。

据 2019 年 10 月 1 日消息，市场调研机构 Counterpoint 给出的最新统计报告显示，苹果 2019 年发布的 iPhone 11 系列是近五年来他们最受欢迎的机型，全球热销程度堪比 iPhone 6 系列，后者虽然已经停产，全球总出货量超过了 2.5 亿台。

报告中指出，iPhone 11 系列的热销完全是由 iPhone 11 带动，后者之所以这么受欢迎，主要还是苹果放低了姿态，在售价上制定上相对平易近人，毕竟与 2018 年 iPhone XR 发布时的售价相比，直接便宜了 1000 元，5499 元起（国外是 699 美元起）。

虽然 iPhone 11 系列在升级上受到了用户的吐槽，比如外形相比上代基本没有变化，配置也是小幅升级，不支持 5G 网络等，但相对更合理的定价，还是引起了用户的换机潮，而 iPhone 11 的全球热销，也直接带动了 iPhone 11 Pro 和 iPhone 11 Pro Max 销量。

2019 年 10 月 12 日中国基金报报道，苹果公司市值因为 iPhone 11 的全球热销，升至 1.07 万亿美元，再次挤下微软，成为全球市值最高的公司。

看来，顾客感知的利益和感知的价格，可以直接带来市场份额的变化，甚至影响市值——资本（经济）价值的变化。

七、销售增长目标是企业最重要的目标

在对企业销售现状进行充分现状把握的基础上，包括现有销售收入，企业从潜在顾客到最终 VIP 顾客的销售漏斗的转化，VIP 顾客、核心产品、优秀经理的相互判断，竞争对手和企业共同构成的市场占有率变化和价值现状等。我们就可以展开销售增长目标的制定了，而销售收入的目标既是企业连接顾客价值和经济价值，进而创造资本期望的价值、员工和企业价值的基础，更是企业经营的其他目标、要素的分母和前提条件。

在多年实践的基础上，笔者总结了"营销目标制定七步法"（见图 2-13），从营销目标远超现有企业增长率的基础上，进行"大胆假设"。如对一般增长 20%~50% 的企业，笔者首先让其考虑翻番的目标。当然，这会让企业老板和管理层，特别是营销团队觉得不可理喻，这种惊诧可以理解，我们一步步探讨一下这种"大胆假设""小心求证"制定远大目标的现实性和可能性。

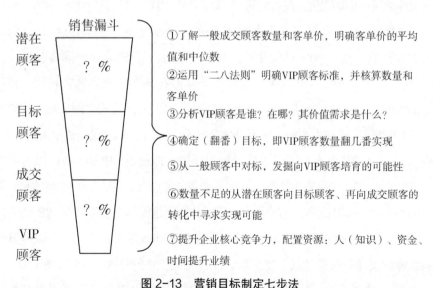

图 2-13　营销目标制定七步法

一家 AI 智能语音解决方案的供应商，按照上述营销目标制定的结构化分析步骤，从他们不敢想象的翻番目标作为起点，最终分析下来发现可以将销售收入从现有基础上提升4倍，这完全出乎了企业三个创始人的意料。我们用这个案例充分理解一下"营销七步法"的过程。

（1）了解这家公司每月（用月度数据来进行分析）回款额大约450万元，目前700个用户，2000台机器，平均3台/家。

（2）制定VIP顾客标准，从顾客使用台数的多少进行分析，其中使用50台以上的10家，使用20~50台的10家，我们把使用50台以上的顾客称为A级顾客，使用20~50台的顾客称为B级顾客。

（3）VIP顾客非常集中，他们一般都是同一行业（因为保密原因，故不在本书中写明）。

（4）确定翻番目标，即月度回款额实现900万元，A级顾客数量达到40家，B级顾客（按照30台平均）数量达成70家，如果如期实现，销售台数会增加4000台以上。而且，很重要的是，只在现有20家VIP顾客的基础上再开发90家即可，远小于现有企业服务的700家顾客——有的时候，少就是多，这也说明，这家企业没有很好地进行市场定位，没有先从"有所不为"出发，只想"有所作为"。

（5）对现有企业的一般成交顾客中进行对标分析，发掘有潜力的客户，大约有100家，按照50%的转化率核算，应该可以有50家VIP顾客。

（6）余下的40家VIP顾客的发掘需要从潜在顾客向目标顾客转化、目标顾客向VIP顾客转化（或者直接"短路式营销"，努力挑战成交即发展为VIP顾客），按照新顾客成交率20%（按照低概率核算，提升目标达成的概率）、潜在顾客向目标顾客转化率50%（因为是对标式开发，即通过STP明确VIP顾客的标准，这样转化率就有保障）核算，需要发掘400家潜在顾客；下一步问题是，谁能帮助发掘潜在VIP顾客，也就是说，通过什么渠道能够开发出潜在VIP顾客。

（7）提升企业的核心竞争力，核心是在营销和服务流程协同，不断提升顾客满意度中支撑目标的达成（本书后续还会就此公司的进展作为案例探讨）。

最终，经过核算，该公司目标远超其创始人的设想，初步算下来其月度回款目标可以达到2000万元。

八、明确内部的价值交付的生产力

将目标明确的过程更是审视内部价值交付能力的过程。

与顾客成交只是从顾客价值到经济价值转化的一个起点，需要给顾客与企业一个循序渐进的从相识、相知、相信和持续信任、信赖的过程，这也是本书第二部分重点讨论的课题。

企业内部必须以成果为导向，衡量资源的投入，从而以最少的投入获得最大的经济价值。为了形象地说明这个问题，笔者以制造业为原型画了一张图，从成交顾客到 VIP 顾客的转化过程，即从顾客的满意度和"满足感"、从企业最大的资本（经济）价值这两个角度共同出发、以内部的资源投入和保障作为充分条件构建、从企业的边际贡献和实现的成本和时间衡量，从而真正实现顾客价值和经济价值结合基础上的系统目标规划和制定。如图 2-14 所示：

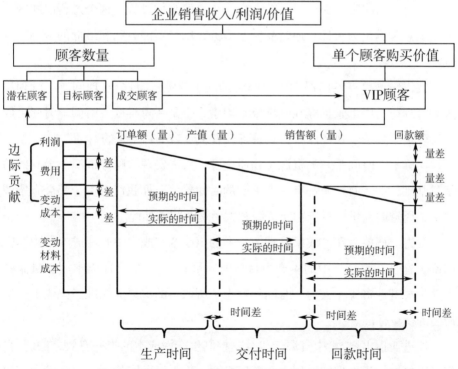

图 2-14　从成交顾客到 VIP 顾客的交付价值的资源投入、经济价值衡量

首先，从现有产品和服务的毛利（即变动成本边际贡献，笔者称为空间）出发，毛利可以称为顾客有意愿支付的用价格衡量的价值感（满意度或满足感），毛利除以变动成本也可以被称为资源的生产力（即每元投入成本的产出成果）。如果毛利下降，说明顾客价值与经济价值的不匹配，需要"创新"创造顾客认知的价值和满足感。

德鲁克在《创新和企业家精神》一书中对创新进行了定义，他认为："创新（从需求术语而非供给术语）就是通过改变产品和服务，为客户提供价值和满意度。"

笔者理解，可以从价格与变动成本之间的差——毛利（或毛利除以成本的生产力）所反映的顾客的价值感、满意度去衡量和制定创新的目标及课题。变动材料成本在价格之中的占比是技术研发的努力方向，变动制造成本是工艺创新和品质管理的努力方向，是制定相应目标的起点。

其次，与顾客成交以后，就存在一个价值交付过程。这个过程以顾客的持续满意和满足为目标，通过品质、服务，以最短的时间和最低的资源投入（成本）实现。

彼得·德鲁克专门提到了时间管理的重要性："每个管理问题、管理决策和管理行为中都永远存在一项复杂因素，也是一重维度：时间。时间维度为管理决策赋予了独特性质，它是管理者整合当下和未来的行动"。

实际上，时间是三大资源（物质资源、人力资源、财务资源）最有效的衡量基础，即所有资源都有一个关键的时间价值。如我们对资金都会有所谓的资金周转的衡量，对于物质资源和人力资源同样如此。

彼得·德鲁克在《成果管理》一书的第5章"成本中心和成本结构"中明确了这是八大目标中的生产力目标的衡量基础："生产性成本的衡量需要以三种关键性资源（人力、时间和财力）所取得的成果为标准……成本—生产力的衡量标准。"

他进而指出："集中资源于机会是控制生产性成本的唯一有效方法。"我们可以更进一步地理解：集中资源于机会，集中于顾客价值、顾客满意度和顾客满足感,是提升生产力的最有效方式。

传统的制造业企业易于理解,但其他的行业,特别是没有所谓材料成本的企业也可以采用同样的思维和系统构建过程。

因为所有的企业都可以从顾客的生命周期的角度出发,从第一次实现交易开始,实现顾客重复购买,并因为满意而促进其口碑传播和转介绍。

麦肯锡公司根据全球 1200 家企业 5 年期的平均经济指标,总结出如果某要素变化 1%,则最终企业的经营利润的变化比例:

(1)如果价格提高 1%,则经营利润增加 8.7%。

(2)如果变动成本降低 1%,则经营利润增加 5.9%。

(3)如果销量增加 1%,则经营利润增加 2.8%。

(4)如果固定成本降低 1%,则经营利润增加 1.8%。

当然,每个行业和每家企业都是不一样的,但相应领域的增减幅度应该是一样的趋势。大家可以结合自身的实际对上述变量进行分析,作为企业提升资本(经济)价值的决策优先级标准。当然,价格提升是有风险的,那么怎样通过有效的形式实现,是需要智慧的。

九、从 VIP 顾客到终生顾客

亚马逊在 2008 年美国证监会的备案文件中,描述企业愿景为:"通过向客户提供低价、范围广泛的商品选择及购买便利性,坚持不懈地专注于客户体验。"事实上,亚马逊将"客户体验"作为其愿景的主基调并身体力行。2013 年,亚马逊作为位居美国客户满意度指数排名榜首的企业,其客户满意度评分为 88,而互联网零售商的平均得分为 78,eBay 得分为 80,耐飞得分为 79。

对于网上零售商有个关键指标即平均每个独立顾客收入(俗称客单价),据 2011 年摩根大通公司的估算,亚马逊平均每个独立顾客产生的价值为 189 美元,最邻近的竞争对手是 eBay,为 39 美元;谷歌则为 24 美

元 [1]。这意味着，亚马逊单顾客产品价值是谷歌的 7 倍，远远领先于其他互联网企业。

这实质上是亚马逊创造的终生顾客带来的成果，更是亚马逊创造顾客终生价值（Customer Lifetime Value，CLV）的结果。

终生顾客一定不是归功于具体的营销方案和营销策略，而一定是归功于企业的基于使命、愿景和价值观的整体经营——"企业经营的事业是什么？企业经营的事业应该是什么？企业经营的事业将来是什么？"

正如德鲁克在《创新与企业家精神》第 2 章 "有目的的创新和创新机遇的七个来源" 指出的："成功的企业家都会试图去创造价值，做出贡献。他们的目标非常高。他们绝不会仅仅满足于对现有事物加以改进或修正，他们试图创造出全新且与众不同的价值和满意度，试图将一种'物质'转换成一种'资源'，试图将现有的资源结合在一种新型的、更具生产力的结构里。"

终生顾客是企业真正实践"创造顾客"的成果，终生顾客视企业为第一选择，他们会主动联系朋友和亲戚，传播他们在与企业打交道所感受到的各种美好体验、满意度和满足感。

为了达到"创造'终生'顾客"这个目标，我们要问我们自己的问题是，以终为始，最理想的顾客体验和顾客价值感到底是什么？

7-11 便利店创始人铃木敏文在其所著的《零售心理战》一书中告诉我们，他作为企业创始人有两个身份，"一个是作为企业负责人的自己，一个是作为消费者的自己"。

这是确定和衡量企业的成果，制定企业和员工目标的终极追求。

---

[1] Revenue per Unique User for Tech Companies Silicon [EB/OL]. www.businesinsider.com.au/chart-of the-day-revenue-per-unique-visitor-2011-1.

第三章 为"自我管理"而制定目标

团队并非仅仅是一群人的集合，而是领导者和成员、成员和成员紧密联系在一起，大家朝着共同目标奋斗的一种状态。

——柳井正（优衣库创始人）

阅读本章前，你需要首先问自己几个问题：

（1）为什么知识工作者必须进行自我管理？

（2）为什么目标管理是自我管理的前提和条件？

（3）你认为企业或岗位的目标应该从哪几个维度展开？

（4）你目前的岗位目标是怎样制定的？达成状态如何？

（5）你自己从哪几个维度进行"自我管理"？为什么？

一、知识工作者必须"自我管理"

知识工作者是不能被"控制"的，他们必须"自我控制（源自德鲁克《目标管理和自我控制》）"，必须以目标为导向实现自我管理，必须因为自我管理之后能够创造更大的成果和价值——当然，笔者更愿意用"自我管理"（德鲁克也在《21世纪的管理挑战》中使用了"自我管理"）一词。

德鲁克在《成果管理》第14章"企业以经济绩效为本"中指出："企业必须'激励'知识工作者。他们不能受到监督。他们必须自己指挥、管理和激励自己。同时，除非他们知道他们的知识和工作如何为整个企业做出贡献，否则他们的作用是得不到发挥的。"

现在的企业员工基本上都已经是"知识工作者"，他们的工作已经不再是那些人们已经知道怎么去做的、重复性的工作，而是需要挖掘机会和发现问题，以及有效地利用机会和解决问题去创造成果的创造性工作。

直接面对顾客的知识工作者（如企业的营销和服务岗位员工），因为不可能"控制"顾客的需求、表达和行为，他们很难按照企业的"规定"使顾客满意。

读者大部分一定都知道"海底捞"这个企业的奇迹，不同的文献对其成功进行了各种归因和解读。笔者认为有一点可能是被大家忽略了，作为海底捞的掌门人，张勇真正促进每位员工实现了"自我管理"——赋予员工共同的、怎么强调都不为过的目标：顾客满意。并且在让顾客满意的这个维度上给予员工最大的权力；正因为赋予了员工共同的目标，员工实际上就被赋予了责任：自我管理——这实际上很好地诠释了必须实现"目标管理和自我管理"的有机结合。

更重要的是，在一个最为传统的餐饮服务企业，海底捞真正发挥了"人"——这个最重要的资源要素的主动性、创造力和生产力，哪怕是很多人认为最简单、最"低端"的餐饮服务业。

如果海底捞都已经视员工为知识工作者了，那么还有哪个企业、哪样的企业不应该把员工视为知识工作者呢？

做好"自我管理"并不容易，需要与"目标管理"结合，但不同的团队成员的"目标管理和自我管理"的着力点并不相同：

首先，企业的创始人（团队）和高层管理者必须首先做到自我管理，他们的"自我管理"的含义是"管理自己，影响他人"。

很多企业在"从0到1"的过程中开始制定规章制度，试图规范人的行为。但很多"老板"却把自己置身于规章制度之外，好像规章制度是为了约束和控制员工的，与他无关。在知识经济时代，企业面对的是知识工作者，这实际上是最失败的管理假设和管理行为。还是回到那句最通俗的告诫父母的话——想让孩子做到的，父母必须先做到。企业的创始人很大程度上就是员工的"父母"，在管理和领导员工的时候，以身作则，永远是第一位的。

创始人的"管理自己"实际上就是使自己的言行与他（她）要统一，全员思想和行为的"使命、愿景、价值观"保持高度一致。如果老板说的是一套，做的又是一套，那么员工的行为就会扭曲——可以用一句笔者创造的玩笑话表达："员工行为扭曲的程度与老板言行不一致的程度成正比，甚至是幂次方"。

所以，创始人准备说什么话、写什么文字、做什么宣讲时一定要格外小心，因为只有"真的才是真的"，否则员工不可能会被调动到企业希望的创造价值的维度上，因为"百姓观其行而不听其言也"（《资治通鉴》语），目标管理和自我管理都只会是一句空话。

优衣库创始人柳井正在其所著《经营者养成笔记》中写道："为了能够身先士卒不断挑战，领导者自身应该怎么做呢？我认为有三点很重要：第一点是要对自己寄予期望；第二点是自我完善；第三点是自我管理。"

其次，企业的员工也需要做到"自我管理"，但他们的自我管理与高层管理者的自我管理不同，他们的自我管理的含义应该是"从目标管理到自我管理"。

德鲁克在《成果管理》第 14 章"企业以经济绩效为本"中指出："要做出正确的决策，知识工作者必须知道企业需要什么样的绩效和成果。"

他们必须充分理解企业的"使命、愿景和价值观"，充分理解基于此的他自己的目标、任务和职责。更重要的是，必须做到德鲁克在《21 世纪的管理挑战》第 1 章"管理的新范式"指出的："他们必须比老板更了解他们的工作，否则他们一文不值。"

如果他们事事都要请示、请教老板如何如何，无论原因是怎样的，他都不是一名合格的知识工作者。如果企业内部大部分员工都是这样的情况或状态，我们就完全可以判断，这家公司根本没有做到"从 0 到 1"。

这就要求企业必须建立"目标管理体系",将企业的使命、愿景和价值观传递给全员的同时,站在顾客价值和资本(经济)价值两个维度进行目标制定及分解,真正使每位员工都有明确的目标、任务和责任,真正将压力和动力传导到每位员工。当然,这也是站在员工成长和责任担当的角度,更是企业促进员工实现自我管理的必由之路。

知识工作者不但要具备有关的知识,还能够将知识应用于工作任务中,并进一步在工作中进行知识创新;不但要掌握今天的知识,还要有能力去学习对未来有用的知识。所以,知识工作者不仅是从目标管理角度获得自我管理的动力,更需要获得自我学习成长的压力和动力,这也是知识工作者之所以成为知识工作者的根本。

最后,企业的员工之间、上下左右之间都需要做到"自我管理",但组织内部团队成员相互之间的自我管理的含义应该是"从目标协同到自我管理"。

每一位知识工作者在与其他知识工作者协作时,需要从五个方面的维度思考:

(1)企业的使命、成果和目标是什么?对方的成果和目标是什么?我们共同的成果和目标是什么?

(2)对方的优势和强项是什么?我如何能够有效地帮助他发挥优势和强项,以实现我们共同的成果和目标?

(3)对方需要弥补的劣势和不足是什么?我如何有效地匹配并能够帮助他,使他的劣势和不足不会影响到他的优势和强项的发挥(特别是绝对不能做"猪队友"),不会影响组织绩效,进而创造更大的成果?

(4)对方的价值、需求或利益是什么?我如何能够帮助他在公司大的框架和原则下创造他的价值和利益?

(5)我们双方合作从哪里开始更加有效?天才第一步从哪里迈出?工作中合作的关键节点有哪些?如何有效衔接和匹配?

——只有实现了目标协同,全员目标与公司创始人创立企业的使命、愿景、价值观一致时,才能做到自我管理。这时,自我管理才能促进目标管理、目标达成。

正如德鲁克在《成果管理》结束语"责任"中所指出的，知识工作者必须承担起管理者的"责任"，这种责任有三层含义：

"使自己的知识和付出的努力有助于经济成果的责任。知识工作者要关注的是贡献，而不是工作本身、技能和技术。

集中责任：要成为管理者，每一名知识工作者有责任把自己真正控制的唯一资源分配给机会和成果，这种资源就是他自己。

系统化、有目的和有组织地完成他自己应该完成的和整个企业应该完成的经济任务的责任。"

更重要的是，员工之间的"从目标协同到自我管理"会促进"组织知识"的协同创新创造，创造企业独一无二的核心竞争力。

实际上，最后的最后，员工必须成为所在岗位上的自己的老板。

二、公司目标必须是公司使命、愿景和价值观的体现

制定一个公司的目标很难，难就难在体现和保持与公司使命、愿景、价值观的一致性，难就难在很多目标很难量化，难就难在如何将顾客价值与企业资本（经济）价值有机统一，难就难在大家都知道的 SMART 原则却很难做到。

正如人们不断自问"我是谁"一样，企业创始人和团队也在问自己：我是谁？我去哪里？我相信什么？我怎么去那里而且一定能够去那里？

让我们体会一下 2018 年前华为公司的使命、愿景和价值观：

使命：聚焦客户关注的挑战和压力，提供有竞争力的通信解决方案和服务，持续为客户创造最大价值。

愿景：丰富人们的沟通和生活。

价值观：以客户为中心，以奋斗者为本，长期坚持艰苦奋斗。

2018 年后，华为的使命和愿景合一：致力于把数字世界带入每个人、

每个家庭、每个组织，构建万物互联的智能世界。

这也说明，企业的使命、愿景和价值观是基于创业创始人和团队认知、时代进步和变化不断迭代进化的。

"我是谁"就是使命问题，换一个角度就是阐明"我为什么存在""我怎样存在更有价值"？

2016 年 9 月 10 日，马云在湖畔大学上线首部公开课上讲到了他所理解的使命，他认为，使命就是"你有什么？你要什么？你能放弃什么？这三个问题决定了你这家企业，在教育学上称为使命"。

从"你有什么？你要什么？你能放弃什么？"这三个问题出发，我们也可以考虑这样问自己"机会是什么？你有什么？你能放弃什么？你要什么？为什么能够做到？"实际上，这又是一个战略选择和战略定位的问题（本书在第二部分会从营销定位的角度讨论这两个问题）。

同时，马云认为"你要有至少十年、二十年的设想和规划，这叫愿景"。价值观就是"约法三章"，就是"我们前进路上的操作方法"。

德鲁克在《21 世纪的管理挑战》第 2 章"战略——新的必然趋势"中指出，"战略将经营之道转化为绩效。它的目的是帮助组织在不可预知的环境中取得预期的成效。战略有助于组织有目的地抓住一切有利机会。"

战略如果是明确"我怎么去那里而且一定能够去那里"的话，那么企业就必须将 3~5 年必须努力实现的战略目标进行明确，并作为绩效衡量的一个基准指引企业全员挑战未来。笔者认为，作为基准的战略目标必须包含三个层面的维度且必须量化：

（1）顾客价值层面，一般情况下可从服务多少数量顾客（VIP 顾客甚至是终生顾客角度）、实现多少销售收入（现金流和毛利等）、所在市场的占有率等角度衡量——这是获得顾客价值的努力方向。

（2）资本价值层面，或称经济价值层面，一般情况下可以用投资回报率（或盈利能力）来衡量，而投资又是为了实现顾客价值感和满足感——即为了获得成果必须投入的资源，所需要获得的相应的经济价值：投资回报。

（3）核心竞争力层面，或称知识工作者价值、组织知识层面，必须明确企业在这个战略周期内构建什么样的以"组织知识"为中心的核心竞争力，而且只有这样才能实现顾客价值需求和资本（经济）价值需求的实现，一般情况下可以用生产力衡量。

上述三个层面和维度是相辅相成的，我们用案例来理解下上述三个维度构建战略目标的关系。

东风汽车有限公司作为东风汽车公司和日产汽车公司合资组建的当时中国最大的合资公司，在合资第 1 年的 2003 年提出了 2004~2007 年事业计划（战略），当时提出的三大战略目标包括：

（1）强势增长：销售量和销售收入翻番（笔者注：在 2003 年基础上）；

（2）优势运营：两位数的收益率；

（3）公司学习：东风汽车公司和日产汽车公司的两个伙伴的融合与和谐。

这三点统合起来被称为"2^3——2 的 3 次方"事业计划。

2007 年下半年，整个东风汽车有限公司在充分回顾"2 的 3 次方"事业计划的前提下，制订了下一个阶段即 2008~2012 年"1^3——1 的 3 次方"事业计划。同样也包括三大递进式的战略目标：

（1）强势增长：销售量达到 100 万台，销售收入实现 1000 亿元；

（2）一流水平：产品质量、营销 & 服务质量、成本竞争力达到一流水平（有具体量化指标，笔者注）；

（3）一个公司（东风汽车有限公司）：东风汽车公司和日产汽车公司相互学习，成为备受信赖的公司，尊重利益相关方。

通过上述这个案例，希望对创业者制定战略目标有所启发。笔者认为创业者从中起码可以体会到以下三点：

（1）必须真正重视目标的力量，只有目标才能明确方向，特别是统一全员的方向；

（2）制定目标不是老板一个人"拍脑袋"的结果，而是全员讨论的从上而下又自下至上的循环过程；

（3）战略目标是递进的过程，每 3~5 年必须在充分回顾、归纳总结的基础上，再制定下一阶段的目标，不断地总结过去、把握机会、挑战更大的潜力、可能和未来。

战略目标是企业使命、愿景和价值观的具体衡量，但在很多公司，甚至是做得相对比较大的公司都没有明确自己的战略目标，笔者建议所有创业者都要将战略目标的制定作为自己的一个必修课去学习和实践。

不能抱着"我还比较小、无所谓"的心态去经营企业，到最后的结果是企业越来越没有方向和目标感。甚至有的企业员工会告诉笔者，他们公司的目标就是多挣点钱，挣钱没有问题，但这绝对不是企业追求或企业目标的全部。

需要如何强调都不为过的是：只有制定目标，才能明确方向；只有制定目标，才能有一个衡量努力程度的基准；只有制定了目标，才能在不断挑战和达成目标的过程中总结经验，校验、优化目标和行动，努力实现创业时所构想的公司使命、愿景和价值观。

利·加拉格尔（Lenny Rachitsky）在他所著的《爱彼迎传：打造让用户热爱的产品》一书中专门提到了："文化、价值观和仪式的竞争优势。"

书中写道："无论是作为消费者还是求职者，人们越来越倾向于选择与他们个人价值观相似的公司。从第一天开始，Airbnb 就是一家为强大的文化、清晰的价值观和奇特的仪式所着迷的公司。"

多年来，我见证了这一点在为 Airbnb 创造竞争优势方面是多么有效，让它能够聘用最优秀的人才，在机会出现时迅速行动，在挑战出现时挺过逆境。最重要的是，它让领导者更容易实现长期任务，让团队成员更加负责。

Airbnb 是如何创造这种强大的文化的？有三个关键因素：

（1）创始人痴迷于企业文化。这是最基本的，尤其是当你在扩张时。它影响着你最初的几位员工（他们共同创造了企业文化），你所塑造的价值观（有意或无意），并决定了它在许多年后的优先级。

（2）强烈的自我意识。Airbnb 的几位员工组成了一个小型特别工作组，他们用三年时间创造了一套系统化的核心价值观。Airbnb 在衡量成功（我们是否真正实现了我们的使命）、招聘（核心价值观面试小组负责审查所有候选人）、评估业绩（纳入同行评审过程）以及进行大型交易时都会用到这些核心价值观。公司里的每个人都能一字不差地复述出这些价值观。

（3）"仪式感。星期二是曲奇饼干时间，新员工会有茶会，还有酒吧、人墙隧道等有趣的东西。看上去有点蠢，但有规律的仪式为员工们加强联系、快乐工作创造了空间。不要过多考虑具体的仪式，尝试一下，看看你们能坚持下来哪些。"

在"90后"员工逐步成为企业主力军的情况之下，文化、价值观和仪式感的竞争优势越来越重要。只有这样，才能让员工在挑战目标的过程中寻找自我——"我是谁"，开启有效的"自我管理"之路。

三、从战略目标到经营管理体系构建

企业的战略目标必须与企业经营管理有效结合，必须经过有效的经营管理的思考过程。让我们再重温一下管理大师分别对经营和管理的定义：

德鲁克在《成果管理》第 1 章"企业的现实"中指出："经营可以被定义为一个将外部资源（即知识）转化为外部成果（即经济价值）的过程。"

在《创新和企业家精神》一书的"引言 企业家经济"中，德鲁克指出："这种使态度、价值观以及最终的行为发生深远改变的媒介就是一种'技术'，我们称为'管理'。"

如果将"经营"和"管理"放在一起考虑，我们可以将几个关键词提炼出来：外部、态度、价值观、知识、行为、改变、成果……

我们是否可以这样考虑对经营管理下个定义：在充分定义外部成果的基础上，将成果转化为目标，将知识有效匹配机会，激发掌握知识的内外部知识工作者的意愿和能力，最终创造经济价值的过程。在上述理解的前提下，笔者构思了一个企业经营管理的体系构建图，如图3-1所示。

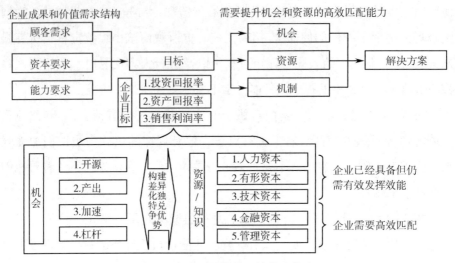

图 3-1　企业经营管理的体系构建

我们可以这样来理解图 3-1 的含义：

（1）企业的成果和目标源于顾客价值需求和资本（经济）价值需求，基于这两个起点，还必须回答一个问题："为什么是我？"也就是说，我们有什么样的核心竞争力、组织知识或能力满足顾客需求、资本要求呢？

（2）在充分理解利益相关方需求和要求的基础上，制定目标，制定解决方案。这其中的关键是：目标源于机会、资源、机制三者有机的结合，而这三者结合才能构成解决方案，或行动计划。其中有三个核心思考：

第一个核心思考：没有机会或不能创造机会，是不可能创造成果的，特别是不能仅从问题出发创造成果，问题只是机会的一个小的方面；

第二个核心思考：机会为什么是你的？俗话说，越努力、越幸运。我们必须从内部或内外结合构建独特的组织知识和核心竞争能力，这是企业区别于其他企业，获得顾客满意度和价值认知的源泉。

第三个核心思考：有没有一个有效地吸引知识工作者意愿和能力充分发挥其生产力的机制？这个问题我们将在本书第十一章和第十二章中充分讨论。

（3）企业的成果、企业的目标可以用杜邦公式构建，从投资回报率到总资产回报率再到销售利润率,通过这三个"率"的层层递进式的分解,我们找到了顾客价值和资本价值的结合点:开源,即销售增长,衡量公司使顾客满意的程度、顾客进而用购买力交换公司产品和服务意愿度和额度的终极目标。

在开源基础上,必须强化生产力——产出:最少的资源投入(成本)产出最大的成果;必须加速:资金作为重要的资源——周转速度第一;最后是合理的资本杠杆的应用。

(4)明确企业的成果和目标,充分考虑自身的知识和资源,这两者的连接就是企业定位:构建独特的、差异化的竞争优势,或者持续做到差异化从而努力规避竞争。

(5)企业的知识/资源由五个环节构成,它们分别是人力资本、有形资本、技术资本、金融资本、管理资本,前三者是创业者开创事业的起点,但在事业进展中因为环境、形势和顾客的变化,需要不断提升生产力;后两者,很多企业运用得还有很多差距,需要充分发挥金融资本和管理资本的价值和作用;这些资本综合起来可以称为知识资本。

我们希望企业创始人和企业从两步走的角度强化企业的经营管理,提升企业经营管理的体系能力,达成目标,真正实现企业创始人创办企业的使命、愿景和价值观:

第一步:内部充分挖潜。从德鲁克定义的人力资源、实物资源和财务资源三大企业内部目标而言,很多企业的生产力非常低下,从实物资源角度看,很多企业的产能利用率非常低。如中国最大的行业之一的汽车行业,据一位专家讲,中国汽车产业的各企业公布的产能累计求和超过 1 亿辆,实际年产量只有不到 3000 万辆,2018 年,汽车产销分别完成 2780.9 万辆和2808.1 万辆,产销量比上年同期分别下降 4.2% 和 2.8%[①]——人力资源和财务资源的生产力情况更加不容乐观。

---

① 数据来源:中商情报网,中国汽车工业协会统计数据。

第二步：外部高效协作创造机会、匹配资源，既然成果在外部、机会在外部、知识（资源）在外部，那么企业一定要学会合作，与产业链上下游企业充分合作，与同业充分合作（同行并不一定不能合作），跨界合作，只有合作才能打开自己的视野，发掘更大的机会，集成更多的知识（资源），创造更大的成果和可能性。

为有效实现上述两步，需要再次强调：机制是核心，需要企业创始人着力研究和实践。

四、从战略目标到目标分解，构建与公司目标方向一致的个人目标

企业的战略目标制定的目的是为了实现企业各部门和每位员工目标朝向一致。如图 3-2 所示：

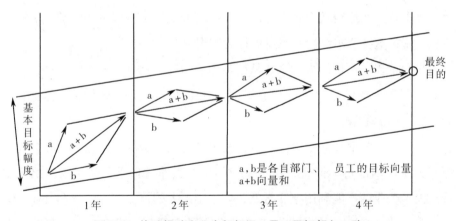

图 3-2　战略推动企业内部部门、员工目标朝向一致

正如德鲁克在《人与绩效》一书的第 7 章"通过目标和自我控制进行管理"中指出的："卓有成效的管理必须将所有管理者的愿景和努力指向同一个目标。它必须确保每一个管理者都理解企业需要自己实现什么样的结果。"

所以，只有战略目标还是不够的，必须将战略目标、企业目标分解到

年、季、月、周、日的时间轴和部门、员工的组织轴两条轴上。如图3-3
所示：

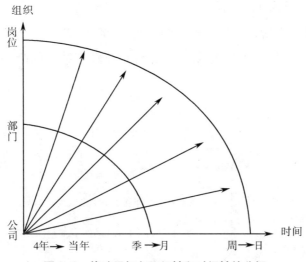

图 3-3 战略目标向组织轴和时间轴的分解

从前述公司战略目标制定的三个层面（或角度）：顾客价值、资本（经济）价值和核心竞争力出发，公司内部组织维度和时间维度都应该在此角度下展开。具体展开可以按照从战略目标推导年度公司目标开始（当然，反过来，年度目标又推导了公司3～5年战略目标的制定）。

还有一点必须说明的是，时间轴的分解有时候是一种综合的时间段内求和，但很重要的一点是，关键节点（或触点）的目标和结果非常重要，如本书开篇讲到的那家别墅装饰公司以项目的关键节点的目标同样甚至更重要（本书第十二章首节"成长的力量"中也会举到员工成长的关键节点的目标分解同样并不是按照季、月、周、日僵化分解的问题，OKR的应用实际上也存在这个问题，本书将在第八章中讨论）。

笔者通过实践探索了一个年度目标制定的六步法，具体如图3-4所示。

（1）暂定年度利润目标。年度利润目标，来源于战略目标当中资本价值：投资回报率的期望，来源于投资回报率落实到当年的分解，并结合企业自身投资后所达成的产能和产能利用率必须达到相应程度的期望。德鲁克在《管理的实践》一书中强调："为了经营，管理者必须设定相当于'必要的最低利润'的经营目标，建立明确的标准，来评估利润表现是否达到目标。"所以："利润不是原因，利润是结果——是企业在营销、创新和生产力方面的绩效结果"。"是对企业经营绩效的唯一可能的检验方式"。

两个路径：
（1）PDCA
（2）CAPD

三个维度：
（1）资本（经济）价值维度
（2）顾客价值维度
（3）核心竞争力维度

（1）暂定年度利润目标

未来的投资回报率
当年的资本回报率 } 年度利润
当年的产能利用率

（2）根据上期利润率倒推收入目标

（3）根据营销目标投制定逻辑确定可以达成目标和需要配置的资源

（4）根据利润目标和营销目标推导成本费用目标

（5）根据利润目标和上期资金周转率倒推应收和库存目标，倒推供应链改善的准交、快交目标

（6）通过上述路径推导并根据目标明确对策（资源）配置的可能性和时限性最终确定预算，并实现目标对策（资源）同步制定

图 3-4　年度经营目标制定的结构

（2）根据上一年度的利润率目标倒推销售收入目标。当然，这可能还不够，请读者回到第二章看销售收入翻番目标的制定，资本价值和顾客价值的维度在销售增长这个环节实现了有效衔接。

（3）根据销售收入翻番（甚至几番）的逻辑（见第二章：销售增长目标是企业最重要的目标），确定可达成的目标和需要创造的机会和配置的资源。当然，机会和资源状况反过来又会修正目标。

（4）根据利润目标和营销目标推导成本费用目标，同时又是"产出"目标。因为营销目标，特别是销售收入是企业经营的分母，在这个过程中

需要将过去几年的相关成本、费用的结果按照管理会计的方式方法进行整理，按照成本费用的百分比或单位成本费用进行推导——这也是企业核心竞争力的关键环节，包括成本竞争力。如果是制造业企业其制造成本中质量损失所导致的成本竞争力下降的同时，更会导致顾客的认知价值损失和满意度下降。

（5）根据利润目标和上一年度资金周转率现状倒推资金周转率目标，包括应收账款和库存周转率。这其中需要对企业的核心竞争力和生产力进行定义，如人均产出、生产周期、准交率、服务快捷程度等。

（6）通过上述五个步骤，基本上就可以有效实现目标和对策的同步制定，实现目标和创造的机会、集成的资源的匹配，企业就可以进行预算编制、确定年度关键目标（指标）和制订年度经营计划了。

年度目标的制定的三个维度（资本价值、顾客价值和核心竞争力）本章前述已经明确，这里还需要说明一下"两个路径"：

（1）PDCA，就是在有的时候或某个环节，制定目标时没有先例和历史数据可以借鉴，就可以先大胆"拍脑袋"定（P：计划）一个，经过一个周期，哪怕是一个月、一个季度，结果出来了，就可以在总结归纳的基础上修订目标了。

（2）CAPD，在有历史数据的情况下，就可以参照历史数据的结果，对未来进行预测，即在总结归纳的基础上明确未来的目标和计划。但有的时候，创新是不能被预测的，新的业务也是不能被预测的，新的方式方法也是不能被预测的——历史不能成为限制对未来想象力的障碍，我们既需要总结历史，更需要大胆假设、挑战未来。

通过年度这根轴的分解，就可将具体责任落实到组织的不同部门和岗位上。如表3-1所示：

表 3-1　公司年度经营活动计划书（表）

×××公司活动计划书				4			
				3			
上级方针	1. 2. 3.	公司方针	1. 2. 3.	2			
				1			
				日期	记事	确认	

区分	目标	对策	责任单位		
资本价值					
顾客价值					
核心竞争力					
日常管理					

　　表 3-2 是一个公司具体的年度经营活动计划书的案例。该公司作为一个制造企业，它在"顾客价值、资本（经济）价值和核心竞争力"基础上，结合企业实际增加了"安全"和"日常管理"的目标管理项目，并在此基础上进行分解。

表 3-2 某公司年度经营活动计划书（例）

签名：_____

分类	目标						对策						责任者
	目标名	指示	上年实绩	本年指标值			对策名	指示	上年实绩	本年指标值			
				保底	进取	挑战				保底	进取	挑战	
资本价值													
顾客价值													
竞争力													
安全													
日常管理													

读者通过上述《年度经营活动计划书》的格式，会发现目标（对策）中有目标名和指标的区别，这一环节将在本章下节中讨论。

同时，也会发现其中有目标和对策两个维度，这种设计的目的实际上是用第二章所描述的"目标达成的充分必要条件"角度思考的结果。对策就是目标达成的充分必要条件，对策同样有目标、指标值及具体的行动，通过目标和对策的同步制定和分解明确每个人的目标，真正实现"人人头上有目标、千斤重担人人挑"。如图 3-5 所示。

通过图 3-5 我们可以看到，上级的目标达成必须进行充分必要条件的构建，即找到达成目标的对策，而上级的对策就直接按照职责分工，成为下级的目标；他的目标同样必须进行充分必要条件构建，即找到达成目标的对策，而他的对策就又按照职责分工，成为他的下级的目标——这样层层分

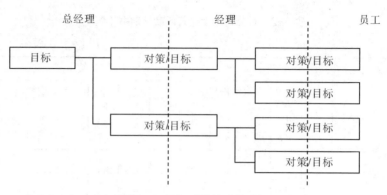

图 3-5　目标对策的同步分解

解，层层保障，层层支撑，每个层级、每个岗位都明确了责任和目标（或者成为他能够自我制定岗位目标的起点），并成为他实现"自我管理"的基础。

经营活动计划书的编制，特别是目标和对策的制定过程实质上是一个充分的研讨过程，是上下有效沟通达成共识的过程。如图 3-6 所示：

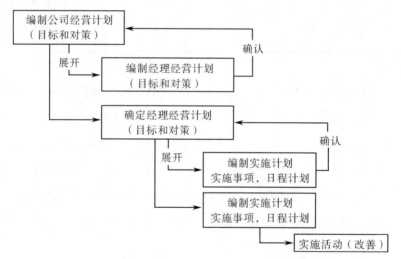

图 3-6　活动计划书制订是一个展开、确认的讨论过程

只有经过充分的展开和确认的讨论，才能达到一个"上级的目标我能充分理解，我自己的目标也能充分理解，我自己的行动和绩效的达成能够充分支撑上级的目标达成，我自己的行动和绩效需要我的下级支撑和左右的岗

位员工匹配"这样一个过程和结果。很多时候，这个讨论过程比最终的目标和对策的结果更加重要。而且，通过充分的讨论，可能会产生意想不到的成果。因为，只有岗位员工才能真正知道机会在哪里，资源（特别是他与他的团队成员的知识）如何配置更加高效。

经营活动计划落实到岗位的结果，就会为岗位 OKR 制定、绩效激励机制设计打下坚实的基础，这些内容将在本书第二、第三部分中讨论。

五、做好目标到指标（值）的系统平衡

目标的制定绝对是一个"技术性"工作，"目的"和"方向"可能比较容易表达，但从明确"目的"和"方向"到可衡量、可对照、可分析、可回顾、可改进的"目标"的指标化，或按照 OKR 的 O（目标）和 KR（关键成果）角度分解，就需要大量的"知识"进行创造性实践。而且，这必须结合具体企业的实际量身定制。

细心的读者还记得第一章那家主营食品和保健品原材料出口贸易的新三板上市企业的案例吗？他们第一版自己的制定的目标与指标就是不匹配的，如果他们设想"A 股上市"是企业的目标的话，那他们制定的 2020 年、2021 年的销售收入和利润的指标是不足以支撑该目标达成的。

要做好目标到指标的制定、分解和落实，笔者建议从以下几个方面进行把握。

1. 将目标从三个要素进行定义：目标、指标、定义或公式

如用最简单的销售收入做例子，我们可以这样理解：

目标：销售增长（或倍增）。指标：销售收入？万元。指标定义：企业通过产品销售或提供劳务所获得的货币收入。

实际就这样简单吗？绝对不是，同样的"销售增长（或倍增）"目标，其指标可能是：销售收入、销售增长率、市场占有率等。比如，即使指标是"销售收入"从定义角度看，销售收入还可以被定义为主营业务收入和非主

营业务收入。销售收入是销售额（含税），还是不含税的销售收入，还是回款额（经营现金流货币收入）？

所以，我们需要问自己：为什么要定这个目标？这个目标为了指向什么方向？用什么样的指标衡量更能够实现顾客价值、资本（经济）价值和核心竞争力在目前状况下的最优化？为什么同样的目标，上一年度是用"销售收入"这个指标衡量，而下一年度却用"销售增长率"和"市场占有率"这两个指标衡量？这体现了公司经营管理层怎样的经营管理假设和期望？——经过这样的思考，目标的指标化就可以发挥它应该发挥的作用了。

只有经历上述这样对目标、指标和定义/公式的活用，企业才能表明，我们可以应用目标管理了，相关的 KPI、平衡计分卡和 OKR 等工具也才能够应用。

2. 目标与目标之间、目标与资源投入之间是需要平衡的，而且不同目标体现了企业的经营假设和对员工的不同要求

一个部门或者岗位，一定不能只有一个目标，但也不能制定过多目标。如果企业目标从三个维度［即顾客价值、资本（经济）价值和核心竞争力］来衡量（而每一个维度可能都不止一个指标来衡量），那么，对于企业内部的部门、岗位的目标则同样需要从这个维度延伸、分解到岗位的 3~4 个角度进行平衡。

如营销部门或岗位，只从销售收入角度制定目标就可能会导致其忽视如价格、成本、费用等角度。所以，必须同时平衡"开源""产出""速度（资金周转）"的关系。

如内部"生产"部门，只从产出角度也有问题，必须同步考虑质量、成本、交付期的目标，这样才能促进部门、岗位的目标真正与企业目标"朝向"的一致性。

即使同样一个目的、方向和目标，用不同的"指标"进行定义，其含义也是不同的，所以企业高层管理团队必须时刻注意这个问题。

如对于同样衡量顾客价值的营销目标，订单额、销售额、回款额三个指标的定义是不同的，而每一个指标所体现的对公司、部门、团队和员工的要求也是不一样的。对于"订单额"，营销团队的理解是拿到订单就好了；对于销售额，营销团队的理解是必须把产品或服务交到顾客手中；对于回款额，营销团队的理解是必须把钱收回来。

如果用回款额和销售利润率两个指标作为营销团队的目标呢？

如果再在上述两个指标基础上加上一个"一元营销费用的回款额"呢？或者再加一个"应收账款周转次数"呢？

如对于一个制造企业的"库存周转率提升"的目标，库存金额还是库存周转次数是完全不一样的指标：

指标：库存金额。指标值:? 万元。定义：企业从货币资金采购物资开始，直到物资出库为止，在供应过程中所占用的流动资金。

指标：库存周转次数。指标值:? 次。定义：是用来反映一年中库存流动的速度的数据，公式：库存周转次数 = 销售收入（管理会计角度用销售收入）/ 库存平均余额。

假设公司销售收入2亿元，库存资金占用4000万元，那么当年该公司库存周转次数就是5次；企业制定第二年指标时，将销售收入定为4亿元指标，那么库存定多少指标合适呢？减少？还是增加？是库存金额的增加？还是库存周转次数的减少？

如果该公司管理水平不变，那么销售收入增加一倍时，公司的库存周转次数就应该保持不变，即依然还是5次，这样库存资金占用就会达到8000万元。

反过来，我们要问自己，我们有融到这么多资金（增加4000万元）的能力吗？需要通过什么样的融资方式解决？如果解决不了怎么办？提升管理水平将库存周转次数提升到8次？那要如何提升？即使达到了8次，库存资金占用还要增加1000万元达到5000万元，这新增1000万元的融资怎样解决呢？

所以，既然目标是方向、是导向，那么，基于目标设定指标、指标之间平衡的过程中，必须把企业的经营假设、对未来的期望和对员工的要求清晰地表达出去。只有这样，员工才会制定他的真正与公司成果和目标一致的个人目标，才能通过"目标管理和自我管理"创造最大价值和成果。

所以，制定目标的过程也是一个企业追求的不同成果、机会、知识、资源进行交互和平衡的过程。

3. 目标制定是一个动态的过程

目标是用来挑战的，目标是用来达成的。这两句话实际上有点矛盾，既然目标是用来挑战的，那么我们就要制定"遥不可及"的目标——如果目标是用来达成的，那么我们就要制定"能力所及"的目标！

这就是很多企业员工看到目标的可达成性和可挑战性后困惑不已的原因。

从目标到指标（值）的设置体现了企业的不同假设，也体现了不同的阶段重点。但对制定指标值的要求就更高了，如果制定了一个责任人认为不可能达成的指标（值）时，目标的激励作用可能直接变成了负向；如果制定了一个责任人认为轻松可以完成的指标（值）时，目标同样起不到激发潜力的作用。

所以，指标值的设定非常困难。可以从以下两个角度思考：

（1）从历史数据、同业数据、期望数据等几个维度来综合考虑。特别是必须实现目标与对策（目标达成的充分条件）的充分匹配，这样才能实现目标的导向和激励作用。

（2）从最优数据、平均数据和中位数据等几个维度综合考虑。既然偶然的成功和失败是创新的最大源泉，那么我们就可从这三个数据的变化中分析其背后的东西（参照下章"目标管理的前提是做好日常管理"一节中对数据化的讨论），通过不断分析其背后的知识、经验和教训，作为持续优化地制定目标的参考。

所以，制定目标既不是"拍脑袋"，更不能希望一劳永逸，它是一个不断迭代优化的过程。

4. 目标制定是一个上下左右达成共识的过程

企业的目标不是一个人努力就能实现的，否则创业者就不会在创业过程中寻找合伙人一起干了。内部员工的岗位目标也不是一个人就能够完成的，他必须接受上道工序的输出，做好自己的岗位工作，并将自己的"成果"输出给下道工序。工作过程中，他还需要接受上级的指导并指导下级，他同时也需要接受他下级和岗位流程上下道"工序"岗位的支撑。

他的目标和行动必须与上下左右充分沟通、确认并达成充分共识。如果每个人都知道他的上级的目标和行动是什么，他的上道工序的目标和行动是什么，他的下道工序的目标和行动是什么，他的下级的目标和行动是什么，那么他就会更加明确他自身的目标和行动应该是什么——我的任务是什么？我的任务应该是什么？我的任务将来是什么？

这样，"目标管理和自我管理"才能真正被企业中的每个人开始重视和实践。

所以，必须启动年度目标制定时充分的上下左右的沟通，必须每月度（或关键节点）针对目标达成与否进行上下左右的沟通和讨论，达成共识后，目标才能充分发挥促使组织员工朝向一致、挑战自身和团队最大潜力的作用。

5. 目标制定需要考虑如下几个关键原则

（1）从绝对→相对。我们可以将指标从绝对的数字向相对的数字转化，如销售收入转化为销售增长率和/或毛利率（或市场占有率——如果可以的话），将成本费用的额度转化为百分比或单位成本费用，即成本或费用占销售收入的比例和/或每销售一单位的产品或服务付出的相应成本或费用，将经营资金特别是应收账款和库存资金转化为资金周转率或资金周转次数（天数）。

将指标从绝对转化为相对的表达方式，目的是"趋势"管理和"异常"管理。

所谓趋势管理就是通过"相对"的数值，将三个及以上的周期的指标的趋势变化通过图表和曲线图形象地、可视化地表达出来。

所谓异常管理就是只有"相对"的数值，才能发现"远超"目标和"远低"目标两种异常，如前述的库存周转次数的例子，在销售收入从 2 亿元增长到 4 亿元的情况下，库存从 4000 万元到 8000 万元是"正常的状态"吗？大家可能并不好理解。但如果库存用"库存周转次数"表达：销售收入从 2 亿元增长到 4 亿元的情况下，库存周转次数 5 次保持不变，大家就会理解就是"正常状态"了。但如果库存周围次数保持不变是正常的，那么库存资金占用确实变得不正常了——增加到了 8000 万元。

如果库存周转次数增加到 8 次，则实际库存资金占用会从 8000 万元下降到 5000 万元，这说明这家企业的库存管理进行了充分的改善，我们需要分析其背后的努力的方法和条件。而如果这家公司的库存周转次数下降到 4 次，则实际库存资金占用会从 8000 万元增加到 1 亿元，说明这家企业的库存管理发生了明显恶化（异常），我们同样需要分析其背后的问题和深层次原因，并找到解决方案。

（2）从单向→系统。我们希望销售收入实现翻番增长，但必须同时考虑的是，销售收入是顾客满意的结果，是企业为产品和服务投入知识和资源的结果，考虑销售收入增长，必须考虑投入产出，必须考虑资金的时间价值，必须考虑上下左右的协同，必须考虑在与顾客接触点上不断强化顾客的认知价值和满意度，所以，公司的目标、部门的目标、每个人的目标必须系统考虑，而不能头痛医头、脚痛医脚。

（3）从直线→协同。企业发展到一定规模后，内部的专业化分工越来越细，这样可能会产生一个不好的结果，就是企业的目标从上向下在不同的专业模块内部分解时相对容易达成共识、协同和实现支撑。但在专业模块之间的横向协同就可能会越来越有挑战，如营销模块与生产模块之间、生产模块与采购模块之间、营销模块与研发模块之间，因为企业本身就是一个矛盾的统一体，既要满意顾客需求又要创造经济价值，既要追求无限地满足顾客需求也要平衡投入资源的关系等，所以，收入与成本、质量与成本、质量与速度等相对"矛盾"的模块之间需要实现匹配和协同。

这就要求从企业整体角度进行协同，特别是企业整体目标向专业模块分解时充分体现协同关系。

首先，要明确企业的优先级——顾客价值第一。

其次，通过价值链和流程打通部门壁垒，促进将下道工序作为顾客进行协同（这是本书第二部分的核心内容）。

最后，促进不同专业部门共同担当同一目标和指标，在高管分工时进行协同，在绩效激励机制设置时进行协同等。但无论如何，这都需要创始人和高层管理团队充分运用智慧和方法，在目标上下协同的基础上，同时促进目标横向协同。

（4）从演绎→归纳。制定目标不能只靠"拍脑袋"，需要 PDCA 和 CAPD 相结合，实现演绎与归纳的结合。

如果是新创的企业或业务，那么只能 PDCA，也就是先大胆地"拍"一个目标和指标，在此基础上实践，然后结果出现后与目标和指标进行"反馈"比较，既要分析目标的设置是否符合公司的发展方向，也要分析指标的达成程度，如根据远超指标、达成指标、远低指标这三种情况，进行归纳分析，再对下一周期的目标和指标进行重新制定，这样，目标的制定就从 PDCA 转化为 CAPD 了。而且，企业正常运转的业务大部分情况下都是 CAPD——或更大程度上是目标不变，指标和指标值根据发展阶段进行调适。

但也有特殊情况，即企业发现按照"惯例"无法获得超常突破，那么这个时候就必须"大胆假设"，"拍"一个遥不可及的"远""大"目标（指标），然后突破现有的知识和资源现状，重新构建充分必要条件，同时突破原有机制和制度设置——这适用于绩效持续止步不前的企业。

第四章　目标管理的力量

宏伟的、大胆的、冒险的目标是促进进步的有力手段。

——詹姆斯·柯斯林

阅读本章前，你需要首先问自己几个问题：

（1）你认为目标管理能够为企业或自身带来什么？

（2）你认为一个企业的目标管理推进中需要建立一个怎样的体系？

（3）你的工作和生活目标来源于什么？或是什么激发了你自我管理达成目标的动力？

（4）为了做好目标管理，必须做好哪些基础性工作？

（5）你的企业内部经常举行"群策群力"式的创造新知识的讨论吗？为什么这很重要？

一、共享目标，责任到人

创业者只有真正认识到，企业真正关键的因素是目标，而不是他自己时，他才能真正有效地实施目标管理，或者说通过管理目标、管理自己，进而管理企业、管理团队。

我们可以这样理解，企业创始人和高管团队的主要目标是通过培养下属的自我管理能力来提高他们的工作业绩，运用企业这个"放大器"放大每一个人的价值和产出。反过来，我们也可以说，如果一个人在一个组织中创造的价值不如他一个人"单干",或者不如与组织外的人一起合作创造的价值大,他一定会离开,除非他根本就不能创造价值。最可怕的是,不能创造价值反而会毁坏价值,因为,目标不一致就一定会产生反向作用力。如图 4-1 所示:

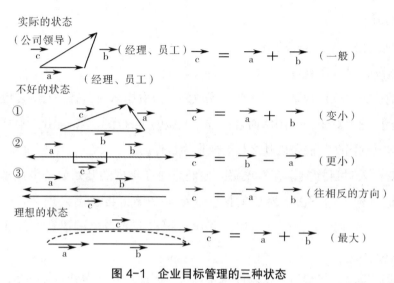

图 4-1 企业目标管理的三种状态

很多企业实际的状态都是在大方向上,目标都朝向一个方向,只是角度略有偏差而已。

有三种不好的情况:第一种情况是少部分员工的方向在角度上与大方向不一致,公司整体的目标的力量被减弱;第二种情况是少部分大方向直接反向,整体目标的力量被直接变小;第三种是最不好的情况,企业内部目标完全相反,目标的力量被消耗殆尽。如果是这种情况,这家企业也基本离解体不远了。

我们希望的理想状态是,企业从上到下的全体目标朝向完全一致,这样就会真正形成"1+1+1>3"的力量。

按照这样的分析,企业的领导者需要做出的主要努力是鼓励下属、鼓励企业中的每位员工制定他们自己的目标,并确保他们的目标与整个企业的目标保持一致。

优衣库创始人柳井正在其所著《经营者养成笔记》中提出，必须"共享目标，责任到人"。

他在书中专门提道："通用电气公司的前 CEO 杰克·韦尔奇为何说出这样一句话：'一天当中，我会一遍又一遍地强调公司的目标，有时说得连我自己都烦了。'"

柳井正给出了这样的建议：

首先，只有反复传达目标，才能共享目标。

他认为，工作都是由团队合作完成的。只有团队成员齐心合力才能取得成果。因此，对于一个团队而言，首先要做的是目标共享，即让所有成员都清楚自己的团队到底是以什么样的成果为目标的。

有些人对目标共享存有误解，他们只是在年度的开始或是事业刚刚起步时把目标传达下去，然后就把它往墙上一贴，再也不去理会。还有些人只是机械性地把目标读一遍，并没有把它变成自己的语言，没能真正理解。

没有哪个人仅仅听一次就能真正理解。因此，要想做到目标共享，需要不厌其烦地一遍又一遍地向成员传达，直到所有成员都能够理解团队的共同目标。当团队成员能够用自己的语言对其他人充满热情地描述这个目标，或者大家自发地为实现目标而开始行动时，我们才可以说："大家已经真正理解了目标。"

所以，他认为，只有做到这种程度，才算实现了目标共享。要做到这一点，只能依靠领导者的反复传达，没有其他捷径。

所以，在我们每个企业，是否需要建立一个机制，从自己开始经常地相互问一问，我（你）的目标是什么？我（你）的目标达成需要你（我）贡献和匹配什么？

其次，责任必须明确到个人（关于如何使责任到人的问题，本书会在第五章至第八章给出方法和工具）。

柳井正认为，团队作战的基础就是每个成员都要担负起各自的责任。责任意识的形成，最重要的是要明确"这个工作是谁的责任"。明确责任，也就是所谓的"一人一责"。

因为人都是这样，如果是几个人、几十个人一起做，那么谁都不会觉得这是自己的责任。全体责任、团队责任，听起来挺好听，但后果却是没有人会带着强烈的责任感去工作。

大家都知道"公地悲剧"这个事实，所以企业必须通过明确"一人一责"来破除这样一种事实：当员工发现他的个人努力程度与企业经营相关性不大时，便会产生出工不出力、损公肥私等"搭便车"与机会主义行为。

可以说，没有责任就不会有成果。

让员工们带着责任意识去工作的唯一方法是从责、权、利到利、责、权（本书第十一章节会重点讨论这个问题），让他成为自己岗位上的老板、让他成为创业者、让他自己思考、让他自己动手，这一点非常重要。

这个世界上，没有人会高高兴兴地去做别人、做组织的工作。做真正属于自己的工作，才是人们积极主动工作的原动力。

原动力有了，人自然就会努力，并产生以高标准去完成的决心，反过来又会促进其制定更"远""大"目标，目标管理和自我管理就会实现正向循环。

二、目标管理体系

目标管理需要 PDCA 循环和 CAPD 循环相结合，目标管理需要自上而下和自下而上相结合，目标管理需要目标导向与自我管理相结合。

本书已经强调多次，对于一家已经正常运营的企业，首先考虑的是CAPD，也就是基于历史的绩效进行目标制定。但同时必须基于外部（成果在外部）特别是顾客需求的变化，突破历史的局限，制定"远""大"目标，所谓 PDCA。这两者必须同步思考，如图 4-2 所示。

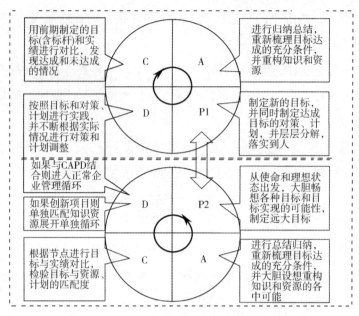

图 4-2　CAPD 和 PDCA 双轮驱动制定目标

从顾客、资本、核心竞争力三个角度制定目标的问题我们已经在第三章中进行了充分的讨论，目标制定之后需要一个落实到具体责任人的工具，如表 4-1 所示。

表 4-1　业务活动计划书

（　　）年度业务活动计划书

公司目标 1. 2. 3.	部门： 岗位 / 姓名：	隔级领导：
		直接领导：
		上道工序岗位：
		下道工序岗位：

区分	目标			具体的活动	活动计划									#	#	#	评价	
	目标名	去年实际	目标值		1	2	3	4	5	6	7	8	9	#	#	#	上半年	全年
顾客 价值																		

续表

区分	目标			具体的活动	活动计划												评价	
	目标名	去年实际	目标值		1	2	3	4	5	6	7	8	9	#	#	#	上半年	全年
顾客价值																		
资本价值																		
团队协作																		
个人成长																		

个人的业务活动计划书是将公司领导和上级的活动计划中的目标和对策落实到本岗位和自己的工作计划的具象表达，是每位员工结合自身的岗位责任，从 CAPD 和 PDCA 两个角度出发，结合自身知识和企业必须匹配的资源并落实到行动计划的一个有效工具。

目标制定并落实到每位员工的过程需要企业所有员工开动大脑，从成果、机会、知识、资源的维度进行构建。所以，企业应该建立一个目标管理自身 PDCA 循环的体系，促进自上而下和自下而上地进行目标管理和自我管理，如图4-3所示。

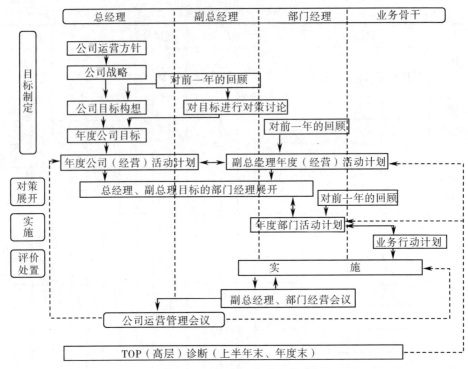

图 4-3　企业的目标管理体系

在每年 9~10 月开始，每位员工，无论是企业创始人还是基层员工，都要开始思考和写下自己第二年的目标和具体行动计划，然后在此基础上充分交流沟通，分别制定每个人的活动计划书，明确目标、资源和行动计划。

巴顿将军说："每个人都应完成他的任务。每个人都应对集体负责。每个部门，每个战斗团队，对整个战争的宏伟篇章，都是重要的。"

每位员工都要按照他的目标和计划行动，但反过来，目标和计划都是一种"假设"，顾客、市场和环境不断在变，我们的目标和行动必须创造性地迎接变化，这个时候，需要我们不断地在行动中通过目标与实绩的对比进行检查和总结。如表 4-2 所示：

表 4-2 管理项目进度

目标	指标值	区分		上年实绩	当年实绩			分析（优点、改善点、对策）
					1月	2月	...	
目标 1	指标值 1	目标	必达		2.4	2.3		
			挑战		2.2	2.1		
			实绩	2.5	2.5	2.0		
			评价		×	◎		
对策 1-1	指标值 1-1	对策	目标		2	4		
			实绩	20	1	5		
			评价		×	◎		
对策 1-2	指标值 1-2	对策	目标		95%	95%		
			实绩	90%	96%	97%		
			评价		◎	◎		
对策 1-3	指标值 1-3	对策	目标					
			实绩					
			评价					
....	....	....	⋮					
			⋮					

《管理项目进度表》是一个将自身的目标与实绩有效对照的图表，同时为了更加形象地表达，我们还可以引入管理图表，如表 4-3 所示。

《管理图表》与《管理项目进度表》结合起来使用可以使我们通过"趋势"发现更多可能性，无论是成功和机会、失败和问题。

在目标和实绩对照检查的基础上，我们还需要总结。这里可以使用一个被称为《回顾书》的工具进行归纳总结，如表 4-4 所示。

表 4-3　管理图表

年度　　加工不合格率　管理图表

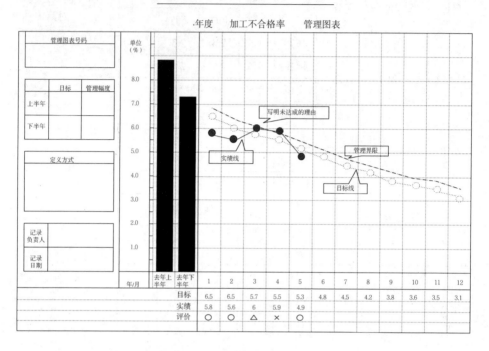

年/月	去年上半年	去年下半年	1	2	3	4	5	6	7	8	9	10	11	12
目标			6.5	6.5	5.7	5.5	5.3	4.8	4.5	4.2	3.8	3.6	3.5	3.1
实绩			5.8	5.6	6	5.9	4.9							
评价			○	○	△	×	○							

表 4-4　回顾书

年　月　日

目标名称	目标管理图标		对策管理图表		综合评价	反　省
	实绩与目标的指标值比较	评价	实绩与对策的指标值比较	评价		（优点、缺点）
	（说明）		（说明）		四种情况探讨目标对策支撑：	［说明］
	用目标的指标、实绩的管理图，用定量的方式明确达成与未达成的情况		用对策的指示、实践的管理图，用定量的方式明确达成与未达成的情况		①目标达成但对策未达成②目标未达成但对策达成③目标和对策均未达成④目标和对策均达成	以对策的进度、有效性为中心进行反省

《回顾书》是将目标与对策放在一起进行分析的工具，这样可以有效地分析上下级之间的目标与对策达成的情况，并为制定下一阶段的目标、对策和计划打下基础。

笔者建议企业都构建一个"经营管理会"的机制，这个机制可以如此考虑：如果以每月作为目标达成的节点（项目管理则不是，是按照计划或顾客触点的时点），则可以规定，每月的1~3日每位员工进行回顾分析，5日左右班组（或小团队）进行内部回顾分析，6日左右部门经理召开部门经营管理会，8日左右企业召开经营管理会。这样，自上而下的目标分解、自下而上的实践和目标达成分析就会形成闭环，就会不断修正组织中上下级之间的目标的匹配程度，促进整个企业目标管理和自我管理体系的构建。

在目标管理体系的运行中，管理者（各级）必须摆正自己的位置：

首先，他必须意识到目标比他本人重要，这一点不再展开。

其次，他必须放弃"管控"思维。目标是导向，制定目标的目的是统一方向、凝聚力量，每位员工特别是管理者自己必须首先做好"自我管理"，因为每个人都必须首先做好自己的岗位工作，同时匹配和协同上下左右岗位做好工作，他没有时间去"管控"别人，他应该成为别人达成目标、创造成果的资源。或者换一个角度说，如果他有时间去管控别人，说明他自己的岗位没有存在的必要。

最后，他必须发挥一名管理型知识工作者与专业型知识者协作的作用，他必须将专业型的知识工作者作为顾客对待（如何将员工作为顾客对待，本书第12章将进行讨论）。

彼得·德鲁克在《人与绩效》一书第5章"管理的维度"中指出："管理者的工作，就是让专家意识到，要达到效果必须得到他人的理解；要得到他人理解，就必须找到'客户'（组织内的其他领域的专家）的需求、假设和局限条件。管理者必须把组织的目标转换成专家的语言，把专家的输出转换成目标用户的语言。换句话说，专家需要管理者将自己的输出和其他人的工作进行整合。"只有这样才能不断创造更大绩效和价值，创造新的组织知识。

所以，德鲁克认为："管理者不是专家的'老板'，管理者是他们的'向导''工具'和'营销臂膀'。管理者是渠道，职业专业人士尤其是真正的专家通过渠道来引导自己的知识、工作和能力，实现综合结果；反过来，又通过渠道找到所属企业的需求、能力和机会"。

经过上述的目标管理体系构建，企业就可以运转日、周、月、季、半年、年度的 PDCA 循环了。如图 4-4 所示：

	年度	上半年	每月	每天
P	1.制作和认可活动计划书（目标·目标值）（对策·管理项目·目标值·担当者）、（目标）	12.制作和认可活动计划书修正版	9.订正和认可活动计划书的对策（对策·管理项目的追加、订正）	6.制作对策的计划
D	2.说明活动计划 <每月PDCA>	<每月PDCA>	<每月PDCA>	3.推进对策和实施对策
C	13.实施年度回顾（管理项目进展表）（上半年回顾书1）（上半年回顾书2）未达成项目（次年度活动计划草案）	10.实施上半年回顾（管理项目进展表）上半年回顾书1 上半年回顾书2 未达成项目（活动计划修正版草案）	7.实施月度回顾（报告目标值和实绩值）（报告对策的推进情况）➡问题点共有化（目视板）	4.计划·目标和确认实绩（发现了异常值➡目视板、管理图表）
A	14.领导的指示	11.领导的指示	8.查明原因和指示（责任者）（决定问题的原因的对策）	5.查明原因和对策的立案

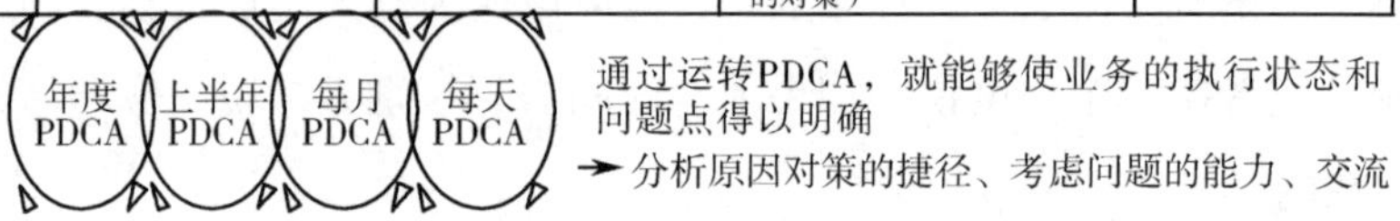

年度PDCA　上半年PDCA　每月PDCA　每天PDCA

通过运转PDCA，就能够使业务的执行状态和问题点得以明确
➡ 分析原因对策的捷径、考虑问题的能力、交流

图 4-4　企业的目标管理体系的 PDCA 循环

三、专门项目（课题）的目标管理

目标管理中还有一种状态，就是在目标达不成的状态下可能需要设置专题（项目）进行改善（目标达成的标准化与日常管理问题我们在后续讨论），特别是发现很多任务不是一个岗位或一个部门单独工作能够突破和达成目标时。如图 4-5 所示：

图 4-5 目标达成与否的处置

而同时，为了应对顾客需求的变化，需要企业不断构建灵活的跨职能特别行动小组或专门项目小组进行突破，这有助于提升基于跨职能和部门协作创新的成功率，有助于打破既有组织壁垒，激发组织活力。如图 4-6 所示：

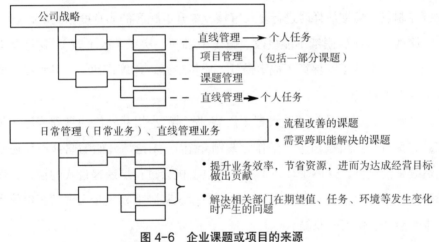

图 4-6 企业课题或项目的来源

实际上，日产创造的 V-up 方法就是跨职能课题（项目）管理的方法和工具，就是最早在通用电气（GE）实施的群策群力的跨职能管理方法和工具基础上与日产方针管理结合的进化。

很多公司实际上本身就是项目型的企业，他们的运营本身是基于一个个项目的组合，他们可以直接应用课题或项目型的目标管理体系来运营。

笔者服务的第一章所述的那家高端墅装公司，他们就是基于一个个项目实施的经营管理。在创建这家项目型公司的目标管理体系时，他们一样从顾客价值、资本（经济）价值和核心竞争力三者有机出发思考目标制定。我们发现，要做好一个别墅装修项目，需要从四个"不"（漏不漏、全不全、符不符、改不改）出发思考目标。

第一，每个项目必须做到"不漏项（漏不漏）"。做到不漏项是对顾客和对企业负责的表现，如果漏项直接会对项目造价产生不实的影响，要么直接影响顾客的信任，要么直接成为企业的隐性成本（窟窿）。

第二，每个项目中选择的材料和产品都要有明确的价格，且是全区域同档产品中性价最高的供方，即"全不全"。必须保证材料和产品都有明确的价格，让顾客可以全区域比较，这是企业和项目团队诚信的体现。

第三，尺寸必须符合（符不符）。让顾客明明白白消费，特别是在一个关键控制点：精细放样时进行复尺审核，提升了顾客的满意度和满足感。

第四，封样后图纸不能更改、施工中必须一次成（改不改）。这样是双方相互的一个承诺，保证了成本最低、质量最好、速度最快——各种投入资源的生产力最高。

当然，我们为项目团队设置了层层"拦截"、相互补位的管理程序（将在第二部分"用流程梳理"中作为案例介绍），无论从开始的图纸设计还是到后续施工过程，这四个环节都有三次以上机会进行层层递进式的检查、保障和弥补的机会，在充分发挥企业的组织知识基础上，同步实现顾客价值和资本（经济）价值的双赢。

基于上述的关键思考，我们制定了具体项目的目标，从顾客的目标预算，到企业的目标成本、目标质量、目标工期进行了有效的明确，为项目各工序的人员选择、交接、责任、实施打下了坚实的基础。

我们将整个项目实施的过程设置了8个关键"触点"，同时设置了顾客满意度调查和定性评估（见第一章表1-1），并将项目目标与实绩的检查和分析按照与顾客接触的这8个触点进行设置（不是按照月度），这样每个（设计和施工）项目组和他们的成员就可以有效地展开"目标管理和自我管理"了。

四、目标管理的前提是做好日常管理

做好目标管理的前提是必须做好日常管理。简单地说，日常管理就是标准化和数据化管理。

目标管理与日常管理之间有着很强的支撑关系。目标管理是以打破现状提高水平为目的的管理，其目的是围绕顾客不断变化的需求和竞争态势进行创新和突破过去，创造未来。日常管理是将管理水平稳定在一定水准，甚至压缩管理的"幅度（即同一指标的上下偏差程度）"的管理，是向精、深维度发展的维持和强化的管理。

目标管理与日常管理有强相关的联系，没有日常管理，就不可能突破现状，或者说就没有现状可以被突破；通过目标管理突破现状后，还必须将"现状"强化、稳定和维持，才能为下一步的目标管理再次突破打下基础。如图 4-7 所示：

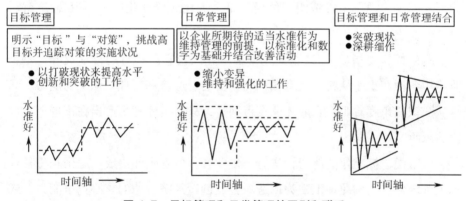

图 4-7　目标管理和日常管理的区别和联系

很多人一听到"标准化"第一反应是"僵化"，很多读者一定会问，笔者一直强调从顾客需求出发，把握顾客的需求变化，不断调整企业内部的目标管理体系，以满足顾客需求并进而创造顾客需求，那么，标准化会不会与此矛盾呢？

这很大程度上是我们对标准化怎样定义或理解相关。百度百科定义标准化：为适应科学发展和组织生产的需要，在产品质量、品种规格、零部件通用等方面，规定统一的技术标准，叫标准化。这个标准化的定义并不能涵盖笔者和本书对标准化的理解和定义。

如果我们从知识的角度去思考标准化，我们可以对标准化从以下几个维度进行定义：

（1）标准化就是将企业满足顾客价值需求的知识进行归纳、总结和提炼，形成组织知识，进而形成组织的差别化和独特的竞争优势。

正如德鲁克在《成果管理》一书第 7 章"企业经营的是知识"中指出的："企业要想取得成功，知识在满足感和价值上必须首先对顾客来说是有意义的。在企业中（不仅是在企业中），知识本身是无价值的；只有通过在企业外部（为顾客、市场和最终用途）做出贡献，知识才是有效的。"

"经济成果是差别化的成果，"其"源泉是企业中的一批人所掌握的特定和独特的知识"。但这些特定和独特的知识必须从顾客需求的角度、用特定的形式归纳、总结，形成组织的而不是个人化或碎片化的"知识"，这就需要"标准化"。

所以德鲁克指出："让企业变得独特，以及它所拥有的特别资源，是企业运用各种知识（从科学技术知识，到社会、经济和管理知识）的能力。只有从知识的角度着眼，企业才能变得独特，故此也才能生产出在市场上有价值的东西。"

可以说，标准化的能力，从另一角度看，就是企业集成、运用和将各种知识系统化、结构化地汇整为创造顾客、创造经济价值的核心竞争能力，或称为生产力。

（2）标准化就是将现在做得最好的方法和技能，即每个掌握了最具生产力知识的知识工作者的做法进行归纳、总结和提炼，形成组织的知识，这种知识超越了组织中任何一个最能干的个体（包括创始人本身）的知识。

（3）标准化是基于顾客的价值需求不断优化的过程，只有在标准化的，或者说在书面化总结企业的组织知识的基础上，才能更好地迭代和个性化表达，才能更好地满足顾客的需求，并不断提升企业的核心竞争力。并且在满足顾客需求和提升核心竞争力方面形成良性互动、互促，而基于此而创造的资本（经济）价值就必然"渠成水到"。

通过上述三点理解，我们将本书提出的企业日常管理的标准化定义为：知识的组织化。

麦当劳的标准化是一个最好的例子，它以顾客需求的便捷、新鲜和能够保证全世界同一口味为基础，通过标准化消除了所有随机因素，通过公开资料我们可以查到：

每个汉堡重量都是 1.6 盎司，厚度控制在千分之一英寸以内，制作过程 38 秒自动停止，而此时汉堡内部的温度正好达到华氏 155 度（摄氏约 68 度）。

在特色方面，克洛克（麦当劳连锁的全球推广者）几乎是精益求精。为一根小小的炸薯条，历时十年，耗资 300 万美元，改良了数百种制作方法，最终将它炸成了风味独特的知名食品。

……

《创新和企业家精神》一书是这样描述的：

首先，麦当劳设计了最终产品；

其次，它重新设计了产品的整个制作工序；

再次，它重新设计（或发明）了操作工具，使每一块肉、每一片洋葱、每一个圆面包都是一模一样的，结果产生了一个时间精准且完全自动化的制作流程；

最后，它着手研究顾客所看重的"价值"，并将其定义为产品的品质和可预知性、快捷的服务、绝对的干净以及亲切。然后根据这些要求制定出相应的标准，按照标准进行员工培训，同时将员工的收入与这些标准挂钩……

凭借研究顾客所注重的"价值"，它们将产品标准化，设计制作流程和工具（并标准化），根据标准培训人员。大幅度提高了资源的产出，而且开创了新市场和新顾客群。

德鲁克将麦当劳的"标准化"定义为创新，是属于"社会创新"这一类别，所以，标准化并不等于僵化；反而，标准化是创新的一种关键类别，是创新的基础和底层支撑。

有了标准化（Standardization），就可以将 PDCA 循环转化为 SDCA 循环，或通过 SDCA 循环驱动企业的 PDCA 循环突破，突破企业和个人目标、突破公司和员工个人限制和障碍，创造更大的可能性。如图 4-8 所示：

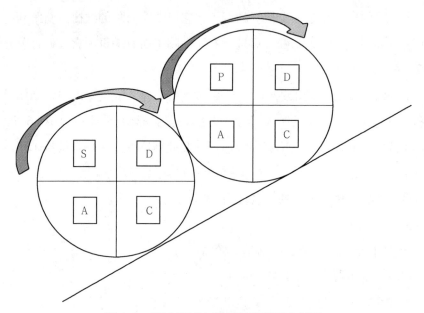

图 4-8　通过 SDCA 循环驱动 PDCA 循环

很大程度上，特别是通过麦当劳的案例我们可以得出这样的结论：企业的底层逻辑必须是标准化的，其表层逻辑必须是个性化和柔性化的，特别是对外展现的顾客能够亲身体验到和感知到的维度或角度。

换个角度而言，要做到灵活性、柔性化，标准化是核心和基础。

日常管理中一个重要的环节就是数据化，企业必须收集以数据为基础的信息，以打好日常管理这个基础，并为目标管理实践打好基础。

可以说，基于数据化的管理就是将每日、每月的数据进行记录积累，对应于指标的定义和公式进行有计划的数据收集，只有如此才能针对性地结合达成与否、出现异常值与否等情况，进行充分的分析和把握。如图 4-9 所示：

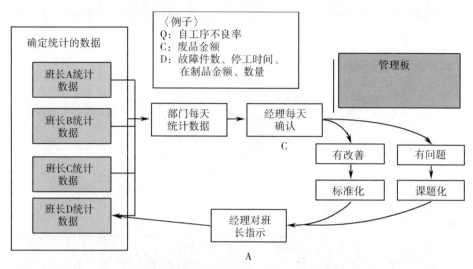

图 4-9　某制造业企业部门内部的数据收集和管理体系

数据化管理中的一个重要环节是原单位管理。对制造企业而言，统计水的消耗不是用"元"而是用"吨"，统计电的消耗不是用"元"而是用"k·Wh"，统计工具的消耗不是用"元"而是用"件"，统计运输费用不是用"元"而是"吨·公里"等。

因为如果直接用"元"或"万元"进行统计并不能知道真正资源投入的情况，因为水的价格可能有变化，电的单价每天都有峰、谷、平的不同，工具、运输的单价也会根据供应商、承运商而有变化。通过原单位管理进行数据统计，就可以真正知道资源的投入和耗费情况，并可以有针对性地与产出对比——这就是衡量资源产出的生产力的基础，而且在此基础上才能有效地明确生产力提升的目标（可以根据需要设计出各种生产力指标）。

原单位数据还要落实到每日、每月进行数据的二次或三次加工整理。通过单台使用电力、消耗刀具件数、单吨·公里的运输费等日、周、月趋势分析、范围值分析，实现对工作的成果和异常值的充分把握。如图 4-10 所示：

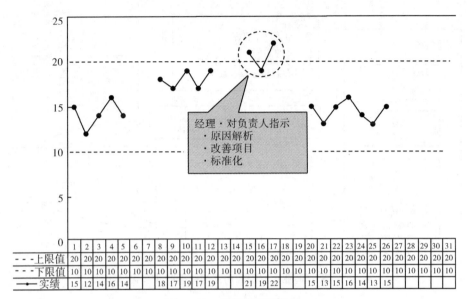

图 4-10　日常管理图表例

日常管理图表与目标管理图表的不同点在于其设置了上下的范围值，通过管理项目的基础数据每日、周、月的统计可以有效地分析变化情况，及时地归纳总结和提升，为进行标准化和标准化的提升和优化打下基础。

现在很多制造业企业正在实施的智能化和数字化的改造及升级，其中有三个关键点：其一是标准化，其二是数据化，其三是第二部分重点论述的流程化。这三者结合起来，就可以基于标准流程和作业，对工序加工的过程实时采集数据，为实时管理、追溯打下基础，这是智能化和数字化工厂改造升级的基本底层逻辑。

五、构筑企业"组织知识"、构建核心竞争力

1974 年诺贝尔奖得主哈耶克首次关注到知识的性质问题的时候，提出了"相关知识"（哈耶克《经济学与知识》）的概念，他认为我们所掌握的知识中，有一部分并且很大一部分是与特定个人有关的知识，这些知识属于处于某个具体的领域中的人的知识，这种知识通常具有排他性。

哈耶克认为，"事实上，人类所能够知道的只是整个社会活动中的极小的部分，因此能给他们以激励的，只是他们在自己所了解的领域内活动的即期效应"（哈耶克《个人主义：真与伪 1》）。

这一方面意味着，单个人的知识是很有限的，只占全部社会知识很小的份额；另一方面也暗含了，每个人所掌握的知识实际上具有个人性，因为每个人面临的都是在他们自己行动领域中有关其行为结果的、独有的即期效应，这些情境都是有关特定地点和时间的，往往仅为当事人所掌握。

这种仅为当事人所掌握的知识中，有一部分必定不能传递给他人，是专有性的，"因为许多他能够亲自加以利用的知识，是在制订行动计划的过程中才变得明确起来的"（哈耶克《致命的自负》第 5 章）。也就是说，每一个体所掌握的知识实际上是连续不断变动的，他们对所处环境和特定问题的认识都随着时间的推移做出调适，因此连这些分散个体自身都不知道自己下一刻所能够掌握的知识所将会处于的状态，自然也就不可能传递给他人。

所以，只有在目标管理和自我管理的具体行动中，或者有针对性的目标、主题和任务中，个人性的知识才有可能基于场景被触发和组织（正如笔者在前言中所提到的"二原三现主义"）。

哈耶克还区分了科学知识（也即哈耶克所说的专家知识）和未经组织起来的知识，即有关特定时间和地点的知识——"它们在一般意义上甚至不可能成为科学知识（专家知识）。但正是在这方面，每个人实际上都对所有其他人来说具有某种优势，因为每个人都掌握可以利用的独一无二的信息，而基于这种信息的决策只有由每个个人做出，或者由他积极参与做出，这种信息才能被利用"。

这里哈耶克所说的有关特定时间和地点的知识其实就是他之前所提出的相关知识，在这里，他进一步强调了这种知识的个人性和排他性。在他看来，这种非科学的知识的最有效的利用只能依赖于单个人的基于这种信息的行动。进一步讲，要利用这种个人的"相关知识"就应该赋予个人——行动和决策的自由。

　　而正是因为这一点，每个人只有也必须通过自我管理才能发挥自己的个人性的和即期性的知识，只有充分发挥自我管理的能动性，才能真正实现自身和组织目标的大突破——这是目标管理和自我管理必须结合也一定因为结合而创造生产力的根本原因——知识的特性。

　　他写道，"他的资本能用于哪一类国内产业，哪些产品有可能具有最大价值，显然，每个人在自己所处的环境下做出的判断，会大大优于任何政治家或立法者能够为他做出的判断"（《致命的自负》第一章）。

　　哈耶克指出，这种个人的知识并不能简单地加总起来形成所谓社会整体的知识，所有个人的知识，只能是分散地存在于每个人。"知识只会作为个人的知识而存在。所谓整个社会的知识，只是一种比喻而已。所有个人的知识（the Knowledge of All the individuals）的总和，绝不是作为一种整合过的整体知识（an Integrated Whole）而存在的。这种所有个人的知识的确存在，但却是以分散的、不完全的、有时甚至是彼此冲突的信念的形式散存于个人之间的"（哈耶克《自由秩序原理》第二章）。

　　对知识的个人性、分散性和即期性的认识，以及哈耶克对人们基本上处于一种对"我们行动结果所赖以为基础的环境"的无知的判断，哈耶克得出结论："因此如何能够做到人人都从此种知识中获益，便成了一个我们必须正视的大问题"（哈耶克《自由秩序原理》第二章）。他将个人的、分散的有限知识的最有效的利用视作我们要解决的主要问题，而他认为这个问题的解决依赖于自由主义市场体系。

　　上述哈耶克的结论对笔者本人的学习和实践有很大的促进作用，特别是笔者自身的定位：企业绩效成长和企业家成长的促进者。笔者认为，创业者向所谓教练型领导和企业家的进化过程中也必须认识到知识的个人性、分散性和即期性，并基于此调适自己的思维和行为：

　　（1）要认知到每个人都掌握了他自己的独特的和具有他自身生产力的"知识"这个事实，而不是将领导本身的"知识"、要求、计划强加给他们，最佳的方式是共鸣、共勉、共享，从而产生链接、聚变、裂变效果。

（2）要有一个链接、聚变个人性和分散性知识的"结构"，而这个结构就是"知识"的一种，比具体的"知识"本身更加重要，是引导、梳理"知识"的纲，这是作为领导特别是教练型领导应该具备的核心"知识"，这种知识很大程度上就是"管理"。

（3）要有一套有效的梳理"知识"的方式、方法，并基于此创造一种"场景"，促进知识的即期性发挥。笔者比较推崇的是"中立的促进方法"，以一种外部观察者和中立促进者而非专家的态度和角度去引导、梳理和促进，会在一种围绕既定目标、发散、收敛的场景下创造"知识"集聚、聚变的效果，不断促进企业创造新的组织知识、提升企业核心竞争力。

基于上述认识，笔者总结了四步创新组织知识的方式、方法。

第一步，明确主题，强调目标：主题必须明确和突出，选择跨界的知识工作者打下基础。目标是主题和大家努力的方向，只有主题明确、目标明确才能选对合适的知识工作者，两者结合才能引起和引发参与的知识工作者的共鸣。

第二步，运用工具，实战演练：按照一种有效的方法逻辑，如本书建议的"问六次为什么"、营销翻番七步法、预算编制六步法等，结合企业和组织的实际，由团队共同应用和演练，将团队个人性和分散性的"知识""即期"集聚，而参与感也将大大提升受众热情，激励参考者最大限度地即期贡献个人知识。

第三步，分组发表，相互共鸣：通过各组明确共同的主题、运用共同工具发表，使各组之间相关学习，产生更大范围的个人性和分散性的知识集聚，引发更大的共鸣和相互启发，促进大家共同创造新的组织知识。

第四步，共同总结，创新知识：最后由领导带领大家一起归纳、总结和点评，真正使最具生产力的知识集聚、聚变，促进知识的结构化和组织化，提升企业核心竞争力。

实际上，上述四个步骤实际上也是一种"自组织""去中心化"的形式，教练型的领导更大程度上只是一种引导，更类似于"主持人"的角色。

实际情况是，上述四个步骤不难，但难就难在领导是否太有"我"（自我），一旦有"我"就无法产生真正的知识转移和集聚，最终呈现的结果还是只有领导才有"知识"，没有"组织知识"——领导就会更自我，恶性循环。

更重要的是，"即期"的知识转移很大程度上还不完全是领导的知识转移，而是团队之间为主，领导只是作为团队中的平等一员的知识共鸣、知识集聚、知识裂变、知识创新。

正如《哈佛商业评论》中文版2019年8月刊，德博拉·安科纳（Deborah Ancona）、伊莱恩·贝克曼（Elaine Backman）和凯特·艾萨克斯（Kate Isaacs）所写文章《企业想要走得远，这三种领导者必不可少》所称的，他们发现企业存在三种类型的领导，即创业型领导者、赋能型领导者和架构型领导者。

创业型领导者很好理解，借用文章的内容，它的关键词应该是自信和行动、战略性思维和吸引他人的能力。

赋能型领导者可以理解为将每个人的知识组织组合起来，促进组织知识构建，促进每位知识工作者成长成就，借用文章的内容，它的关键词应该是教练能力、连通能力和沟通能力。

架构型领导者更能在前两种类型的领导者基础上，把大部分注意力放在需要改变公司文化、结构和资源的宏观问题上。特别是促进公司的内部机制、游戏规则、管理结构，甚至公司所有权结构的突破和改变。

笔者希望，如果你还是创业型领导者的话，那么从学会促进团队组织知识的提炼和创新开始，向赋能型领导者转化，并在此基础上向架构型领导者进化。这样，你不仅可以实现从创业者向企业家的进化，更能在从0到1创业成功的基础上，向10、向100进化。为了做到这些，让我们从构筑企业"组织知识"和核心竞争力开始。

第二部分　用流程梳理

物有本末，事有始终，知所先后，则近道矣。

——孔子

不理解企业的使命、目标和战略，就无法对管理者进行管理，就无法对组织加以设计，管理工作也就无从富有成效。

——彼得·德鲁克

第五章　企业就是一个"过程"

将输入转化为输出的系统。

——"过程"的经济学定义（百度百科）

阅读本章前，你需要首先问自己几个问题：

（1）企业的目的是什么？

（2）如果请你为企业下个定义，你认为企业是一个怎样的"过程"或"系统"？

（3）你学习和应用过价值链吗？

（4）如果企业的目标包含顾客价值、资本价值和核心竞争力，那么应该怎样平衡三者呢？

（5）结合企业实际，尝试描述一下自己企业这个"过程"是如何运行的？

一、达成目标需要一个"过程"

"过程"的一般定义为：事物发展所经过的程序。

质量管理对"过程"的定义为：将输入转化为输出的一组活动。如图5-1所示：

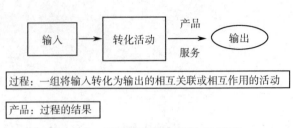

图 5-1　质量管理所描述的"过程"

我们的企业实际就是一个以顾客需求为输入，以顾客的需求被满足为输出的活动、程序、系统或组织。如图 5-2 所示：

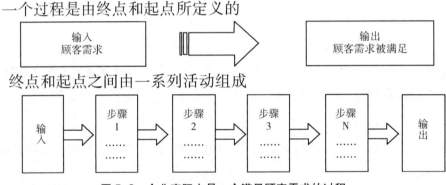

图 5-2　企业实际上是一个满足顾客需求的过程

正因为企业是以顾客需求为输入、以顾客需求被满足为输出的"过程"，所以，德鲁克指出：企业的目的是创造顾客。这也指出了，企业作为一个过程、一个程序、一个系统必须以顾客需求得到满足为中心，以创造顾客为目的。

而整个向顾客交付"满足"的过程中，企业必须通过一个个步骤实现，这些步骤是相互关联和相互作用的，通过这些步骤的关联和作用，顾客一步步了解、认知和信任企业，这同样是一个过程。

企业向顾客塑造价值、交付价值和满足价值的过程与顾客识别价值、获取价值和获得满足感的过程必须统一，否则顾客就会逐步远离企业，企业资本（经济）价值就无法有效创造。

顾客从"需求"开始，当然这个"需求"可以是顾客显性的需求（即顾客知道自己需要什么，企业也知道顾客需求是什么），也可能是未被满足的需求（顾客知道、企业不知道的需求），也可能是隐性的需求（顾客不知道，需要企业洞察的需求）（关于需求的问题，我们会在第十章充分讨论）。

顾客需要"了解"和"比较"不同企业的产品和服务，并判断其价值是否与自身需求匹配，在这个过程中，顾客逐步因为一两个关键特性被"吸引"，进而开始收缩关注的范围，开始"问询"，通过文献、专家、网络、亲朋等各种渠道和途径进行"问询"，征求辅助购买决策意见。

顾客获得足够的决策意见后，就会"行动"，产生"购买"行为。购买中、购买后就会获得体验，这个体验与最初的需求、与产生行动的预期相比较，如果超出预期就会产生"信任"，继而产生持续使用、购买和 / 或口碑传播的行为："拥护"，就是第二章描述的 VIP 顾客和终生顾客的行为。

德鲁克指出："为了引导消费、创造顾客，企业及其所属部门、经营单位，都要在各项活动中十分注意市场营销和创新，都要十分注意各种财富和资源的有效利用，即要把加强企业的经营管理问题放在头等重要的议事日程上来。"

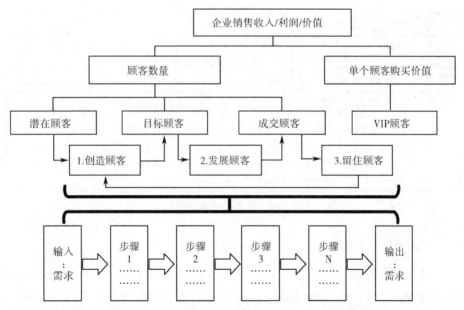

图 5-3　从顾客认知到信任企业的过程梳理企业内部满足顾客需求的过程

图 5-3 就是在本书第二章图 2-4 基础上的深入延展，我们从顾客价值满足

的维度，从企业目标达成的充分必要条件开始，潜在顾客向目标顾客再向成交顾客最后向 VIP 顾客（包括终生顾客）的转化过程实际上就是一个"过程"。

这个过程我们可以用三个动词来定义：创造顾客——从潜在顾客向目标顾客的转化"过程"，发展顾客——从目标顾客向成交顾客的转化"过程"，留住顾客——从成交顾客向 VIP（终生）顾客的转化"过程"。

这三个过程也是由一个个"步骤"或"任务"完成的，它起于顾客的需求发现，终于顾客的需求满足。

如果企业是一个满足顾客需求的过程，那么，我们就需要对企业这个"过程"进行梳理，明确相关的要素：知识和资源，努力以顾客的需求为始、以顾客获得满足感为终、以创立企业的使命为初心——不忘初心、方得始终。

所以，企业这个"过程"的目的就是为了创造顾客价值、创造资本（经济）价值。结合对上述的理解，并结合笔者的管理实践，笔者绘制了一个企业经营管理过程图，如图 5-4 所示。

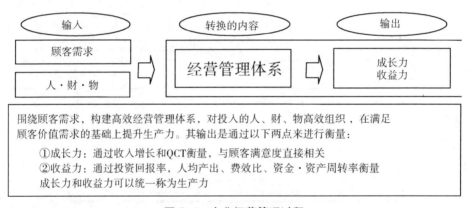

图 5-4　企业经营管理过程

我们可以这样理解：

（1）企业的经营管理本身就是一个过程，而这个过程是两个输入、输出的过程，一个过程是顾客需求到顾客需求满足的过程，一个过程是投入"人·财·物"到投资回报的经济价值实现的过程。

（2）我们需要构建一个高效的经营管理体系，实现上述两个过程的完美匹配和合一。而只有完美统一才是一个优秀的企业：不能发现和满足顾客需求的企业是不可能获取经济价值的，而不能以最少的资源和投入获得经济价值就可能会产生亏损，毁坏价值，最后也没有能力满足顾客需求。

（3）经营管理体系只有目标是不够的，将目标分为成长力和收益力也是不够的，需要有目标达成的充分必要条件，需要有一个有效的方法、体系将两个过程、目标和机会、知识和资源有效地匹配起来创造出最佳的顾客价值和资本（经济）价值。

二、价值链

价值链是哈佛大学商学院教授迈克尔·波特于 1985 年提出的概念，波特认为，"每一个企业都是在设计、生产、销售、发送和辅助其产品的过程中进行种种活动的集合体。所有这些活动可以用一个价值链来表明。"

企业的价值创造是通过一系列活动构成的，这些活动可分为基本活动和辅助活动两类，基本活动包括内部后勤、生产作业、外部后勤、市场和销售、服务等；辅助活动包括采购、技术开发、人力资源管理和企业基础设施等。这些互不相同但又相互关联的生产经营活动，构成了一个创造价值的动态过程，即价值链。如图 5-5 所示：

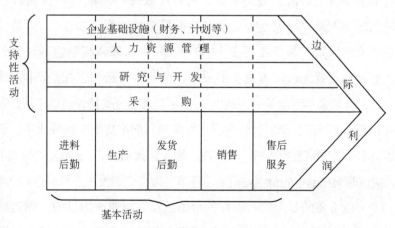

图 5-5 波特教授所开创的价值链

价值链创造性地将企业这个"过程"进行了表达,它以资本(经济)价值的衡量指标之一的利润为输出,以"原材料"为输入,将企业整个"过程"分为两个活动,一是基本活动(笔者将其称为价值任务),二是支持性活动(笔者将其称为知识和资源匹配)。

德鲁克在《成果管理》一书中总结了企业经营的四个基本问题:

(1)谁是我的顾客?

(2)顾客重视的价值是什么?

(3)我们怎么从这项经营中赚钱?

(4)我们以适当的成本向顾客提供价值的内在逻辑是什么?

可以说,价值链就是为了回答上述四个问题而被创造的。

但是,笔者围绕上述企业经营的四个基本问题并使用价值链进行企业内部分析过程中总会产生几点困惑:

(1)如果价值链是企业这个"过程"的可视化和具象化的表达,那么,它的输出应该包括顾客满意,而不仅仅是利润实现。正如德鲁克所说的,"'利润',其实主要是三个方面的量化成本:主要资源(即资本)的真正成本;对各种经济活动中可量化的真正风险和不确定性承担的必要保险费用;未来岗位和养老金的成本。"所以,企业追求的不仅是利润,而是顾客价值和资本(经济)价值的最佳平衡,利润只是一个结果。"对任何管理层,正确的问题都不是'这家企业能够产生的最大的利润是多少',而是'为承担企业未来的风险,最低需要多少的利润率'。如果利润率达不到这个最低限度,那么企业就无法涵盖真正的成本,危及了自己,也让经济陷入贫困。"

(2)如果基本活动是一系列的"活动",那么,支持性活动应该是基于顾客价值和资本(经济)价值目标的投入?既然利润本身就是一种成本,那么支持性活动本身就应该是投入的"人、财、物(包括创新)"三大资源的成本,这些投入应该匹配在基本的价值增值活动环节,即将资源投入于机会进而创造成果。

(3)最重要的是,波特教授的价值链没有将企业的目的:创造顾客表达出来。如果没有顾客,不能发掘顾客需求和价值,整个价值链又如何称为价值链呢？或者说，只能叫作经济价值链，而不能称为企业价值链。

三、创新价值链

结合上述疑问，笔者在实践过程中不断尝试用不同的可视化和具象化的表达方式对价值链进行优化。配合第一章图 1-2：利益相关方与八大目标匹配图的结构，笔者试图将利益相关方、目标与基本活动和支持活动综合匹配起来表达，创造了一版新的价值链。如图 5-6 所示：

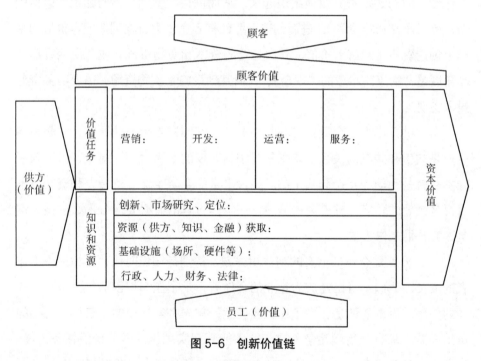

图 5-6 创新价值链

总结下来，创新价值链可以从以下五个维度表达：

（1）从企业的利益相关方，特别是顾客价值和资本（经济）价值两个角度同时出发。所以，价值链向上朝向的是顾客价值需求，因为只有顾客通过一个"过程"体验到了企业整个价值创造和交付的"过程"才会获得满足感；向右朝向的是资本（经济）价值需求，顾客只有获得了满足感，才会用购买力交换企业的产品或服务，才会为企业创造资本（经济）价值。

（2）将基本活动作为围绕顾客价值需求发掘到顾客价值需求满足的"价值任务"。这个价值任务，就是企业为了创造成果而必须执行的任务，对照于图5-3，相当于顾客从需求出发最终到需求满足过程中的一个个必需的"步骤"或"任务"。

（3）将支持性活动作为企业为了创造成果、履行"价值任务"而必须投入的"知识和资源"的匹配。这些投入首先是知识，特别是承载知识的知识工作者，他们必须被有效地组织起来，从而创造"差别化"的知识（包括创新、市场研究和定位等），进而创造企业的核心竞争力，在创造顾客价值的基础上创造资本（经济）价值；其次是金融资本和实物资源，或者说从有形产品角度是"物流"承载的"现金流"，而基础设施是实物资源，需要财务资源投入实现。

（4）供方作为一个重要的利益相关方，它同样是企业的顾客，它必须与企业是共生和共赢的关系。特别是对于新时期的"平台型"组织，供方与顾客本身就是互动、互换和共生的。如最平常的金融企业，资金方和资产方本身都是企业的顾客，谁能说得清楚，或者是否真的有必要区分那么清楚，谁是顾客？谁是供方？

（5）员工是企业最重要的利益相关方，特别是知识时代，作为知识工作者的员工，他们本身已经成为企业的合作者，是企业知识创造价值中不可或缺的一环。更重要的是，为了让顾客满意，首先必须让使顾客获得满足感的员工满意，只有获得满足感的员工，才能真正实现价值链的价值任务传递，才会使顾客获得满足感（此项内容会在第十一章和第十二章详细讨论）。

因为衡量三大资源产出的是生产力，生产力通过营销和创新创造顾客价值，创造经济价值、社会价值（利润、投资回报率、社会责任等）——这样，价值链就与企业的八大目标有机匹配起来，就可以有效地让我们通过价值链实现目标与资源（最重要的是知识和资金）投入的有机结合，使企业的经营管理更加高效。

　　价值链，就是企业将企业内外的知识工作者（员工和供方）所掌握的特定和独特的知识进行组织的有效的方式和方法。

　　所以，价值链承接了企业的目标，并与企业的知识和资源实现了有效连接，如图 5-7 所示。

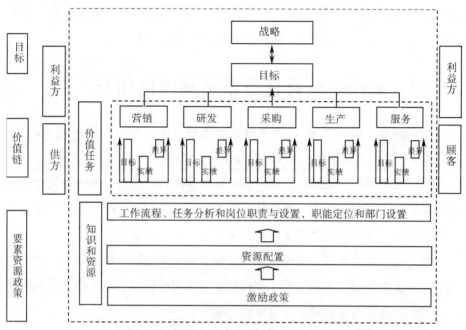

图 5-7　构建从目标到价值链再到岗位责、权、利统一的绩效系统

　　图 5-7 实际上是一个配合创新价值链的简单的企业经营管理体系图：

　　（1）这个系统与本书的主题"从目标开始、用流程梳理、由机会着手"是统一的，分别用目标、价值链和要素资源政策进行匹配，价值链就是企业的"大流程"，要素包括成果定义、机会的创造，资源包括了以知识、人和资本相结合的投入，激励政策（机制）是激发"人"能够全心投入、不断创新知识、创造机会、创造成果的动力。

　　（2）要将这个系统有效运营，核心是利益相关方的诉求得到满足，当然利益相关方包括顾客（供方）、员工、股东，他们必须共创、共享、共赢。

　　（3）这个系统必须从使命、愿景、价值观出发，明确战略定位、制定战略目标，并梳理起于顾客需求、终于顾客满足的价值链，且价值链相关环节必须落实目标、任务和责任，并不断在执行和实施中运转 CAPD 和 PDCA 循环，不断挑战更高目标。

（4）这个系统必须将任务和责任落实到岗位，必须为创造成果匹配知识（最能干和适合的人）和资源，并创造最有效的激励政策，激发全员（包括外部利益相关方）创造成果、达成目标的意愿和能力。

四、流程——将任务落实到岗位和个人

德鲁克在《21 世纪的管理挑战》一书第 5 章"知识工作者的生产率"中指出："在知识工作中，关键性的问题是：'任务是什么？'"

我们应该问知识工作者自己：你的任务是什么？你的任务应该是什么？组织希望你应该做出什么贡献？什么事情妨碍了你完成你的工作？你应该放弃哪些事情？并基于此聚焦于什么事情？

如果说，价值链是企业围绕顾客价值、资本（经济）价值和核心竞争力而明确的发现价值、创造价值、交付价值的组织的任务的话，那么，如何将企业的任务落实到每个岗位、每位员工呢？

这个必须被掌握和应用的工具就是流程，如图 5-8 所示。

通过图 5-8，我们可以这样理解：

（1）将创造顾客、发展顾客和留住顾客三个环节展开为一个个步骤和任务，起点是顾客需求，终点是顾客满足。当然，如何发现顾客需求，如何创造顾客价值满足感，本书会在后续的章节中进行深入讨论。

（2）将公司岗位排列在左侧，这样横轴的"任务"和纵轴的"岗位"就形成了一个流程矩阵。

（3）制作流程图首先需要界定终点和起点，对于一个企业而言，终点就是起点，因为企业追求顾客满足和满意的成果，又会转换为顾客重复购买和（口碑传播）转介绍的起点。

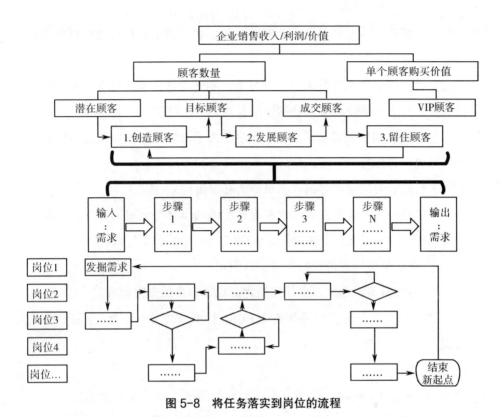

图 5-8 将任务落实到岗位的流程

（4）以终为始，一步步地将从接触潜在顾客，到评估潜在顾客是否为目标顾客，再到发展顾客为成交顾客，再到 VIP 顾客和终生顾客……良性循环。我们可将一个个使顾客满意和满足的"过程"对应在任务和岗位的交叉点上，这样一张企业的大的流程图被我们整理出来。

企业团队讨论制作流程图时，可以使用便利贴这种可以移动和修改的工具，可以非常快捷、高效地制作。

必须明确的是，流程图是改善的工具，不是固化的工具，通过现状流程图的可视化表达后，大概率事件我们会突然发现，很多"过程"是浪费甚至是冲突，需要删除、合并一些没有必要的流程节点或任务。所以运用流程图进行流程再造需要执行以下几个步骤：

（1）发现机会和问题，可以在便利贴上写出能想到的流程中的价值创造的创新点、影响顾客价值和资本（经济）价值的问题点，然后贴在现状流程图的相应位置。

（2）针对创新点和问题多的流程环节，制作出该流程的更深入和更细节的流程图，从更小的流程中寻找问题点。

（3）永远从识别顾客是谁与识别顾客的需求开始，永远到最终点的顾客满足那里去找寻标准和答案。

（4）明确能够满足顾客需求的最少的必要流程——简化。

（5）区分出对于满足顾客需求有附加价值的步骤与无附加价值的步骤。

（6）用 ECRS 标准和方法制作新流程：

1）有附加价值：保持现状、合并、简化；

2）无附加价值：删除、合并或简化，减少涉及的部门和人。

同时，流程制作过程中必须遵循 ECRS 标准和原则，ECRS 是在业务流程的实施与再造中经常使用的分析方法，它提供了从不同的切入点来寻找改善对策的思路：

（1）Eliminate= 删除：能否将无用的环节删除，从而简化流程呢？——这是首要思考的方向，如果这个"过程"是顾客不需要的，反而增加了顾客的困惑、困扰，那么它不仅是浪费，更是一种负向价值。

（2）Combine= 合并：能否与其他的流程环节合并呢？并行处理是否效率更高呢？——这是第二位要思考的方向，很多并行工程就是这样思考的结果。

（3）Replace= 替代：是否有可替代的流程？是否可以导入新模式或方法来实现业务改善？——这是第三位的思考方向，需要我们思考，是否可以由其他岗位兼任，或岗位是否可以合并呢？

（4）Simplify= 简化：能够简化吗？——多一次传递就多一次信息失真和价值递减的风险，所以我们必须思考：层次和传递能减少吗？制度能简化吗？

当然，将公司的任务和岗位放在一个大流程图中可能是一个挑战，但笔者建议开始的时候还是有必要这样做，这样做的目的是简化、简化、再简化。我们必须学会用一张流程图来表明企业的业务，正如"一页纸战略"一样。如果不能使用一张流程图表达，说明企业这个过程过于复杂了，过于复杂的东西是难以被大家理解并执行的。

当然，也可以以每个价值链环节为起点，将本书所称的"价值任务"进行一个个细化流程的梳理，这样对组织的流程再造会更加有针对性。

流程图需要转换为流程表，这样可以更加清晰地明确任务、要点和工具。如表5-1所示：

表5-1 流程

序号	程序	要项或标准	工具或制度	备注
1	选定目标区域	市场容量大市或大县	验收标准	
2	选择路径，边调查边成交			
2.1	当地经销商考察，了解：①当地核心用户情况；②同样为用户供货的厂商等区域负责人情况	考察5家左右，首先作为信息源，供综合评估	合伙人评估标准	
2.2	当地核心用户考察，了解：①直供的可能性；②反过来了解经销商情况；③其他供货方等区域负责人情况	最好可以直供，最低希望验证经销商能力和实力	合伙人评估标准	
2.3	当地核心其他供货方区域经理沟通，了解：①成为信息源的可能性；②成为区域合伙人的可能；③了解经销商和用户情况	最好可以合作，最低希望验证经销商能力和实力，哪个用户可成为标杆的可能性	合伙人评估标准	
2.4	判断签约，①首选其他供方区域经理作为信息源，为用户直供；②其他供方区域经理亲友成为合伙人；③开发3家左右经销商，竞争式营销；④选出独家优秀合伙人	根据区域情况，明确优先级	合伙人协议书	

续表

序号	程序	要项或标准	工具或制度	备注
3	资源准备：① 协议：独家外部合伙人协议和外部合伙人经销协议；② 支持：切入、巩固和上量有效产品组合，技术支持	① 根据合伙人实力和承诺目标，划定区域；② 时机和效果不断优势	产品组合方案	

表 5-1 是一个企业的创造顾客（营销环节）的流程表，它在流程图矩阵的表现形式基础上，转换了另一种形式表达。如果说流程图是梳理任务和岗位的工具，那么，流程表就是一个管理的工具：

（1）流程表将整体过程进行了程序化，并明确了关键事项：要项，能够提示到岗位人员如何更加有效地落实任务。

（2）流程表将工具进行了链接，使岗位人员非常清楚在什么阶段使用什么工具，无论对于新人的快速学习、上手，还是高绩效的知识工作者在此基础上优化流程、程序和创新组织知识都打下了坚实的基础。

基于上述分析，笔者设想，可以把价值链称为"任务分析"，把流程称为"任务落实"。

需要指出的是，流程图和流程表都是企业最重要的"组织知识"，是从流程化角度的标准化。

五、价值链是企业家"重组社会生活"最有效的工具

实际上，人们之所以组成组织，一定是因为组织在一起比个体单干更能放大人性和力量，创造更大价值和财富。

所以，反过来，组织如果不能保证每个成员在一起时比个体单干能够获得更大的价值和财富，则这个组织的存在对某些个体而言就失去了意义。

正如我们所知的，人的知识是呈个体性、分散性和即时性分布的，这需

要被组织起来，成为组织知识，才能创造更大价值和财富。

为了实现这种结果，企业家应运而生了。

"企业家这个词源自法语，在英语中与之对等的词叫作承办人（undertaker），这是一个很好的描述语……很大程度上，企业家就是将社会生活的一部分进行重组的人。"[①] 企业家为什么重组社会生活？是因为他们对自己的洞察力、先见之明和组织能力有充分的自信，自信到能够赚得利润，而重组社会生活的成果就是创办了一家企业。所以，"他们和其他普通的社会生活的参与者的区别就是他们要为结果承担责任。他们实际上是对这项事业的其他合作者说：'不管盈利还是亏损，都由我来承担。'当所有事先订立的契约都已兑现后，企业家对剩余物有索取权。"[②] 正如熊彼特（J.A.Joseph Alois Schumpeter，1883–1950，美籍奥地利经济学派的旗帜）对"利润"的正名："利润是一种道德的力量。"

"企业家负责对社会生活的一部分进行重组，并相信他们重组行为带来的收益会大于其成本。企业家的利润是剩余：在企业家的项目中，支付了为保证计划完成所有合作者报酬之后的余存。剩余索取的制度促进了社会协作，它使得人们在一个共同项目中可以达成共识，决定由谁负责。"[③]

所以，作为一名创业者，你必然要构建一个这样的"社会协作"制度，促进你能够为"保证计划完成所有合作者"（从内心不要认为他们是打工者或被雇佣者）提供知识和资源的报酬之后（而这个报酬一定是比他作为个体单干能够获得更多，以充分激发他们的意愿和能力），还有剩余——利润，那么恭喜你，你的创业事业就有机会成长、成就。

但这还不足够。

如果你想获得更大的成就，你可能需要在创业之初就能够集聚更多如你一样愿意获得"对于不确定性的风险的报酬（利润）"的创业者（"合作

---

① ［美］保罗·海恩等著：《经济学的思维方式》，（2007 年修订第 12 版），人民出版社 2007 年版。
② ［美］保罗·海恩等著：《经济学的思维方式》（2007 年修订第 12 版）人民出版社 2007 年版，第 138 页。
③ ［美］保罗·海恩等著：《经济学的思维方式》（2007 年修订第 12 版）人民出版社 2007 年版，第 149 页。

者"），构建一个更加有效的"社会协作"制度，充分发挥团队协同作战能力。可以想象，一群大大小小的"创业者"集聚在一起，会产生何等不可估量的价值和财富创造的力量。

已经成长、成就的企业同样如此，在很大程度上，因为内部的"保证计划完成所有合作者"追求"对于不确定性的风险的报酬（利润）"的意愿和能力被激发，无论是华为的"全员持股"，还是万科的"事业合伙人"，还是芬尼克兹的"内部裂变式创业"，都是通过机制（"社会协作"制度）创造性地解决了这个关键问题。

期望突破规模化发展瓶颈的企业、创业者也需要认识到这一点，如果过去的成就是基于血缘、亲朋、威权的组织，是基于老板（企业家）本身的洞察力、能力和知识，那么未来更大的成长、成就一定是基于吸引、培育更多的"自己"。

所以，还是一句话，设计一个筛选、调动、激发"保证计划完成所有合作者"意愿和能力的"社会协作"的流程和制度是最关键的环节。而以顾客满足的过程设计流程和制度，通过在满足顾客需求的过程中造就和培养创业者（"合作者"）是一种必要的模式和方法。

当然，不是所有人都追求"对于不确定性的风险的报酬（利润）"，这个"社会协作"制度和机制一定是筛选、实践、实证最优秀的共同"创业者"和"企业家"的机制。

那么，价值链任务分析和流程落实任务和责任就是最重要的一环了：

（1）因为价值链实现了基于顾客价值需求的发掘和交付，即为顾客重组了部分社会生活。如果创业的过程是凭借直觉、勇敢和胆识，那么，在企业逐步做到一定规模化的时候，就是使用价值链（流程）这个工具梳理企业重组的社会生活到底是什么，并通过可视化表达让全员理解、学习、掌握和优化的时候。

（2）价值链梳理和重组了从顾客需求到顾客满足的过程，在这个过程中，通过流程落实到具体的岗位和人，解决了最终的任务和责任问题，避免了"搭便车"和滥竽充数的可能性，使"意愿强烈、潜力巨大、成果显著"的、能够通过目标管理实现自我管理的知识工作者快速脱颖而出，为企业搭建了一个快速发掘"创业者"的舞台。

（3）在这样一个由一群拥有共同价值观和使命的知识工作者共同构建的一个所有利益相关者协同、共赢的组织中，促进更大范围的利益相关者参与、加盟或联盟，从而为实现和创造"1+1>2"的价值和财富创造，突破企业规模化发展瓶颈打下坚实的基础。

六、你必须"领导"这个"过程"

企业在创业成长过程中会不断遇到各种机会和资源。当然，最大的资源是人（拥有知识的人）。当你"偶遇"这些机会和资源时，你必须敏锐地认知到这种要素对你和企业而言的机会和意义所在，如果需要"抓住"那就必须果断抓住。这些要素被抓住后，企业相应的要素之间的关系和连接方式就会发生改变，作为企业的创始人必须动态地调适相关要素的连接方式，并结合于此调整和优化你本人的定位、组织的"过程"和组织的目标。

一位已经开创了几个分支机构的事业发展不错的年轻的创业者，对企业的发展和成长非常苦恼，使自己陷入一种纠结甚至抓狂的状态。

通过与他一段时间的陪伴，笔者点破了他苦恼的根本原因，并用第二章介绍的问"六次为什么"对他进行了分析和建议：

（1）Who？他只是一个人，一个创业者。

（2）Why？他没有合伙人，好像也"不敢"找合伙人，更重要的是，他不知道自己是谁，也不知道需要匹配什么样的合伙人。

正如 Ben Horowitz 在《创业维艰》当中把管理者分为1型、2型两种类型：

1型管理者思考能力强，眼光长远，见解深刻，总能够抓到事物的本质，但缺点是他们容易忽略细节，执行力偏弱。

2型管理者执行能力强，做事井井有条，能够制订缜密的工作计划，并且总能够让计划成为现实。但 2 型管理者的缺点在于不舍得花时间来进行思考，他们会觉得单纯地思考问题是浪费时间，不如执行几个任务来得实在。

但是，在现实世界当中很难在一个人身上同时发现这两种特质，因为二者几乎就是一对矛盾。但悲剧的是，对合格 CEO 的要求恰恰是同时具备这两种素质。所以合伙人和团队匹配最重要。

（3）What? 他们需要从三点突破自己：一是需要更加真诚和直率；二是需要看准人；三是针对合适的候选人快速设计好利益结构和合作模式。

盖洛普公司近几十年来一直坚持在做一项调查：受人尊重的领导力品质，而调查的结果显示："真诚"这个要素基本上排名第一（排名靠前的其他要素有：有前瞻性、有胜任力和能激发人——笔者注）。

看准人非常重要，但前提是知道"我是谁"。在此基础上知道，要找怎样的人：能够匹配自己的人、比自己更强大的人，当然，共同使命和价值观是根本。

（4）How? 从快速识别目标合伙人并通过真诚和直率的表达使对方了解"我是谁"开始，到达成基于价值创造的利益结构和合作模式。

笔者告诉这位创业者：如果你不够真诚和直率，这个世界上是没有几个人陪着你浪费时间和猜你是如何想的，你会错失大把机会和可能性。

当你知道要找到什么样的人的时候，当这样的人出现在眼前的时候，你必须马上出手。而"出手"实际上就是快速设计创造"1+1>2"的价值的共赢的交易结构和合作模式。

如果实现合作，那么，企业这个"过程"因为人与人的连接关系的变化就会发生变化，企业创始人必须领导和管理好这个变化，重新定制企业这个"过程"。

（5）How much? 要素发生变化，组织原有要素和新的要素之间就会发生新的连接关系和结构，那么，企业的目标必须重新调整——挑战更大目标和可能性。

反过来再促进企业这个"过程"创造更大价值，去寻找更多机会和资源要素，形成良性循环。

（6）Who？ Where？ When？

基于上述"过程"的调整和优化，制定价值链和优化流程，落实任务和责任，这将在本书第二部分中逐步展开。

第六章　价值链定制

"顾客"不是"付钱的人"，而是"做出购买决策的人"。

——彼得·德鲁克

阅读本章前，你需要首先问自己几个问题：

（1）企业为什么需要定制价值链？

（2）你或贵公司的顾客是谁？为什么？

（3）怎样理解"企业的目的是创造顾客"？

（4）我们从顾客的体验过程分析过他从需求到需求满足的过程吗？

（5）如果需要绘制企业的价值链，你觉得需要从哪里开始，具体步骤有哪些？

一、企业必须定制价值链

企业定制价值链实际上回答了"我们经营的事业是什么"并进而回答了"我们经营的事业应该是什么""我们经营的事业将来是什么"这三个问题。

我们必须如德鲁克在《管理的实践》一书中所指出的：我们只能从外向内看，从顾客和市场的角度，来观察我们所经营的事业。

笔者曾经于 2011 年服务过一家为火电厂提供程控设备的企业，当时他们的主营业务是向火电厂销售设备。在与企业团队充分探讨的基础上，在明确顾客的需求是"稳定运行"而不是购买具体设备的基础上，共同确定该企业的"经营的事业应该"是"服务"。为此，笔者与企业团队一起设计了一个"一三五维稳行动"的服务方案，明确提出 1 年、3 年、5 年分别为火电厂提供周而复始的维持火电设备稳定运行的服务价值方案。

目前该企业已经成功登陆新三板，该"经营的事业"一直到今天每年都在为企业提供稳定的每年超过 700 万元的净利润，支撑了并还在继续支撑着企业的持续业务转型。该企业自 2016 年开始在向智能制造机器人领域转型，正在探索"我们经营的事业将来是什么"。

彼得·德鲁克在《人与绩效》一书第 4 章"管理的维度"中指出："在企业当中，10%~15% 的活动，即产品、订单、客户、市场或员工，创造了 80%~90% 的结果"。

这一结论到今天还一样有效，很多企业存在巨大的资源浪费。

同时，他在该书第 11 章"企业现实"中指出："资源，是用来产生结果的，必须分配到机会上，而非问题上。"

企业大量的资源浪费很大程度上是在工作中忘记了追求以顾客价值和资本（经济）价值为衡量的成果，忘记了必须将资源投入于机会，忘记了必须将知识工作者组织起来协作才能使顾客满足并创造经济价值。

应该说，企业绝对不能浪费每一个顾客对我们的信任，哪怕他现在还不是我们的目标顾客，也应该和需要让他成为我们口碑传播的起点，或者是未来的目标顾客。

正如德鲁克指出的："机会最大化"是企业任务的一个有意义甚至精确的定义。它意味着，效力（Effectiveness）才是企业必不可少的东西，不是效率（Efficiency）。切题的问题不是如何把事情做对，而是如何找到对的事情去做，如何把资源和努力集中在对的事情上。

真正正确的事情的源头实际上就是明确：顾客是谁？顾客在哪？顾客如何购买？顾客认为什么最重要？——这需要价值链定制，价值链定制就是将知识、资源和努力集中在对的事情上的梳理、调适，甚至创新创造。

麦当劳的创立完全是因为其创始人克罗克发现有位老人通过将快餐作业加以系统化而革新了快餐业的经营模式。于是，克罗克买下了他的快餐店，并在原来的基础上，进行了更加系统化、标准化和流程化的创新，进而实现了向全世界的拓展和扩张。可以说，麦当劳就是基于顾客需求变化并不断创造需求变化的最典型的价值链定制的案例。

定制价值链的目标起码有以下两点：

（1）所有的成长力、收益力所体现的核心竞争力优势都处于价值链中，关键是如何将关联的活动和任务进行设定以及连接到一起。

（2）企业知识工作者的个人性和分散性的知识被组织起来才能产生组织优势和核心竞争力，进而创造顾客价值和资本（经济）价值，而价值链就是这样一个将组织中的点状知识、行动系统链接、打通并通过可视化表达的价值系统。

德鲁克在《成果管理》总结了企业经营的四个基本问题：

（1）谁是我的顾客？

（2）顾客重视的价值是什么？

（3）我们怎么从这项经营中赚钱？

（4）我们以适当的成本向顾客提供价值的内在逻辑是什么？

这四个问题是企业价值链定制的起点。

二、顾客是谁？

我们在第二章应用"二八法则"讨论了通过 VIP 顾客对目标顾客进行归纳总结的方法（见图 2-6），在此不再赘述。

实际上，在进行 VIP 顾客归纳总结时，我们就是在使用 S（进行市场细分）、T（确定目标市场）、P（进行市场定位）的方法通过对过去的成功进行总结：我们的顾客是谁。

根据笔者的经验，大量的企业达到一定规模化状态后而止步不前的一个关键因素是不知道目标顾客是谁？这样一说可能很多人不以为然，但事实确实如此。或者反过来说，如果重新明确目标顾客，就可能为企业实现业绩突破打下坚实基础。

"顾客是谁？"这个问题需要从四个连续的问题出发找出答案：

（1）顾客是谁？

（2）顾客在哪（他如何找到企业或者企业如何找到他）？

（3）顾客如何购买（他从需求到寻找、到发现、到购买、到使用、到满足、到拥护的整个体验过程）？

（4）顾客看重的价值到底是什么？

要充分地理解顾客这个词汇，需要我们从英文的角度看三个词：Customer、Consumer、User。把这几个词同时按照这样的次序无论是输入到谷歌、百度还是有道翻译中，翻译出来的结果都是：客户、消费者、用户。

本书所大量使用的"顾客"一词，实际上是上述"客户，消费者，用户"三者的集合。

将三个词的词根分别翻译，Custom 的结果是：习惯；风俗；海关；定制的，定做的。另外两个很简单，就是消费和使用。

笔者是这样理解的：to B 最终的顾客是 User，to C 最终的顾客是 Consumer，但企业找到最终的消费者或使用者，必须通过：Customer，即客户，这三者综合起来叫作顾客。所以，"顾客是谁？"这个问题不仅是谁消费、谁使用的问题，更是通过谁让消费者和使用者消费、购买和使用的问题。如图 6-1 所示：

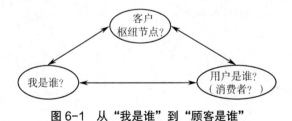

图 6-1　从"我是谁"到"顾客是谁"

通过从"VIP 用户（消费者）是谁"进行提炼，反过来更要从"我是谁"进行推演，同时，根据"我是谁"和"用户（消费者）是谁"找到那个中间的桥梁及纽带——笔者也将其称为"枢纽节点"，这个概念来自六度分割理论。六度分割理论告诉我们，想找到全世界任何一个人，最多通过不到6个人。

笔者将客户称为"枢纽节点"表达了一个这样的意思：定义了"用户（消费者）是谁"和"我是谁"之后，要明确之间的枢纽节点，未来的营销就是通过枢纽节点与广大的目标用户（消费者）有效交互，让我们可以通过枢纽节点找到他们，或者他们通过枢纽节点找到我们。当然，枢纽节点类别和形式非常之多——特别是当下的互联网时代——最有效的枢纽节点可以发展为企业的渠道。

最高境界的营销，就是用户（消费者）成为客户、成为枢纽节点、成为渠道。这样，我们的顾客（包括客户、用户、消费者）就真的是VIP顾客甚至终生顾客了。

有的时候，企业是一个平台型的结构，如图6-2所示。

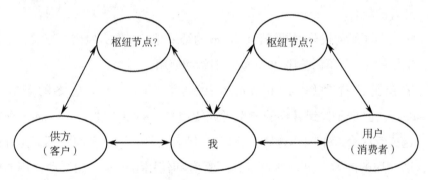

图6-2 平台模式下的顾客结构

有的时候，企业是一个全产业链结构，如图6-3所示。

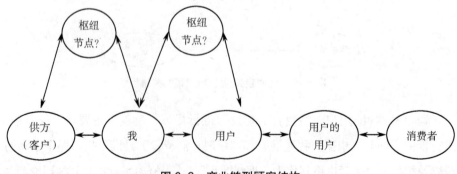

图6-3 产业链型顾客结构

著名的利乐公司就创造了一个产业链型顾客结构，笔者通过公开的信息将其用一个简图的形式进行了表达，如图 6-4 所示。

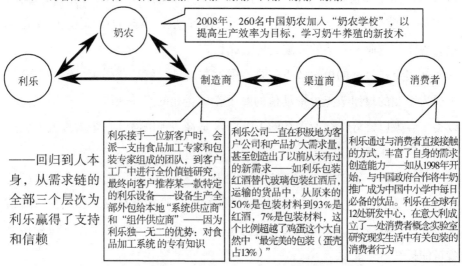

利乐案例：三层思维模式
（1）做了一件从来没有人做过的事：替代牛奶的大铁罐和小玻璃瓶
（2）"好管闲事"：同一时间考虑用户、用户的用户、用户的用户的用户

2008年，260名中国奶农加入"奶农学校"，以提高生产效率为目标，学习奶牛养殖的新技术

——回归到人本身，从需求链的全部三个层次为利乐赢得了支持和信赖

利乐接手一位新客户时，会派一支由食品加工专家和包装专家组成的团队，到客户工厂中进行全价值链研究，最终向客户推荐某一款特定的利乐设备——设备生产全部外包给本地"系统供应商"和"组件供应商"——因为利乐独一无二的优势：对食品加工系统的专有知识

利乐公司一直在积极地为客户公司和产品扩大需求量，甚至创造出了以前从未有过的新需求——如利乐包装红酒替代玻璃包装红酒后，运输的货品中，从原来的50%是包装材料到93%是红酒，7%是包装材料，这个比例超越了鸡蛋这个大自然中"最完美的包装（蛋壳占13%）"

利乐通过与消费者直接接触的方式，丰富了自身的需求创造能力——如从1998年开始，与中国政府合作将牛奶推广成为中国中小学中每日必备的饮品。利乐在全球有12处研发中心，在意大利成立了一处消费者概念实验室研究现实生活中有关包装的消费者行为

图 6-4 利乐的产业链型顾客结构

"顾客是谁"是企业经营的最基本问题，正如德鲁克在《成果管理》一书第 2 章"成果区"明确的："产品系列（或服务）、市场（包括客户和最终用户）和分销渠道"就是企业的成果区。

一个企业要想真正创造成果，就必须同时考虑上述顾客结构，或者在上述顾客结构的基础上重新问询"顾客是谁"，可能会发现新的机会和可能性——这是企业经营的第一问题。

如果将"我们经营的事业是什么？我们经营的事业应该是什么？我们经营的事业将来是什么？"的"经营的事业"一词换成"顾客"，一点也不为过："我们的顾客是谁？我们的顾客应该是谁？我们的顾客将来是谁？"

笔者作为一名知识工作者，服务的用户是企业和企业家，开始创业的时候，我们的目标用户是 1 亿 ~5 亿元销售规模的中小企业，客户（枢纽节点）

是政府（长沙市工信委和湖南省经信委），我们当时开发了"十百千管理升级擂台赛"这个"1 对多"的知识服务产品（已经出版的《突破瓶颈》和《100 天突破》两本书籍记录了整个过程）。

但到了 2012 年，我们突然发现，我们的客户需要调整，应该与金融公司合作，作为其投资前、中、后的合作伙伴。目前，笔者既与政府有合作，也与各种类型的投资公司有合作，一个目的，最终服务的目标用户：1 亿元左右规模的企业——绩效突破、价值成长。

其实企业最好的枢纽节点就是"顾客"自己，就是获得满足感的 VIP 顾客成为企业的枢纽节点，推动他的圈子尝试企业的产品或服务——毕竟，物以类聚、人以群分，企业现在的 VIP 顾客是谁，他的圈子在很大程度上就是企业的目标顾客。

同类（期、地）的人都会有一个社群（区），同业企业家也会有自己的社群（区），只要企业为一个顾客提供极好的体验和满足感，那么，一般情况下和很大程度上，顾客就会有成为枢纽节点的可能性，转介绍和口碑传播就可能性会产生。

企业要有意识地将 VIP 顾客作为枢纽节点推进企业的绩效突破——这也是笔者建议企业营销突破时的第一优先级任务。同时，笔者也将顾客是否有意愿成为企业的枢纽节点作为检验企业自身核心竞争力和顾客价值满足感的最重要的衡量基准。

三、战略定位和价值主张：顾客认知的价值和企业核心竞争力的交集

明确了"顾客是谁？顾客在哪？"这两个问题，还需要进一步深入了解，顾客看重的价值到底是什么？

正如德鲁克指出的：生产企业或供应商认为某个产品所具有的最重要的特性（即当它们说到该产品的"质量"时它们所指的东西），对于顾客来说

可能完全相对无关紧要（《成果管理》第 6 章：企业经营的是顾客）。

我们必须充分地发掘顾客的需求，包括明确的需求、未被满足的需求、隐含的需求。（本书第三部分第十章充分讨论这些课题）

德鲁克在《成果管理》第 6 章 "企业经营的是顾客" 中指出：企业的目的是创造顾客。企业的目的是向独立的外来者提供后者愿意用他的购买力交换的东西，而这种外来者拥有选择不购买的权利。

德鲁克在《创新与企业家精神》第 2 章 "有目的的创新和创新机遇的七个来源" 中提到：在经济领域中，没有比 "购买力" 更重要的资源了。而购买力则是创新企业家的创举。

德鲁克指出：顾客买的是满足感。那什么是 "满足感" 呢？

亚马逊 Prime 会员刚推出时遭到了很多分析人士的看衰，他们认为它在两日免费配送以及 Prime 涵盖的商品折扣方面花费太高，所以这个计划不具有可持续性。

事实证明，Amazon Prime 在留存率方面上大获成功：

73% 的免费试用用户成为付费用户，而且，第一年订购 Prime 的用户中第二年续订的比例高达 91%。

更令人惊叹的是，用户加入 Amazon Prime 的时间越长，留存率就越高，那些进入第三个年头的用户续订率达到了前所未有的 96%。

此外，Amazon Prime 会员的消费额是非 Prime 用户的两倍还多，高留存率还能带来复合式的营收增长。

所以，Prime 计划推出的根本不是为了赚 99 美元的会费，而是极大提升用户的留存率。

我们需要思考的是：Prime 会员获得了什么满足感？

很多企业除了不了解顾客的 "满足感" 是什么？也不了解与企业竞争的究竟是什么？或者企业的竞争对手到底是谁？因为除了同业，同样为顾客创造同一满足感的组织也是企业的对手。

读者应该大部分都知道 "口红效应"，为什么经济萧条的时候口红大卖？因为只有口红这样廉价的"奢侈品"能够提供女士们身份上的满足感了！那让我们展望一下，与口红这种获得身份上的满足感的产品的竞争对手还有哪些呢？

很多企业除了不了解顾客的"满足感"是什么，除了不了解谁是企业的竞争对手，很多企业还不能了解自己，即"我是谁？"——企业的组织知识和核心竞争力是什么？

这三者一起思考非常重要，只有这三者综合起来思考（见图6-5），才能真正明确企业的战略定位——企业的价值主张，将企业经营的四句话转化为新的四句话：我是谁？顾客是谁？竞争者是谁？为什么（一定）是我？如图6-6所示。

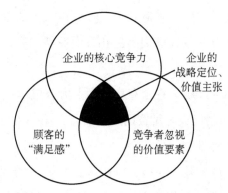

图 6-5　企业的战略定位和价值主张的源泉

企业经营四问：
　①谁是我的顾客？
　②顾客重视的价值是什么？
　③我们怎么从这项经营中赚钱？
　④我们以适当的成本向顾客提供价值的内在逻辑是什么？

企业经营新四问：
　①我是谁（核心竞争是什么）？
　②顾客是谁（他看重的价值是什么）？
　③竞争者是谁（他提供的价值是什么）？
　④为什么（一定）是我（我们的战略定位、价值主张是什么）？

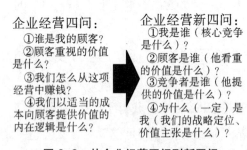

图 6-6　从企业经营四问到新四问

价值是由顾客和企业（并参照对手）共同创造的，价值可能起于竞争，但最终必须做到独特和差异化，因为顾客更关注自己的独特价值体验，更关注在消费（使用）过程所获得的那种"满足感"的独特体验，而不再只是关注拥有产品本身。

战略定位是一种有所不为、有所为的战略选择，战略首先是选择不做什么，最后才能决策做什么，且一定要做到。正如波特教授对战略定位的描述：战略定位是试图通过保持一家企业的独特优势而获得持久竞争力。

价值主张是一种承诺，是一种与顾客满足感的共情和共鸣。价值主张反过来又是明确目标"顾客是谁"，向目标顾客承诺"我是谁"，并向顾客表达自身战略定位的一种方式。

让我们体会一下 Twitter 的价值主张的变化：

2009 年，Twitter 的价值主张：与朋友和家人分享你此刻的体验。

2010 年，Twitter 的价值主张：分享和发现正在发生的一切。

笔者在编著这本书的这个时段，Twitter 的价值主张：发现正在发生的一切，从现在开始，从你关心的人和事开始。

Twitter 的价值主张主要是通过"情感"这个层面与顾客产生共鸣。

笔者刚开始服务那本书开篇讲到的高端别墅的装修公司时，他们的价值主张：高端别墅装饰领军者。笔者告诉该公司的创始人，这不叫价值主张，这叫作口号，所有的同行企业都可以这样表达，一点个性、特性都没有。

后来，在充分把握顾客"满足感"的基础上，笔者建议将该企业的价值主张修改为：传世，承启未来——以身份的满足感作为创造顾客价值的核心，并进而明确自身"专注高端祖宅"的战略定位。

这个企业的价值主张主要是通过"身份"这个层面与顾客产生共鸣的。

德鲁克在《创新和企业家精神》一书第 3 章"创新机遇来源一：意外事件"中专门提到了 20 世纪 70 年代美国建筑商向年轻夫妻售卖房屋的案例：

开始时，建筑商售卖的是"基础房屋"，因为考虑到购买力，所以这种房屋比标准房屋要小，较为简单，而且更便宜。但销售的情况并不乐观。

后来，房屋不是以"基础房屋"而是调整为"你的第一栋住房"和"构筑你理想住房的基石"的方式出售从而获得了成功。这是因为：20 世纪 70

年代年轻夫妇购买第一栋房子时，所购买的不是一种，而是两种不同的"价值"：他们先买下一个栖身之所，以度过短暂的岁月；同时他们也买了几年以后购置"真正住房"的选择权，这将是一所环境幽雅、孩子上学方便、面积宽敞、布局豪华的住房。

每位读者都可以用心去体会一下：从"基础房屋"到"你的第一栋房屋"，这样的价值主张变化为何能够使顾客获得他期望的"满足感"？

笔者在自身多年服务企业的实践基础上总结了从"效用价值""情感价值""社会价值"三个层面提炼和升华企业价值主张的体会，任何企业的价值主张必须始于"效用价值"，但必须辅以情感价值或社会价值，这样才能使顾客从作为"人"的角度获得"满足感"。

四、价值链定制的程序

为了回答企业的经营四问，我们必须进行价值链定制。

波特教授指出：战略就是以一系列与其他公司不同的运营活动，创造出独特而极具价值的定位。

彼得·德鲁克在《成果管理》一书第 6 章"企业经营的是顾客"中指出：在企业内部，人们很难知道企业为什么能赚到钱。我们需要从外部有组织地考察自己的企业。

这种波特教授所指的"经营活动"，德鲁克所指"从外部有组织地考察自己的企业"的"经营活动"，结合起来，就是从顾客获得价值满足感的过程和视角定制企业的价值链。

菲利普·科特勒、何麻温·卡塔加雅，伊万·栋蒂亚万合著的《营销革命4.0——从传统到数字》一书指出，顾客的购买行为已经从"了解、态度、行为、再购买"进化到数字化时代的"了解、吸引、问询、行动、拥护"。其中的变化在于：

变化 1：在过去，客户独立地决定对品牌的好恶；而在数字化连通时代，品牌的吸引力受到了客户所在的社区的影响，影响后形成了最后的态度。

变化2：在过去，品牌忠诚度被视为愿意购买和再购买；而在数字化连通时代，客户对产品的拥护代替了购买行为，体现了客户对品牌的忠诚度。

变化3：为了更好地了解品牌，客户积极地与他人互动，建立问询—拥护机制，而根据对话的偏向性，这种互动增强或者削弱了品牌的吸引力。

笔者建议，企业必须从"顾客"的角度和获得满足感的过程出发——"我需求、我寻找、我比较、我购买、我使用、我信任、我拥护"定制价值链——这个"我"可不是企业，而是顾客。如图6-7所示：

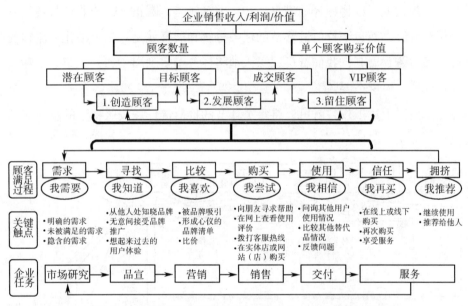

图6-7 从顾客的满足过程到关键触点，再到企业任务

通过图6-7我们知道：

（1）顾客满足是一个过程，不是一蹴而就的，从"我需求"开始，到"我知道"有哪些品牌可能满足我，到了解、比较之后"我喜欢"，再到购买和使用之后"我尝试"到"我相信"，再到体验和满足之后的"我再买"，最后到重复购买持续获得体验之后的"我推荐"。

（2）顾客自我满足的过程是一个他（她）探索市场的过程，顾客在这个过程需要通过线上、线下的一些媒介或接触点去碰触这个世界、碰触到与他

（她）的需求，特别是与他（她）的价值观匹配的品牌，最终需要达到这样的效果：哇！这就是我（需要的）。

（3）企业必须真正按照顾客获得满足感的过程，按照数字化连通时代的关键触点，针对目标顾客群体，结合企业的核心竞争力、战略定位、价值主张梳理企业任务——由外而内定制企业价值链。

笔者服务企业的过程中，会要求企业根据自身的实际，进行关键价值链任务分解，并提炼关键要素。

这样，就可以将顾客的满足过程、关键触点，真正进行企业价值链任务分析和分解，而每个价值链环节的任务分解和展开就是一个个细化的流程展开。通过流程展开，我们就可以深入地将任务落实到岗位和人（第七章和第八章详细讨论这个课题）。

完成了上述工作，就可以将每个环节的价值链任务按照特定的步骤梳理出来。如图 6-8 所示：

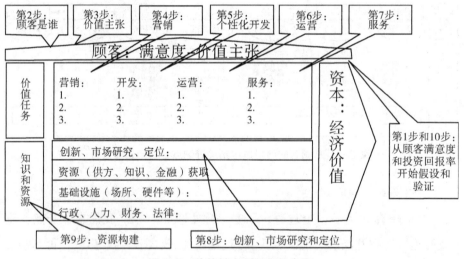

图 6-8　价值链定制程序和步骤

对于图 6-8 中第 1 步和第 10 步，即顾客满意度和投资回报率开始假设并最终验证，形成闭环——这个环节与目标制定和分解相关，价值链既是从顾客价值入手定制，更需用资本（经济）价值验证，即如果投入与最终的产出不能成正比，则这条价值链就可能需要重新定制——再从顾客价值和资本（经济）价值着手，通过程序再进行梳理。

当然，按照这样定制价值链的程序，一般情况下，企业的投入产出比，即生产力都会提升，而且会有较大提升。

因为很多企业在做大以后，已经忘记从顾客价值出发了，更多地会从自身角度（或单纯从资本价值角度）出发"臆测"顾客需求，甚至进行"盲目"投入。

而从顾客价值出发，就能够更加准确、高效地发现需求、定义成果，然后根据需求、成果、触点，梳理企业投入的知识和资源，这是企业投入产出（生产力）提升的有效路径，会使很多企业 ECRS（删除、合并、替代、简化）掉大量浪费的资源和投入，为获取更大的回报——提升生产力打下坚实的基础。

对于第 8 步，即"创新、市场研究和定位"，它与第 2 步和第 3 步不断协同，结合"顾客是谁？顾客在哪？顾客如何购买？顾客认为什么重要？……"根本的问询，不断地发现创新的可能，甚至在定制第一条价值链的基础上，定制出第二条价值链（第二曲线，见本章下文）——企业内部创新创业或企业产业链创新企业——甚至横向或纵向一体化（见第十二章的"组织的力量"）。

德鲁克在《创新与企业家精神》第 2 章"有目的的创新和创新机遇的七个来源"提到：成功的企业家都会试图去创造价值，做出贡献。他们的目标非常高。他们绝不会仅仅满足于对现有事物加以改进或修正，他们试图创造出全新且与众不同的价值和满意度，试图将一种"物质"转换成一种"资源"，试图将现有的资源结合在一种新型的、更具生产力的结构里。价值链定制就是创造"一种新型的、更具生产力的结构"。

企业需要打破和顾客之间的界限，与顾客融合在一起，以顾客的视角和感受来拉动、推动企业进步，这也是很多新兴企业快速成长的根本原因。新兴企业因为探索到顾客工作和生活中的需求，并有能力以最快捷的方式满足顾客的需求，让企业提供的产品和服务与顾客的工作和生活融合在一起，或者成就和重组顾客更美好的工作和生活，这样企业就有了生存的空间，并获得了快速成长的机会和可能。

因此，一个能够创造顾客价值的公司应该是基于整个价值链或者价值网络思考的公司。一切从顾客开始，为顾客创造价值，由顾客的偏好决定企业的技术、产品和服务所付出的努力，由知识、技术和服务的价值引导资源的投入，创造企业的独特的组织知识资源能力，构筑企业核心竞争能力和独特战略定位，这样的企业才会被确认为拥有市场能力并能实现持续成长的企业。

管理者必须使全公司上下对于顾客价值的认知保持一致，如果对顾客价值认知不能保持一致，那么，公司内部的损耗可能就会非常大。所以，认知和满足"顾客价值"绝对不能是一个口号，它是最核心的价值观，是组织最核心且必须努力的目标，是一种战略思维，是一种行为准则，这个价值观、目标、思维和准则必须通过价值链定制这个方法和工具实现。

当然，保持一致是相对和阶段性的，在一致性基础上，还需要创新（创造性破坏）创造新的顾客价值——持续创新创业。

五、有组织地"创新"：创造第二曲线

如果说价值链定制解决了"我们经营的事业应该是什么"这个问题，那么，我们还需要不断探索"我们经营的事业将来是什么"。

这需要知识和资源环节的"创新、市场研究和定位"来完成，即图6-8的第8步。

德鲁克在《21世纪的管理挑战》第2章"战略——新的必然趋势"提到了"五种现象是必然的趋势"，即：

（1）发达国家越来越低的人口出生率（当今的中国同样如此）。

（2）可支配收入分配上的变化。

（3）定义绩效。

（4）全球竞争力。

（5）经济上的全球化与政治上的分裂显得越来越不协调。

这五个方面是创新的基础，更是企业制定战略的基础，而且在不断变化中，面对变化，我们怎么办？是作为持续创新创业的机会，还是成为无法突破自我、突破规模化发展瓶颈的借口和理由？

第一，人是第一位的，所以德鲁克一直将"人口"的因素作为企业创造未来的第一考虑因素。如果企业是 to C 业务，那么，你必须关注人口的结构，特别是家庭消费的决策者是谁，这是 to C 企业的首先考虑因素：是女主人吗？为什么？如果是，那么企业如何从效用、情感和社会价值角度思考，让她成为一个好妻子、好妈妈、好儿媳？

现在的 50、60 后父母、80、90 后夫妻"4+2+1（2）"4 个老人、2 夫妻、1~2 个孩子的结构，已经产生了什么未被满足的需求，且还有哪些隐性需求需要被发掘？马上，80 后的父母老龄化和 80 后夫妻 2 人养 4 老问题就会到达一个临界点，这个巨大的需求如何被满足和创造？

如果是 to B 的企业，如何从产业链终端最终的使用者和消费者角度考虑，使企业的直接用户为他的下游用户创造更大价值，并最终为整个链条上的顾客创造价值？

第二，了解顾客（机构、企业和最终用户或消费者）的可支配收入是基础，更重要的是了解顾客基于可支配的收入消费偏好和支出情况，即顾客在其特定的工作或生活场景中为满足需求而购买的相应的产品和服务的支出。

一方面，需要企业在顾客获得满足感的更大的应用场景下考虑顾客的需求问题，只有这样才能求得"真经"。正如笔者与那位别墅装饰公司创始人讨论的，用户要的是一个"家"，你却只提供"硬装"，你提供的只是他的"家"的一部分，即使只提供其中的一部分，也不能仅仅从这一部分（如"硬装"）思考顾客的需求，而是从更大的场景——"家"的角度发掘用户的需求并有效地满足他。

另一方面，企业必须从更大的应用场景下消费（花费）结构入手，才能明确顾客真正看重的是什么，他愿意在打造他认知的价值层面的支出预算。

基于此，企业才能在现有价值链基础上，为扩大自己的能力边界，为扩大自己的市场边界，为进行有效的创新创业打下坚实的基础。

第三，我们必须实现短期绩效和长期绩效相结合，因为"越来越多的人们的经济保障（即安度晚年）日益取决于他们的经济投资"。因为人的寿命的延长，使退休生活时间与工作时间越来越差不多了，人们必须为退休生活准备好充足且持续的收入来源，而股权回报是他们最理想的期望。

"股东想要的不是眼前的利益（包括所得和股价）。他们需要的是为今后二三十年提供保障的经济回报"。"同时，企业将日益需要满足知识工作者的利益，或至少重视他们的利益，以便吸引和留住他们所需的知识工作者，并发挥他们的作用"。这又是人口的因素和可支配收入分配的必然结果，这为企业思考"创新、市场研究和重新定位"提出了要求。它要求企业：

一方面，必须平衡短期和长期利益，并以保持几十年甚至超出自然人的寿命的企业生命力为目标，这也为企业的创始人必须从创业者向企业家进化提出了要求，否则，代表股东的资本和拥有知识的知识工作者很难会被集聚，企业只能是一个"小生意"或老板一个人的生意。

另一方面，必须平衡资本和知识工作者的利益。将企业真正需要、能够创造价值的知识工作者用有效的激励机制转换为股东是一种最有效、双赢的方式和方法。

同时，必须平衡利润和社会责任的关系。当然，利润本身就是企业社会责任的体现，但现实的利润必须着眼于长期的发展，一个极具生命力（长期繁荣发展）、为资本（背后的股东可能是需要安度晚年的投资人）创造长期回报、为知识工作者创造长期价值（同时也为其安度晚年打下基础）的企业本身就是社会责任的最佳体现。

所以，企业必须有价值成长，必须获得超过自然人的寿命，这是企业和企业经营管理者首要的社会责任。

第四，我们必须具备全球视野。本书那家经营食品和保健品出口贸易的企业的创始人，他认为自己学习英语的一个目的是"活两辈子"，即通过学习英语并与英语世界做"生意"从而进入到"另一个世界",相当于多活了一辈子。他 2018 年分别在美国和法国开办了合资子公司,参与全球竞争。

正如德鲁克所指出的"战略必须接受一个全新的基本原则,即任何组织（不只是企业）必须按照业内表现优异的企业（无论在世界的哪个地方）设定的标准对自己进行评估"。

企业具备全球视野,一个重要的因素就是可以在全球范围内寻找标杆,并在将标杆作为榜样的基础上挑战标杆。这样的视角、决心和勇气,实际上又是制定"远""大"目标、"创新、市场研究和重新定位"的基础。

第五,必须面对"经济现实和政治现实正日趋分化"这个事实。这实际上是德鲁克提出的进行"创新、市场研究和重新定位"时必须考虑的因素——即经济在一定程度上要与政治脱钩。

一是不要做"任何与经济现实背道而驰的事情"。有的时候,要正确对待政府补贴这件事情,特别是不能为了优惠政策和补贴政策去做一些本来不应该做出的决策。笔者见到很多因为补贴而过度投资,且很多时候补贴又变相降低了企业（创业者）的进取精神甚至直到影响企业发展的活生生的例子或可以直接称为教训。

二是不要"采用参股企业的方式,特别是不要采用收购的方式在全球范围内扩张或发展业务",除非"目标企业符合本公司的经济之道和总体发展战略。"

面对这五大必然的趋势,我们必须有目的地迎接变化、寻找变化,视变化为机遇而非挑战。德鲁克在《创新与企业家精神》第 2 章 "有目的的创新和创新机遇的七个来源"中提到:变化为新颖且与众不同的事物的产生提供了机会。因此,系统的创新存在于有目的、有组织地寻找变化中,存在于这些变化本身可能提供的经济或社会创新的机遇进行系统化的分析中。

同时,我们必须引导变革,进行创新,正如熊彼特所定义的创新:创造性破坏。德鲁克指出:"除非组织以引导变革为己任,否则任何组织都不能幸免于难","唯一能够幸免于难的只有变革的引导者"。

如果企业家是将社会生活的一部分进行重组的人，那么，他必须走在社会生活的前列，洞察趋势变化，在原来重组的结果——现有企业的基础上，不断通过创新变革，不断地问自己和企业的团队成员：我们经营的事业是什么？我们经营的事业应该是什么？我们经营的事业将来是什么？

"创新、市场研究和重新定位"就是为了回答"我们经营的事业将来是什么"这个课题而展开的，"创新、市场研究和重新定位"的结果是第二（三、四……）条价值链的定制——企业内部创新创业或产业链延伸创新创业。

我们实际上可以把从现有价值链到创新价值链的思维理解为欧洲著名管理大师查尔斯·汉迪的"第二曲线"理论，即从现实的业务（价值链）到创造出新的业务（创新出第二条价值链），如图6-9所示。本书会在第十二章"发掘能力"中"组织的力量"一节应用第二曲线理论解剖一个案例。

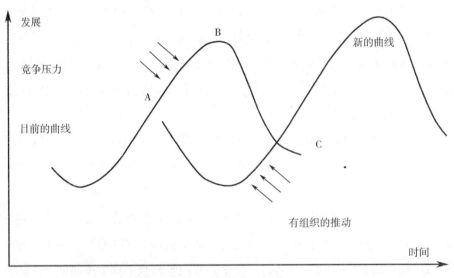

图 6-9 创造第二曲线

德鲁克在《21世纪的管理挑战》第3章"变革的引导者"中给出了变革的四个原则：放弃昨天、有组织地改进、挖掘成功的经验、系统化的创新。

从熊彼特（J.A.Joseph Alois Schumpeter，1883-1950，美籍奥地利经济学派的旗帜）为利润正名开始，赋予了利润道德的内涵，同时赋予了创新的衡量标准。他认为：只有在"创新"的情况下，才存在企业家和资本，才产生利润和利息。这时，企业总收入超过总支出，这种余额或剩余就是企业家利润，是企业家由于实现了新组合——创新而应得的合理报酬。

德国的政治家、社会哲学家沃尔特·拉特联（Walter Rathenau, 1867–1922）提议用"责任"这个词来代替利润这个词。他指出：利润当然并不代表企业的全部责任，但却是企业的第一位责任。未能提供出恰当利润的企业，既损害了托付给它们的资源，又破坏了经济的成长能力，那就是不忠于所托。

基于德鲁克的结论和利润作为企业第一位责任的论断，笔者简单地总结一下利润的三个关键要素：首先，利润是对过去企业家决策的检验标准；其次，利润是企业家承担风险的奖赏；最后，利润是企业家能够投入未来的积累和资本。

因为利润是企业家创新的结果，那创新又是什么呢？

熊彼特认为，创新就是"创造性破坏"（Creative Destruction），创新是企业家的特质。每次大规模的创新都淘汰旧技术和生产体系，并建立新的生产体系——这是跟不上时代的企业被无情淘汰的根本原因。这种"创造性破坏"主要不是通过价格竞争，而是靠创新实现的。企业家是能够"实现生产要素重新组合"的创新者，通过创造性打破市场均衡，才会出现获取超额利润的机会。

彼德·德鲁克在熊彼特基础上提炼和总结"创新"是企业家精神的具体表现。

彼得·德鲁克提出，"创新就是改变资源的产出""通过改变产品和服务，为客户提供价值和满意度""创新与聪明的创意或者发明不应混为一谈，创新也不一定局限于科技方面或是开创新生意、新事业，创新与上述误解的区别在于是否为客户创造出新的价值"。换句话说，企业创新的关键，并不在于人们通常认识到的产生新创意、创造新产品，而在于为顾客创造价值和满意度，这才是符合企业本质的对创新的定义，也是企业生存的必备理念。

创新是一项风险极高的活动，但如果企业不创新，就会面临生存的风险。

所以，企业必须创新，那如何创新呢？

（1）必须围绕顾客价值创新，这是创新的起点也是终点，这一点无论怎样强调都不过分。

（2）开放才能创新，因为只有在边界才能创新，只有跨界才能创新，只有真正的"内行"＋"外行"匹配才能创新。

芝加哥大学的罗纳德·伯特在其论文《好主意的社会起源》中指出：公司提出最大比例建议的部门，是那些拥有与自己部门之外有联系的人。

日本的企业联盟就是采用这种方法维持供应商与制造企业的关系的。东风与日产合资以后，导入的一个重要方法就是《雷诺日产联合供应商开发指南》，它要求企业必须与客户、与供方一起联合创新，创造新需求、创造新产品。

（3）必须敢于否定之否定，有组织地放弃过去，创造未来。

身为创业家和畅销书作家的塞思·戈丁在发表于《哈佛商业评论》2011年第3期的《失败的新定义》一文中写道，"因为失败让人恐慌，失败难以容忍，所以人们会竭力避免失败"。"为此，一个稳妥的办法就是狭隘地界定失败，但其结果是，人们只想安于现状，甚至还竭力维护现状"。

现在我们知道，正如卡尼曼（2002年诺贝尔奖得主）和特沃斯基提出的"禀赋效应"理论，人们都有一种损失规避的心理，损失规避的一个含义就是，个人有强烈的维持现状的倾向，因为失去现状弊大于利。

所以，企业家是一群必须"逆人性"的人，才能不断在放弃过去中创造未来。

同时，必须有组织地放弃过去是因为必须为未来解放资源，特别是人，拥有知识资本的知识工作者必须投入创造机会的未来，而不只是活在证明曾经是对的过去。正如德鲁克指出的，放弃昨天是企业变革的第一原则，同时也是其他原则的基础。

（4）创新必须试点，必须另组团队平行展开。

创新必须为企业、组织和团队创造"亮点"。否则，没有人会主动放弃过去。

正如经济学家许小年指出的，中国历史上的变革只有两个是成功的，一个是商鞅变法，一个是改革开放。邓小平同志深知试点的重要意义，而实际上，改革开放就是试点的成功，如联产承包责任制就是从小岗村开始的，开放是从四个沿海特区开始的。

所以，企业必须能够充分地发现偶然的成功和失败，必须有组织地进行持续改善（PDCA），并在此基础上发掘可以作为试点的课题、项目。

进行试点还有一个原因，正如德鲁克所言，"真正的新事物（如产品、服务或技术）总是在创新者和企业家没有想到的地方找到了自己的市场和适用范围，而且用途也与创新者或企业家最初设计的用途大相径庭，这几乎是一条'自然规律'。"

同时，德鲁克指出的：变革的引导者需要两套预算。第一套是营业收支预算，它显示出维持现有业务所需的费用，一般占全部费用的80%~90%。变革的引导者需要为未来制定第二套独立预算——用于未来的费用如果不能长时间地保持稳定，那么这种费用就很少能发挥其应有的作用。这有利于新产品、新服务和新技术的开发；有利于市场、客户和销售渠道的开发；最重要的是，有利于人的成长。

德鲁克在《创新与企业家精神》一书第13章"企业家企业"中指出：

（1）这意味着我们必须将全新的具有企业家精神的项目与旧的、已有的企业分开组织。如果我们仍用现有的企业结构来执行创新与企业家项目，则注定失败。

（2）这还意味着组织必须专为新项目留有一席之地，而且必须由高层管理者直接负责……创新工作，特别是旨在开发新业务、新产品或新服务的创新工作应该直接向"负责创新的管理者"汇报。

（3）创新项目之所以要分开建立还有另一个原因，就是让它避免背负过重的包袱。

（4）建立容错机制，容忍失败，鼓励快速失败（成本最低的失败、试错），实践、实证，因为任何创新都不可能在起点预见到终点，都不可能按照"计划"实现创新。

（5）创新之前必须明确企业现有业务足够的利润支撑和能够集聚的资源可能，足够到能够提供"企业家能够投入未来的积累和资本"，心理上能够承受、经济上能够承担，也就是要平衡好现实业务、集聚资源与创新业务之间的关系和关联，只有如此，上述的创新才能对企业可持续发展注入不竭的动力和能量。

笔者相信，如果能够重新定义失败、定义利润和定义创新，将会为企业家和企业打开心扉，更加勇敢地去拥抱未来和不确定性，进而创造未来，创造更大的可能性。

而创新的成果，很可能是顾客的满足感大幅度提升基础上企业绩效突破、价值成长，更有可能就是一条新价值链——第二曲线，就是又一个新的事业——"我们经营的事业将来是什么"变成了"我们经营的事业是什么"，循环往复。

第七章　从价值链到流程

流程是指一个或一系列、连续有规律的行动，这些行动以确定的方式发生或执行，导致特定结果的实现。

——《牛津词典》

阅读本章前，你需要首先问自己几个问题：

（1）你是怎样看待价值链与流程的区别和联系的？

（2）你学习或应用过流程图工具吗？

（3）你所认知的企业流程化的目的是什么？

（4）如何基于价值链的各流程之间有效协作创造顾客价值和资本价值呢？

（5）为什么流程制作只是起点，需要不断优化、简化？

一、突破中国式创业的情义制约

很多中国式创业是建构于情义观之上的情义模式，除了"自己人"之外的都是"非我族类"的陌生人，都不可相信，而只要是"自己人"则会充分信任，原则、规则和制度是没有的，即使有也是挂在墙上的。

这种"自己人"情义模式有两种情况；一种是家人的血亲型情义模式，如俞敏洪创立新东方时就是这种情况；一种是梁山型兄弟情义模式，员工是老板的小兄弟，这些小兄弟与老板之间形成了牢固的情义资产甚至是情义负债。

这两种情义模式在企业发展到一定程度之后可能会严重影响创业者的决

策、影响知识工作者发挥生产力和合作、影响企业的发展。

创业者想实现向企业家的蜕变必须从情义管理向流程和制度管理转变，必须从"自己人模式"到"陌生人模式"。正如德鲁克所指出的：企业 CEO 在企业内部不能有朋友。

俞敏洪在"长江商学院 MBA 十周年庆祝论坛"上发言时讲述了他从情义负债到制度管理的过程："刚开始做的时候，新东方我用的都是家族成员，家族成员很便宜，比如我的姐夫，我老婆的姐夫，等等。在这个过程中，当然没有什么所谓的现代化结构，但是非常好用，你财务都可以乱七八糟的，不需要监控你的财务，天天贪污你的钱，反正贪污也是贪污在自己家里。干活不用计算时间，因为都是家庭成员。但是，如果这样的家族一直做下去的话就会出大问题。

首先没有办法管，企业大了会引进很多外面的人，你家族成员都在里面，最后结果是家族成员文化水平不够、管理经验不够，最后还要到处乱插手，下面的人没有一个会有尊严感，你请来的不管是职业经理还是老师都会没有尊严感，所以这是一个过程。

从 1995 年以后，我就深刻意识到，家族成员再在新东方，会形成新东方的发展障碍。基于这个前提条件，我到国外把这些大学同学、中学同学招回来，他们从才气上到能力上，都盖过了我的家族成员。所以，我的家族成员就只能退守一边。

我是属于一个典型的见势打势，我自己把家族成员赶不走，当时我老妈都在新东方，我老婆说走就自杀给我看，我赶老婆的姐夫走，老婆说半年不跟你上床，我一想这个很有麻烦。但到最后的结果，我还必须让他们走，他们不走的话，新东方没有办法走下一步。最后我让我的同学过来，第一步就是要清理家族成员。借助这些大学、中学同学的力量，把我的家族成员清理出了新东方。

当然清理过程很痛苦，但是我知道，不清理掉现在不可能有发展，所以必须要清理。当然代价也是比较惨重的，但那个时候我付得起这个代价，因为请来的不少都是农民兄弟，给他们一个 10 万元、20 万元、30 万元，再给一些股票，他们走了。这是一个过程。"

"如果一开始就用王强、徐小平就没戏，这个学校做不起来，我用我的农民亲戚兄弟帮我把学校做起来，给了他们一个好的安置，让他们走了，然后用留学生慢慢搭建了一个现代化的结构。所以，新东方现在内部是没有任何家族成员的，只要有血亲关系三级管理干部以上被发现的连干部一起开除。这里要有一个转型，要根据不同的阶段发展来做你自己的事情。"

俞敏洪认为："面对什么时代、什么要求，就要做出什么样的改变，我觉得这是企业家血液中间应该有的东西。"

"现在新东方也在不断地转型，从家族式，到合伙人，到中国国内股份公司，到国际股份公司，再到国际上市公司。现在新东方又开始结构调整了，如果以一个大公司去干，效率非常低，无法应付外面的变革和创新，所以现在新东方又打散了，就是独立创新公司机制。凡是新项目都独立出去做，新东方控股，剩下创新的人给你股份，然后出去做。未来新东方可以控制 50 家和教育相关的公司，但这些公司都不是新东方 100% 地拥有，而目前 70 亿元的收入都是新东方 100% 拥有的公司和学校。未来可能会到 100亿元。这 100 亿元中，其中有 30 亿元我希望是来自创新公司，而新东方只在里面占据控股股份，比如 50%，甚至 40% 以上都有可能。"

俞敏洪是进化过来的。但有一点俞敏洪可能是隐含知道但未明确表达的，就是企业发展到一定的人数规模，"情""义"这个在创业开始阶段正能量的东西，会成为企业发展的制约。

员工人数规模化的问题，从人类学和社会学的角度叫作"150 人法则"。这也是除营收规模化这个"坎"之外，另一个创业者难以逾越的"坎"。

研究发现，古代的氏族、部落人数达到 148 人左右时，就必须"分家"，因为"族长"已经叫不出全部族人的名字，他无法用"情""义"进行管理。同样，在企业人数达到一定规模之后，企业创始人突然发现，企业中的很多人自己已经叫不出名字，很多时候自己已经不知道员工们都在干什么，而且哪怕是自己能够看到的很多问题自己却解决不了，有很多时候突然感觉自己被"边缘化"了，很多企业创始人在这种时候心中可能会突然充满一种莫名的"失控"

的恐惧。而这个时候如果导致的结果是产生一种"聪明的自我主义者"（德鲁克语）的武断经营的情况，就可能会产生一种能够被预见的、更加可怕的结果。

所以，创业者必须做出改变，现在比较流行的词汇叫作：断、舍、离。这很有道理，但还需要加上一个词：理——用流程进行梳理，无论是否存在上述两种情况，企业发展到一定规模化后必须用价值链和流程理一理，落实责任，形成制度，且不断迭代和优化流程和制度。

当然，流程更重要的是不断因应顾客需求的变化、资本的需求，组织知识和资源、落实目标和责任，不断提升企业核心竞争力，创造成果。

二、必须站在顾客的角度梳理价值链和编制流程

价值链和流程不能只站在企业自我的角度，更应该站在顾客角度对自身的业务和任务进行梳理，或者，两个角度同时展开。如果能将本书第五章的图 5-8 和第六章的图 6-7 延伸思考一下，就可以得出图 7-1。

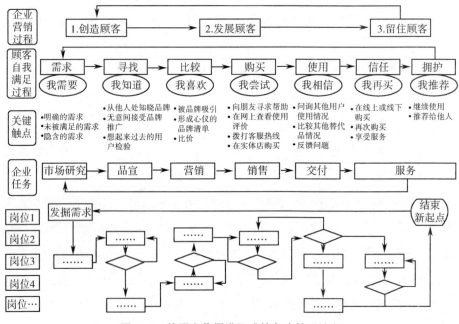

图 7-1　从顾客获得满足感的角度梳理流程

图 7-1 实际上是一个企业贯穿营销到交付再到服务的创造价值的大的流程图，读者从中可以明确真正流程图的梳理过程：

（1）必须从企业营销的角度转化为顾客的角度，从营销（推销）的过程转化为顾客自我满足的过程——角度不同，目标、行为和成果就会不一样。如果企业营销的过程是创造顾客、发展顾客和留住顾客的过程，那么，顾客自我满足的过程就是从"我"需求到"我"寻找—比较—购买—使用—信任和拥护的过程。

（2）在这个过程中，顾客一定会有认知的变化，我们可以根据顾客的认知（或感受）变化，设计针对性的顾客触点，反过来的意思是：基于层层递进的触点，顾客收获着不断被加强的体验，收获着对企业价值认知的层层递进的感受和感动。笔者团队曾经服务过一家企业，他们很好地理解了"认知"和"触点"的概念，在上述梳理过程中，他们在笔者模型基础上，将笔者设计的"我喜欢、我尝试、我信任、我再买、我推荐"这几个认知（或感受）变化结合他们顾客和企业产品特点优化为"小惊喜、小兴奋、爱、爱不释手、我显摆"，在此基础上再设计触点，找到了意想不到的、更加有效的路径和可能性。

（3）基于顾客获得满足感的过程，特别是他的触点体验和基于体验的认知变化，企业才能更好地设计企业的价值交付流程（整体而言就是价值链）。

流程（矩阵）图的横向是步骤，纵向是岗位，企业团队可以从顾客获得价值满足的步骤一步步地通过流程图进行价值链和流程梳理。

而且，企业越熟练地运用这个过程，就越会发现，这个过程实际上又可以作为"蓝海战略"的价值要素"删除、弱化、强化、新增"的过程，可以将相关需要调整的价值要素直接落实到岗位任务中，促进团队快速达成共识，并实现基于顾客满足感的价值调整。

同时，这个过程又是满足企业资本（经济）价值的过程。因为企业的营销过程本身就是基于业绩倍增基础上"顾客数量"和"顾客单位价值"的展开。通过这个过程，企业绩效倍增的目标就会落实到顾客价值的视角，进而实现顾客价值与资本（经济）价值的统一。而通过流程图将顾客获得满足感的过程落实到岗位具体的任务时，就会将企业的资本（经济）价值与顾客价值落实到具体负责人，就可以实现岗位目标、任务和责任的统一，为实现从目标管理到自我管理打下基础。

因为，从资本（经济）价值的实现与顾客价值的满足两个目标结合并落实到一条价值链上，最终以顾客价值满足的价值链为核心，明确了任务和职责；以资本（经济）价值的实现为核心，衡量了投入和产出的生产力；从二合一的价值链的梳理中，我们可以有效地实现价值要素的"删除、弱化、强化、新增"，实际上又明确了企业突破的机会，有效地诠释了本书的主线：从目标开始，用流程梳理，由机会着手。

三、从价值链到流程

价值链本身就是企业的大流程，它的起点是顾客需求，终点是顾客满足。企业为了满足顾客的需求，必须通过价值链有效地组织各种专业的知识和不同的资源，创造差异化竞争优化，满足目标顾客的需求和创造目标顾客的满足感。

不同专业化的知识和资源需要细化的流程进行梳理，即需要将价值链相应的环节进行深入的流程化。笔者在服务企业的过程中，会促进企业将定制的价值链各环节进行深入的流程定制。如图7-2所示：

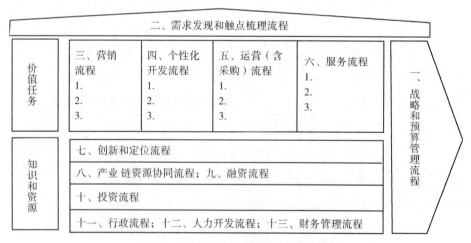

图7-2　某企业的价值链流程分解

图 7-2 是一家企业价值链与流程结合的案例。这是笔者团队与该企业团队对该企业的价值链按照一定的次序进行梳理和分解的结果：

1. 从价值链最右端的资本价值开始，编制企业战略和预算管理流程

还是那句话：从目标开始，明确规定该企业的战略 4 年修订一次，10 月开始启动后 4 年战略和第二年预算编制，确定企业战略目标和年度目标，然后每年 10 月滚动编制第二年预算，并对后 3 年战略期战略目标和路径进行动态调适。每年的 6 月修订当年后半年预算和目标，月度进行目标达成的分析，进行运营的 PDCA 循环。到达战略期的最后一年时，第二年的预算和 4 年战略再进行同步编制。

2. 编制需求发现和触点梳理流程

时代在进步，顾客的需求不断在变化；技术在进步，顾客寻找获得满足感的方式和方法也在不断变化。

企业必须不断地定期、不定期地努力发现这种变化（本书第 10 章会重点讨论这个课题），这种变化是企业突破的最大机会的源泉。

3. 编制营销流程

营销流程包括两个环节，一个是创造顾客环节，一个是发展顾客环节。需要不断地从用户和消费者出发，创造性找到触达顾客的路径，特别是线上与线下的有机结合，高效地创造并发展顾客，与顾客实现交易，并为其提供高满意度和满足感的产品和服务，进而为突破区域市场打下坚实的基础。

如表 7-1 所示。这是一家为猪场提供产品和服务的企业，通过线下和线上结合进行区域市场突破的营销流程，这家企业就是同一家企业从创造顾客，即选定目标猪场之后的顾客发展流程，该流程承接上一流程，从快速帮助目标用户获得成功（满足感和满意度）后，通过目标用户：老板个人在当地的社群影响力进行线上"展示"，吸引其他有同样需求，与目标用户有充分信任关系的其他猪场老板再从试用开始，凭借强大的产品力和发展顾客的

流程力量，快速突破区域市场。

表 7-1　某企业线上线下结合的发展顾客流程

序号	程序	要项或标准	工具或制度	备注
1	选定目标（未来能免成为标杆）猪场	当地的社群、意见领袖	验收标准	
2	根据猪场问题选定导流、巩固、上量产品方案	基于问题和痛点	产品方案	
3	导流产品使用前后的定性（照片、视频）、定量（效率、效益）记录	眼勤、腿勤、手勤，眼见为实	记录表	
4	将定性导流产品使用前后的成果（定性、定量）传播至猪场老板社群或猪场老板朋友圈	O+O 传播	成果分析	
5	标杆猪场导流品产生一定效果后，开始使用巩固产品方案，并向其他猪场推广或针对性设计导流产品方案	从众心理推动市场展开	产品方案	
6	基于信任，在标杆猪场开始上量产品组合，并于现场召开猪场老板现场会，推进信任展开	眼见为实	现场会方案	
7	区域其他猪场的巩固和上量，个性化系统解决方案＋高效服务	区域经理和经销商的服务能力	解决方案	

表 7-1 实际上是在图 7-1 的矩阵图梳理之后从流程图向流程表转化的一个结果。这是因为，企业在流程图梳理的基础上，需要转化为流程表，作为企业的管理制度的一种形式应用于企业的经营管理中。

4. 编制个性化开发流程

笔者将处于波特价值链的支持性活动的个性化开发环节提升到了主价值链，即价值任务环节。一个非常重要的原因是，这个时代的用户或消费者越来越重视个性化的需求。除了共性的效用价值，顾客更加希望被关注，进而获得情感方面、社会（身份）方面的满足感，个性化定制成为必然。

同时，基础产品研究开发和应用研究（或称适应性产品）开发本身也需要相对区别对待，它们本身就是两个流程，对于应用研究开发，应该针对顾客需求，结合自身基础功能（通用化或模块化）进行针对性的适用性、个性化应用开发，快速提升顾客满足感，打开市场，创造经济价值。

搜狐（2018-07-16）"实践 | 青岛红领——大数据驱动的个性化大规模定制模式"是这样描述的：

红领自主研发了电子商务定制平台——C2M平台，消费者在线定制，订单直接提交给工厂。C2M平台是消费者的线上入口，也是大数据平台，从下单、支付到产品实现的全过程都是数字化和网络化运作。这是"按需生产"的零库存模式，没有中间商加价，没有资金和货品积压，企业成本大大下降，消费者也不需要再分摊传统零售模式下的流通和库存等成本。

红领把互联网、物联网等技术融入大批量定制，在一条流水线上制造出灵活多变的个性化产品。包括"智能化的需求数据采集、研发设计、计划排产、制版"，以及"数据驱动的生产执行体系、物流和客服体系"等。目前已形成数万种设计元素、数亿种设计组合，能满足各种体型的定制，包括驼背、凸肚等特殊体型。专业量体方法采集人体18个部位22个尺寸数据，三维激光量体仪1秒内采集完成。计划研发便携式体型数据采集新仪器和方法，打破量体受限于地域距离的限制。

可以说，青岛红领就是将"定制"这个流程升维为企业的"价值链"，重构了企业的知识和资源，构建了企业的核心竞争力。

所以，企业价值链定制很大程度上可以将企业的某一价值链环节上升为整个价值链，改造原有价值链，这也是所谓价值链定制的要义。

5. 编制运营（含采购）流程

在营销发展顾客和针对顾客的个性需求进行产品或服务的适应性开发之后，企业高效地组织运营（采购、生产和交付）的过程。

这个环节是价值链的价值创造环节中投入资源"最重"的环节，也是企业基于顾客满足之后平衡经济价值、平衡投资回报的最重要环节，衡量这个环节的是资源投入的回报率——最重要的是人的生产率（力），资金的生产率（力）——周转率。

我们都知道的，苹果公司自己不做生产，全部交由富士康代工，通过 2014 年的财报可以看到，苹果的存货周转天数仅为 7 天，这是一个怎样惊人的生产率（力）呢？不比不知道，同期的三星的库存则要经历漫长的 51 天。

换个角度，苹果将运营环节交由更加专业的公司外包了，而作为专业化运营的富士康公司，将运营这个价值链环节上升为它的价值链。

很多经济和管理学家从经济价值的角度将苹果的这种模式称为通过营销和创新占据"微笑曲线"的顶端，而富士康作为生产和运营的公司只能处于底部。笔者并不太赞同，如果从知识分工和协作的角度，通过组织知识的专业化构建核心竞争力是企业选择不做什么而做什么的关键决策因素，而不仅仅是美好的期望——占据"微笑曲线"的顶端。

对富士康而言，他通过自身的核心竞争力构建，获得了自己可以获得的顾客价值和资本（经济）价值，当然，他服务的是整个产业链。

6. 编制服务流程

产品即服务，很大情况下，服务贯穿整条价值链，潜在顾客、目标顾客、成交顾客、VIP 顾客和终生顾客的循环、闭环的转化过程都是因为超出顾客期望的服务在发挥作用。

美国时间 2018 年 5 月 24 日，流媒体网站 Netflix（耐飞网），以 1531 亿美元的市值，首次超越了迪士尼，成为全球最值钱的娱乐传媒公司。

Netflix 从 1999 年开始做 DVD 租赁，每月支付 10 美元，就能收到 Netflix 用红色信封包裹的电影光盘，只要归还借出的光碟，Netflix 就会把下一张碟片寄给用户。Netflix 真正的发展是因为它洞察到顾客下单后必须快速地第二天拿到 DVD 看片，否则顾客满意度就会大幅度下降（是否亚马逊和京东都是这样的洞察）。基于这个洞察，Netflix 的服务流程完全以此设计并超出顾客需求，并在此基础上切入影视制作领域，逐步从一个最低端的"服务商"发展成全球最值钱的娱乐传媒公司。

7. 创新和定位流程

本书在第六章最后一节中用了大量的篇幅诠释了这个流程创造新价值链、创新第二曲线的重要意义。创新是企业家的本质特征，正如德鲁克所指出的：创新是展现企业家精神的特殊手段。创新活动赋予了资源一种新的能力，使它创造财富。

创新是知识和资源重新组织、组合的过程，但它的源头必须是创新的机遇，而最大的创新机遇一定是顾客的需求和需求的变化。企业必须把有目的寻求变化，并将变化作为企业创新的机遇加以运用，创造顾客价值和资本（经济）价值。

创新必须与合作方选择同步，即与顾客、供方等合作方一起联合创新，这样就可显著降低创新的风险，加速创新成果快速市场化和商业化的过程。

创新必须从顾客满意和资源投入回报结合进行衡量，不能盲目求变、求新，更加不能因为担心变化和创新风险而抗拒创新。

同时，创新必须与企业的战略连接，即很多创新发生之后需要企业重新审视战略定位，拓展第二业务（曲线），甚至对使命、愿景和价值观的内涵重新进行思考及表述。

8. 产业链资源协同和融资流程

二者需要一并考虑，但可以分别表述。因为，知识和资金是企业所需的最重要的资源。

创新与产业链资源协同是同步的，产业链上下游协同促进了企业知识和外部知识的有效碰撞，为创新、创造顾客打下了坚实基础，特别是与顾客和合作方的协同创新，因为共同的创新成果，就会产生所谓的宜家效应（顾客对其参与了劳动的产品有一种莫名其妙的爱），顾客就会更加乐意应用，哪怕要承担期初的不可预知的风险。

资金是一个企业创业成长绕不开的课题，企业必须重视，正如德鲁克对新创企业的要求，必须为企业的发展准备好 3 年的现金流。处在快速发展期的企业，对融资的需求很大，融资能力和企业成长速度必须有效的匹配，这是对创业者和高管团队系统平衡能力的一个考验。

因为企业的价值链定制的起点是顾客价值和资本（经济）价值协同，所以，对于企业融资而言，对资本方的回报会更有保障，相对于同业更容易获得资本的青睐。

9. 投资流程

实物资源等硬件设施的投资是需要被管理的，很多中国老板的地主情结严重，没有多大规模就开始追求购置土地和建设漂亮的办公楼，很多企业到现在还在走过去巨人大厦的道路。所以，必须设定标准和流程控制企业老板成为地主的冲动。

10. 行政、人力资源开发、财务管理、法律事务等流程和制度

这是企业的基本流程，但需要注意的是，这些环节是企业价值观的真正体现，特别体现了企业的创始人是如何看待员工的一种角度，是从合作伙伴还是雇员的角度，这完全不同（本书第十二章第一节"成长的力量"会着重讲解将员工作为顾客梳理员工成长计划的流程案例）。

这十个方面的流程实际上分为五个层次：

第一个层次是第一和第二个流程，它从战略的高度、从"远""大"目标开始对企业的价值实现提出了要求，它从顾客的需求和从了解、知道、相信、信赖的触点对企业的价值主张和价值呈现提出了要求。

第二个层次是价值任务的四个流程，它是现有业务的价值交付、价值创造流程，它决定了今天的顾客满意和企业收益，它为企业走向明天创造利润。

第三个次层次是创新、定位流程，它考虑的是如何创造未来，重新战略

定位、创造新业务和再造新的价值链——企业经营的事业将来是什么。

第四个层次是知识、资金和硬件投资等资源的保障。

第五个层次是企业的基础管理流程，或者说应该被称为内部服务流程，如何为现有业务、将来的业务创造价值服务。

四、从流程节点到关键控制点

流程与流程之间是紧密连接的。如将图 7-1 延伸思考一下，就可以延伸出图 7-3。

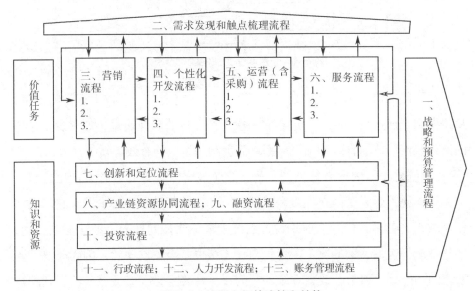

图 7-3 流程之间的连接和结构

每个流程都有三个输入、三个输出。三个输入分别包括：顾客需求和经济价值所要求的目标、上道工序输入的成果、投入的资源；三个输出分别包括：达成目标[顾客满足和资本（经济）价值要求]、向下道工序输出的成果、生产率（力，投入资源的回报率）——当然目标包括了生产率（力），这个生产率（力）是投入资源的对应的成果和必须要衡量的标准。

所以，从结果倒推看，流程包含了如下要素：

首先是输出结果：顾客满意和最终创造的价值。

其次是流程中的活动和活动的相互作用。

最后是输入的目标要求和资源（包括上道工序的输出成果）。

流程细化之后还需要回到价值链角度重新审视流程与流程之间的衔接问题，从大处着眼，再从小处着手，还需要回到大处审视。

这个"大处"包括目标和价值链环节的节点，即流程节点，必须从这两个维度去审视和评估，进而找到关键控制点。如图 7-4 所示：

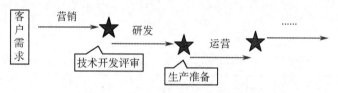

图 7-4　一般制造企业的流程节点

在一般的制造型企业，营销和研发之间一定会有一个技术开发的评审，从研发到生产运营之间，一定会有一次生产准备的验证通过。如果少了这样的流程节点环节的有效管理，流程反而会制约组织的有效运转。

《系统之美》的作者德内拉·梅多斯（彼得·圣吉的老师）指出：对一个系统来说，要素、内在连接和目标，所有这些都是必不可少的，它们之间相互联系，各司其职。一般来说，系统中最不明显的部分，即功能或目标，才是系统行为最关键的决定因素；内在连接也是至关重要的，因为改变了要素之间的连接，通常会改变系统的行为；尽管要素是我们最容易注意到的系统部分，但它对于定义系统的特点通常是最不重要的——除非某个要素的改变也能导致连接或目标的改变。

所以，这也是本书一直强调的，改变目标（敢于制定远大目标）、改变流程（要素之间的内在连接），就有希望突破企业规模化发展瓶颈。

笔者将真正对目标达成产生影响和多岗位交互的连接环节称为关键控制点。这些关键控制点需要企业创始人和高层管理团队按照"预防为主、防止变差"的原则重点把控，笔者个人也习惯称为"交接棒"环节。如图 7-5 所示：

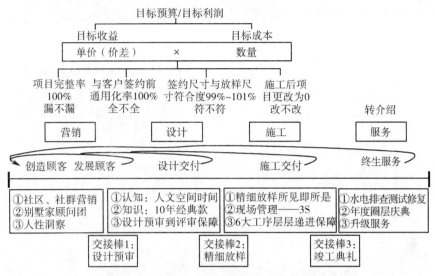

图 7-5　某别墅装修公司的交接棒环节的界定

从图 7-5 可以看到,影响一个装饰项目顾客满意度的关键是顾客的预算费用、气质风格、主材选择、身份满足感的平衡。笔者与企业团队站在顾客"放心、安心、省心"的角度提出了漏不漏、全不全、符不符、改不改的四项关键目标 [第四章"专门项目(课题)的目标管理"一节曾经分析]。

有了这四大目标环节的明确,再加之流程之间的交互节点,笔者与企业共同明确了企业的三大关键控制点。

1. 设计预审

这个环节是大家讨论后结合价值链和流程之间的连接而被创造的,之前企业并没有这个环节。

在这个环节,以漏不漏和全不全两大目标为起点,实现客户经理向主笔设计师进行"交接棒"——从顾客需求把握到顾客需求的方案设计输入。这个环节是多岗位共同基于对顾客需求的洞察,从不同角度贡献"知识",为主笔设计师提供能够满足顾客需求的设计,为采购经理提供材料选择并纳入通用库的要求作为采购流程的输入,为预算岗位结合顾客对家的预算进行预算编制,为后续通过设计方案 + 预算与顾客成交打下坚实的基础,实现了多岗位协同和三条流程（设计流程、采购流程、预算编制流程）基于一个项目的同步任务展开。如图 7-6 所示：

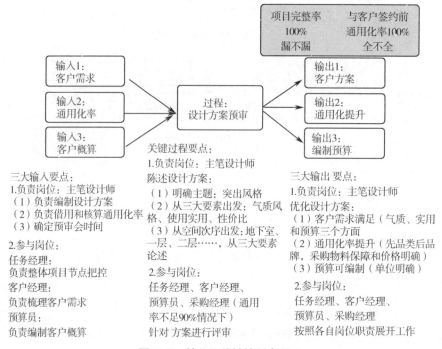

图 7-6　某公司关键控制点展开

2. 精细放样

精细放样是将设计方案——图纸转化为实物施工的关键控制点，如果说图纸错误的修正代价是 1 元、10 元的话，到实物状态就是 1000 元、1 万元甚至以上的代价。同时，在这个环节也是加强顾客信任的关键环节，让顾客参与其中，从每条线、每个面的尺寸的符合验证中，在墙面呈现他的家的未来的初步图景中，真正做到所见即所是、明明白白消费。

更重要的是，设计师与项目经理在此有效交接，开始时由设计师与项目经理一起精细放样，最后，项目经理向顾客现场交底，项目经理真正理解顾客需求、设计师图纸，如果还有问题，现场及时修正，真正防患于未然。

3. 竣工典礼

该项目交付的总结，但又是全生命周期服务的开始，设置竣工典礼这个环节，一方面是对前期与顾客共同创造墅家的回顾总结，另一方面是项目经理向服务经理的交接棒环节。从这里开始，为顾客进行 1 年、3 年、5 年的持续管家式托付服务。而基于顾客的满足和满意，创造顾客又重新开始。

五、流程优化

目标决定流程，流程决定绩效。

管理层可以通过价值链定制和流程编制，将战略目标落实到流程任务上，通过流程明确任务的目的是达成目标、创造价值。如果目标、流程、任务、资源、绩效不匹配，说明一定要改善——流程优化。

流程优化的关键是确定战略和目标，按照企业的经营逻辑、企业的价值链次序将流程进行书面化、流程化、表格化——可视化表达。

流程的可视化非常重要，一旦可视化，每个人都能针对目标和绩效的达成、针对资源投入和产出、针对流程任务的落实进行评估，并根据现实情况进行修正和优化。这样，从目标到流程，从流程到绩效，再由绩效反馈到流程、反馈到目标，形成一个有效的管理循环。

企业价值链结构中的各流程之间是串并联的连接关系。所以，一旦一个环节发生不畅，如设定的目标不能达成，应该执行的任务没有执行，应该履行的责任没有履行，或有的环节发生变化：顾客的认知和行为、企业负责人对企业期望和目标的变化、技术的进步和知识的变化，则流程就要优化，一个流程优化，就会带来系统的流程优化，价值链重新定制。

所以，流程编制的目的既是执行，更是在可视化基础上进行迭代进化，一个目的，创造顾客、促进协作、创造成果、达成目标。

笔者曾帮助一家 AI 公司进行了快速地从创造顾客端的流程现状把握和优化，与该企业高层团队按照转化率和现有流程进行可视化呈现，这样的对照整理之后就会更加有效地发现绩效止步不前的问题所在。如图 7-7 所示：

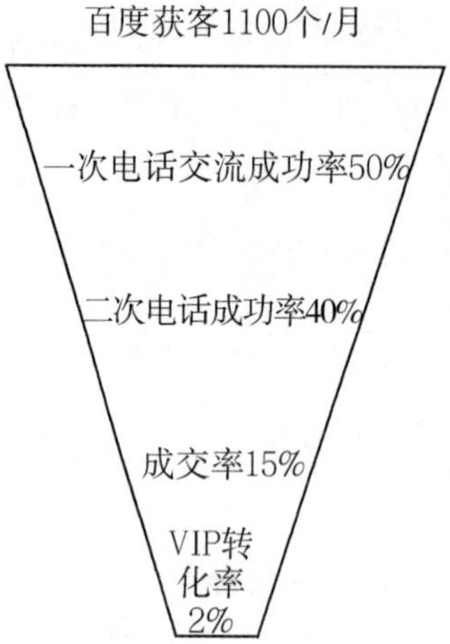

百度获客1100个/月

序号	程序	要项	工具
1	一次电话：了解行业、电销现状、目标、预算，并初步报价，并约定下次交流时间		
2	二次电话：沟通方案，试用5000元/月报价，并向客户索要话术逻辑表		话术逻辑表
3	话术逻辑表跟催、完善，并实现试用回款	试用成交	
4	促进客户从试用到年度使用	真正成交	
5	促进客户重复购买	目前未有效展开	
6	促进客户转介绍	目前未有效展开	

一次电话交流成功率50%

二次电话成功率40%

成交率15%

VIP转化率2%

图 7-7　某公司顾客转化和流程梳理

通过分析，我们认为核心在于三个方面：一是没有明确自身定位（我是谁）；二是释放预期过快，最终使顾客满意度下降；三是营销、产品服务团队未形成协同，未能够快速迭代提升顾客满意度。基于上述分析，我们共同进行了流程优化（部分内容因为保密起见而隐去）。如表 7-2 所示：

表 7-2　某企业的流程优化（例）

序号	程序	要项和/或标准	工具或制度
1	一次电话：了解行业、顾客现状、目标、预算，向对方表明为"定位（价值主张）"，不夸大价值和预期，发送……，表明定制，不报价，并约定下次交流时间	1. 把握诉求 2. 降低预期 3. 表明定制	……
2	二次电话：沟通方案，建议1试用1月并根据定制难易度报价	试用成交	报价表
3	产品经理1、3、7天快速跟进迭代，销售经理1周回访调查，21天再调查，促进客户从试用到年度使用	1. 真正成交 2. 营销服务匹配 3. 调查式营销	调查表、报价表
4	每月进行客户调查，根据客户满意度促进客户重复购买，5台？元/台·年	……	报价表

续表

序号	程序	要项和 / 或标准	工具或制度
5	推出钻石合伙人计划：促进客户转介绍，达到20台以上：？元 / 台·年，50台以上？元 / 台·年	……	报价表

上述案例是一个同步实施流程可视化现状把握和流程优化的过程，最终的结果以顾客满意和获得持续的满足感为中心，强调结合基于顾客基本需求基础上的个性化定制，更加关注顾客的期望值管理；更加明确自身的战略定位（不做什么的基础上的做什么），并基于此对企业内部的任务进行明确，对内部的岗位职责进行明确，对岗位之间的匹配和衔接进行重新定义。同时，该流程优化直接对企业的组织和部门进行了重新划分和职能定义。可以说，流程优化就是达成目标、创造高绩效的有效方式、方法和过程。

流程优化需要应用"二原三现主义"，即原理、原则，现场、现时、现物，用一句话可以串联起来表达：管理者要快速到"现场"去，亲眼确认"现物"，并依据原理、结合原则根据"现时"的情境和情况，提出和落实符合实际的解决办法。

流程的优化又会带来企业组织知识的变化，会反作用于企业的战略定位。这个时候，企业可以学习运用蓝海战略的价值要素调整的方法进行剔除、减少、增加、创造四步动作，对企业的价值要素进行调整，进行优化甚至调整企业的战略定位。如图 7-8 所示：

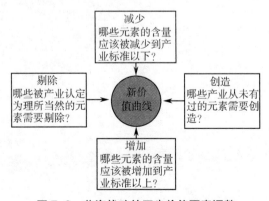

图 7-8　蓝海战略的四步价值要素调整

更重要的是，流程化加之第 4 章提到的标准化和数据化，结合起来就可以为企业在信息和智能时代的企业数字化及智能化转型打下坚实基础。上海证券报记者在对美的集团董事长方洪波的采访文章《方洪波：企业家精神是一种特殊的生产要素》中专门讲到，美的从 2013 年开始向数字化方向转型，"美的的数字化从 1.0 阶段晋级 2.0 阶段，再到今年（2019 年）将实现企业全价值链流程的全部数字化，将数字化程度提升到全行业乃至整个制造业的最高水平，这带来了效率驱动，最终把美的提升到了新境地"。

确实，数字化是美好的方向，前提和基础就是在价值链定制的基础上做好流程化、标准化和数据化。

第八章　从流程到责任到组织

制度是社会的游戏规则，更规范地讲，它们是为人们的相互关系而人为设定的一些制约。

——道格拉斯·诺斯

阅读本章前，你需要首先问自己几个问题：

（1）你所认知的流程和制度有什么区别和联系？

（2）你认为流程任务分析、岗位任务分析、岗位职责分析应该遵循怎样的次序？为什么？

（3）你所理解的岗位职责包含哪几项要素？为什么？

（4）你认为怎样将岗位目标与岗位职责匹配更加有效？

（5）你是怎样看待岗位、流程、价值链、组织、目标这几者的关系的？

一、流程是制度最高效的表达和呈现形式与方式

笔者 1996 年大学毕业分配到东风汽车公司就接触到国有企业很多制度文件，到 1997 年开始学习 ISO9000 质量管理体系，后来又作为东风公司质量体系内审员学习、应用和贯彻 TS16949 质量管理体系。质量管理体系给笔者最大的体会是：从方针和目标到流程化的制度是核心。质量管理体系一般分四层结构，分别是：质量方针、质量目标、程序文件、作业标准。应该

说，质量管理体系的学习和应用对笔者启发很大，特别是 2003 年东风汽车公司与日产汽车公司合资成立东风汽车有限公司，笔者负责在一个子公司导入日产生产方式后，越来越觉得企业的经营也应该是方针、目标和流程管理结合更有效。

但令人感到悲哀的是，质量管理体系在很多企业实际上处于书面化和边缘化的境地。

应该说，质量方针相当于企业的使命、愿景和价值观，质量目标相当于企业的战略和经营目标，程序文件和作业标准（指导书）可以结合起来作为企业的流程（作业标准或指导书作为流程的工具或标准）。

1993 年诺贝尔经济学奖得主诺斯发现："超越个人的交换对于获取从专业化和分工产生的收益是十分必要的，正是专业化和分工产生了国民财富。"从企业内部看也同样如此，随着企业规模化的不断扩大，知识工作者的知识在交互、交换和碰撞中创造了组织知识、创造了企业的核心竞争力。

而知识通过交易（直接或间接地）创造顾客价值和资本（经济）价值的同时，伴随着知识工作者数量的扩大和分工的深化，交互的次数越来越多，交互的环节也越来越多。诺斯因而指出："随着交换日益复杂，人类变得愈加相互依赖。交易费用不断地上升。为了获取交易中的潜在收益，必须建立更加复杂的制度结构。"

但是，这会产生"悖论"，随着制度的复杂化，企业内部的交易成本不断增加。必须在获得绩效增长和制度规范之间求得平衡。

诺斯认为：制度创新指的是能够使创新者获得追加或额外利益的、对现存制度的变革。促成制度创新的因素有三种：市场规模的变化、生产技术的发展，以及由此引起的一定社会集团或个人对自己收入预期的变化。

根据诺斯的制度创新理论，流程应该是制度的最佳表现形式。对照制度创新的因素而言更是如此，因为：

（1）流程是任何企业运作的基础，企业所有的业务都需要流程来驱动，就像人体的血脉一样，流程把相关的信息数据依据一定的路径和条件从一个人（部门）输送到其他人员（部门），得到相应的结果以后再返回到相关的人（或部门）。

无论你画不画出流程图和流程表，无论哪一个企业，它的不同部门、不同客户、不同人员和不同供应商都是靠流程（输入、过程和输出）进行协同运作的，流程在流转过程可能会带着相应的数据：顾客、产品、人员、项目、任务、文档、财务数据等信息进行流转，如果流转不畅一定会导致整个企业运作不畅。

（2）流程源自目标达成的充分必要条件的要素梳理，特别是源于顾客需求的满足、价值体验的过程和企业创造资本（经济）价值的过程。通过流程，组织中的每位员工都能够非常明确地了解他的任务是什么，目标是什么，责任是什么。流程之间相互衔接、层层递进、形成闭环。特别重要的是，可以用流程图进行可视化表达，更容易理解、学习、掌握、应用和优化。

（3）流程是可以快速优化的，无论是市场结构和顾客需求的变化，还是技术的进步，还是资本方、管理团队诉求的变化，一个环节变化，其他环节也需要随之变化。而因为流程的相互关联性，一个流程环节（或哪怕是流程中一个小小环节的）一旦发生变化，其他环节就可以在价值链的关联中同步实现变化。

这对于以文件形式存在的制度而言就是一个挑战。一方面，很难从系统化和结构化的角度编制非流程化的制度文件，即使编制也很可能出现相互矛盾的现象，如果是不同部门的各自为政地编制制度文件，那么结果就可想而知了；另一方面，如果修改一个制度文件，并不知道其他文件是否需要修改，或者怎样修改，最终一定会出现制度之间的矛盾现象，最终会让执行者无所适从。

（4）流程可以有效地消除部门壁垒。因为先有价值链再有流程，再有岗位，最后再有部门，所以，在流程面前，部门的小团体利益必须让位给公司整体利益、让位给顾客价值。

（5）流程制作过程可以力求简单，如笔者团队帮助企业编制或优化流程时，每个流程争取不超过5个步骤，最佳状态是3个步骤，同时明确要点，使流程任务非常简单、清晰和明了，为落实到岗位责任打下坚实基础。

所以，编制流程的目的是：简化流程，简化制度，简化组织，解放人，更重要的是将人与人、知识工作者与知识工作者有效连接和协作起来，共同创造新知识，创造更佳顾客体验，创造更大经济价值和财富。

而且流程承上：基于目标。启下：落实责任。协同：因价值链连接，流程本身的目的就是梳理任务。这样就构成了一个有效的结构：目标、任务、责任，最终将企业的目标落实到每一个人，统一每一个人的方向，并进而促进每位知识工作者自我管理。

所以，流程化实施的结果必然是：简单的组织，简单的人，简简单单地围绕目标做事，有效地做到自我管理，共同创造价值。

二、从流程到岗位职责

正如前文所述：流程除了是制度的最佳表现形式，更重要的是，流程能够通过目标、价值链将顾客价值和资本（经济）价值，将目标和任务通过责任的形式直接落实到岗位上，甚至直接进行岗位分析和岗位重新设置，将目标、任务、责任、权力落实到具体的人的头上。

德鲁克在《21世纪的管理挑战》第5章"知识工作者的生产率"中指出："在知识工作中，关键性的问题是：'任务是什么？'"在规模不断扩大化的组织中，具体的岗位和个人如何能够知道他的任务呢？这实际上需要工具，而这个工具就是流程本身——这是流程除了作为制度的意义之外更加重要的意义——落实责任。

我们应该问知识工作者自己：你的任务是什么？你的任务应该是什么？组织希望你应该做出什么贡献？什么事情妨碍了你完成你的工作？你应该放弃哪些事情？你应该集中你的精力和时间于哪些事情？

如果没有一个结构化的方法和工具，笔者并不相信人们能够直接回答上述问题。笔者是通过图8-1说明和表达这个结构化的构建方法的。

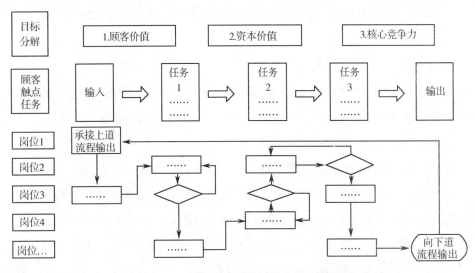

图 8-1　从目标到流程到岗位职责结构

首先，从整体组织目标出发明确团队的目标，目标可以从顾客价值、资本（经济）价值和核心竞争力三个维度构建。

其次，梳理顾客触点，明确流程任务。从顾客的价值需求，梳理顾客的价值满足和体验的接触点，结合触点梳理流程任务。

最后，从流程的最终输出和最初输入开始，一步步地展开流程。在这个过程中，可以将现有岗位排在流程这个矩阵图的左轴，也可以先梳理流程的每一步，再根据流程中的细化任务将流程图的左轴的岗位进行梳理。

上述过程最好的方式是集体作业，最有效的工具是使用便利贴，可以方便地移动和调整。

而且，上述过程本身就是一个现状把握和优化的过程：

首先，现状流程的可视化，将本流程中任务和岗位按照矩阵的形式展开，再从流程的终点和起点开始将流程可视化。

其次，通过顾客触点重新审视任务，就会发现流程中有很多需要 ECRS（删除、合并、替代、简化）的环节，这时候根据承载的顾客价值、资本（经济）价值和核心竞争力的目标进行调整和优化。

最后，大家会发现，很多岗位可能都没有存在的必要，岗位需要 ECRS（删除、合并、替代、简化）——当然，现实的情况是，如果具体岗位员工进行这样的分析，根据禀赋效应（又称损失厌恶，卡尼曼和特沃斯基的成果），很大程度上会抗拒上述过程，这需要组织寻求其流程岗位员工的参与，更要由企业组织跨职能团队共同协作进行，这在一定程度上就是组织内部的流程变革。

从流程图的视角，每个岗位向左所对应的流程步骤就是岗位职责，而岗位职责是企业价值链和流程任务的呈现——这样，企业的目标和任务就能够真正落实到每个岗位上，就能明确各个岗位的职责。这样就可以避免在"拍脑袋"的状况下编制岗位目标（OKR）和岗位职责。

三、岗位职责

德鲁克在《管理的实践》一书第 11 章"目标管理与自我控制"中指出："每位管理者必须自行发展和设定单位的目标（高层管理者仍然需要保留对目标的同意权），这是他的首要职责，而这意味着每位管理者应该负责任地参与，协助发展出更高层级的目标。"

德鲁克在《管理的实践》一书第 12 章"管理者必须管理"中指明了岗位职责的表达方式："每位管理者都有一项任务——对上级单位的需求有所贡献，以达成上级的目标。的确，这是他的首要任务，他也据此发展出自己的工作目标。"

管理者对企业的责任。"他必须分析自己单位的任务，清楚界定需要采取哪些行动，才能达到目标。他必须构建这些活动所要求的管理职务，协助下属管理者能通力合作，结合个人利益与企业整体利益。他还需要协助下属管理者充分发挥能力，以及为明日的管理任务做准备。"

对于下属管理者应负的责任。"他首先必须确定他们了解他的要求，帮助他们设定工作目标，并达成目标。因此他必须负责让下属获得必需的工具、人员和信息，提出建议和忠告，并在必要的时候，教导他们如何表现得更出色。"

笔者建议企业梳理岗位职责时从三个维度表达：一是目标的制定和达成；二是标准化和标准提升；三是团队的培养和士气（学习与成长）。如表8-1所示：

表 8-1　岗位职责表

项目	分项	备注
岗位职责	目标的制定和达成：	
	标准化和标准化提升：	
	团队的培养和士气（学习与成长）：	
内外协调事项	与客户和上道工序协同：	
	与上级协同：	
	与下级协同	

（1）目标的制定和达成是每个岗位的第一职责。每个岗位必须根据组织目标和自身发展从而制定岗位目标是实现"自我管理"的根本标准和标志。每个岗位的目标也可以从顾客价值、资本价值和核心竞争力三个维度考虑。

（2）标准化和标准化提升是不断总结、提炼和归纳自身最有创造力的知识，并结合其他岗位知识工作者共同创造新的组织知识的表达方式（本书第4章对此进行了详细的解读）。企业的核心竞争力源自个人知识和团队知识的总结、归纳、提炼和升华，标准化和标准化提升的意义就在于此，也是本书前文所述的从 PDCA 循环到 SDCA 循环，而"S（标准）"很大程度上就是被组织化的知识。

（3）如果岗位本身具有统筹协调作用，则第三个岗位职责应该是团队的培养和士气的提升，因为这是企业创造未来的基础。作为基层员工，他的岗位职责应该是学习与成长，除了专业知识的学习和成长外，更重要的是向一个能够协调、跨界，具备创新创造能力的维度学习和成长，只有这样，才能真正成为企业未来发展壮大的新一代内部创新、创业者。

（4）岗位职责同时必须明确内外协调事项，即如何与顾客（下道工序）

和上道工序协同，如何与上级协同，如何与下级协同。表 8-2 是一家设计公司的设计师岗位职责的范例。

表 8-2 某设计公司的设计师岗位职责（例）

项目	分项	备注
岗位职责	①明确设计目标和任务：根据客户对家的个性需求，结合行业标准和公司工艺、材料的通用化标准，明确目标成本，在此基础上确保设计质量、性价比和时间进度，最终明确设计交付任务	
	②计划和标准化的实现：基于目标和任务，制订和实施计划，设计过程中充分借用现有的通用化标准，从而保证质量、降低成本（质量和成本80% 都是设计出来的）、保障进度，对特殊需求进行个性化设计，待评审通过后纳入通用化标准中，为后续项目应用打下基础，同时过程中加强项目施工服务，保证设计高质、按期、低成本实现，满足客户需求	
	③学习和成长：基于关键控制点，加强学习和自身能力的成长，进行过程把控、问题发现、及时修正，并为施工工序做好交接棒工作	
内外协调事项	①在任务经理统筹下，配合做好目标客户洞察，将设计标准与客户个性需求（气质、实用使用、预算）匹配，与客户、任务经理共同确定项目的目标、任务，为实现客户价值诉求打下基础	
	②以关键控制点和工序施工节点为协调重点，在关键控制点上，与团队确定共同目标，做好设计与施工的交接棒工作；在每个工序施工节点，协助团队完成项目验收工作	
	③在项目实现过程中，对客户疑问给出专业建议或解决方案；针对问题及时调整计划和资源配置，确保项目顺利实现	

有了岗位职责并不足够，还需要将岗位的目标和岗位的选拔标准梳理出来，整理在一起就是岗位说明书，如表 8-3 所示。

表 8-3 岗位说明书

项目	分项	备注
岗位目标	顾客价值：	
	资本价值：	
	核心竞争力：	

续表

项目	分项	备注
岗位素质模型	才干：	关键词：
	技能：	
	知识：	
岗位职责	目标的制定和达成：	
	标准化和标准化提升：	
	团队的培养和士气（学习与成长）：	
与内外协调事项	与客户和上道工序协同：	
	与上级协同：	
	与下级协同	

首先，在原岗位职责表的基础上，增加了岗位目标，这个岗位目标必须是岗位员工自身根据企业目标和岗位任务和职责而制定的，当然必须接受上级指导和批准，这是岗位员工实现"目标管理和自我管理"的起点。

其次，必须明确岗位素质模型。岗位素质模型是岗位选拔的起点，选择比培养更重要，选拔必须选拔才干，明确岗位必须掌握的技能和知识。

所以，岗位素质模型明确了企业选、育的标准。这个环节可以从岗位优秀员工自身的才干、技能和知识进行提炼，可以采用访谈的形式，或聘请专业的顾问进行。当然还有一个简单的方法，就是应用盖洛普《优势识别器2.0》对岗位高绩效员工的才干进行测试，进而归纳和整理各个岗位的才干，为"选拔才干"、选拔潜力打下基础（具体可参见本书第十一章"敬业度是一种意愿吗"部分）。

技能和知识是岗位培育的结果和方向，明确了岗位必须达到的技能和知识，就可以明确现实岗位员工自学和企业对岗位员工培育的方向、具体内容与方式，更为每位员工的未来职业生涯规划打下了基础（本书第十二章"成长的力量"会详细解读如何以员工为顾客设计员工成长计划）。

四、目标管理必须基于自我管理落地

德鲁克提出"目标管理"框架时，就已经非常明确："从'大老板'到工厂领班或高级职员，每位管理者都需要有明确的目标，这些目标应指出其所管辖单位需要达成的绩效，说明他和他的单位应该做出哪些贡献，才能帮助其他单位达成他们的目标。与此同时，目标还应指出管理者期望其他单位做哪些贡献，以帮助他实现他自己的目标……而这些目标应当总是源于企业的整体目标。"

同时，他更进一步指出，"目标管理和自我控制（本书使用了'自我管理'一词）"是必须有效结合的，只有在目标管理的框架下才能做好自我管理，而且，因为做好了自我管理，目标管理才能真正有效。

在实际应用中，很难有企业真正能够将"目标管理和自我管理"落地，但又不得不制定目标，期望员工实现自我管理。甚至有的时候，目标管理和自我管理反而成了对立面。

领导特别是"一把手"期望高目标，他却感到员工期望低目标；领导期望员工负起责任和承担任务，却发现很多员工只谈权和利，躲避责任。原因是多方面的，除了领导的以身作则（管理自己、影响他人）、用人和激励、授权和分权等之外，还有一个重要原因，就是如何应用高效的方法和工具将领导的"经营之道"有效地贯彻下去。

基于德鲁克的目标管理，欧美率先发展出了质量管理体系，从质量方针、质量目标、程序文件和过程记录四个维度对企业进行有效管理。日本同时发展出了"方针管理"，期望将上级目标层层递进式地向下级分解，下级层层递进式地达成进而支撑上级目标达成。

上述两种方式对于处于相对静态的企业或者做到一定规模后、价值链模块相对静态的企业比较有效。虽然有效，但相应的方法和工具也有过于复杂的问题，导致很多企业团队学习和应用非常困难。

为了有效落实目标管理，卡普兰教授发展出了"平衡计分卡"，试图从

4个不同的维度（财务、客户、内部流程和学习成长），将战略转换成目标和战略举措。该模型被全球众多公司所采用，为各公司的发展创造了很大价值。但很多公司面临的主要挑战是该模型与日俱增的复杂度。自20世纪90年代平衡计分卡提出以来，其种类扩展了很多，本来简单易用的战略评估方法，被很多"专家"加入了极其复杂的新的组件，从而给平衡计分卡应用增加了更多的不确定性。

同时，这个时代变化越来越快，新的机会、业务、组合、结构不断出现，目标管理和自我管理如何能够快速应变也变成了一个巨大的挑战。

正如英特尔的前CEO安迪·格鲁夫谈到的：当挑战并非自发产生时，管理者需要创造一个这样的环境去孵化它。举例来说，在MBO（目标管理）系统中，目标应当被设定得非常有挑战性，这样使员工（或组织）竭尽全力，也只能有一半成功机会。当每个人都努力地去超越自己的现有水平时，结果一定非同凡响，哪怕这意味着有一半概率会失败。如果你想要你和你的下属达到巅峰绩效，这种目标设定机制就尤其重要。

在格鲁夫看来，一个成功的目标管理系统需要回答两个问题基本问题：

一是我想去哪里（Objective）?

二是我如何调整节奏以确保我正往哪里去?

正是对这两个问题的思考，英特尔公司从目标管理发展出了新的目标管理工具——OKR（Objective Key Results）。

为了做好目标管理，格鲁夫对目标管理从三个维度进行了创新：

首先，限制了目标的个数。

其次，他建议以更频繁的节奏去设定OKR，以快速响应外部变化，OKR仅仅是员工自我管理——员工绩效的一个输入，不应该是限制员工发挥，更不应该是考核员工绩效的工具。

最后，他兼顾了自上而下和自下而上两种方式。格鲁夫一直强调，员工主动参与的天性可以培育出良好的自我管理能力并提升动机水平。

如果说，岗位说明书中岗位素质模型、岗位职责和内外协调事项等要素是相对静态的（因应价值链和流程优化而优化和调整），为了创造成果、达成目标、履行职责，就必须把目标（和指标）落实到时间这个"轴"上，落实到关键的成果区，落实到能够被有效衡量的结果，那么目标的调整就是相对动态的，特别是因应时代、顾客变化的目标和指标的变化，在这样的条件下，OKR 这个相对动态调整和管理目标的工具就可以有效地应用了。

OKR 是最近几年开始流行的工具，笔者在几年前接触后进行了实践性的应用，取得了一定的效果，获得了一些经验。笔者的体会是，必须要有一个从"目标管理到自我管理"的结构，如本书这样从目标到流程到机会的结构才会使企业应用 OKR 更有效——任何方法和工具都难以在一个系统中孤立地被应用。

笔者是这样理解和应用 OKR 的：

（1）目标和指标的有效匹配："Objective"是目标，可以将其理解为驱动组织朝期望方向前进的定性追求的一种简洁描述，它主要回答的问题是："我们想做什么？"

而"Key Results"是关键成果，是一种定量描述，用于衡量指定目标的达成情况。它主要回答的则是："我们如何知道自己是否达到了既定的目标的要求呢？"

所以，也可以将"Objective"理解为目标，"Key Results"理解为关键衡量指标。

（2）OKR 因为是目标管理落实到自我管理的有效方式、方法和工具，那么领导重视是第一位的，领导必须首先制定自身的 OKR，并推进全公司自上而下进行 OKR 方法和工具的学习制定（可以学习参照本书第三章、第四章介绍的目标分解的方法），并按照约定的周期进行检讨，优化和修正。

（3）OKR 必须以员工为主，自主制定，但同时必须与上下左右进行充分探讨，接受上级的建议，最终成稿，指导自己一定周期内的行动。

（4）OKR 的推进应该有一个类似本书的"从目标开始、用流程梳理、由机会着手"的结构，必须从公司的使命、价值观、愿景和战略目标出发，明确当下和长期目标；必须以顾客价值、资本（经济）价值、公司核心竞争力（成长力）为出发点，梳理价值链、流程，明确岗位设置和岗位职责——责、权、利；必须以创造和抓住机会为动态修正和优化的起点，欢迎变化、拥抱变化、视变化为创新的机会，并根据目标达成的程度和环境的变化不断修订OKR，挑战更远大目标。

（5）OKR是不能考核的，正如目标不能被考核一样（如何评价激励见本书第十一章），OKR是目标管理和自我管理的有效工具，是明确方向、有效协同、创造机会、促进成长、挑战潜力的工具。如果一旦被纳入所谓的考核，人们因为损失厌恶，就会不敢承诺和挑战、患得患失，反而事与愿违。

（6）不断运用KR进行管理，将KR的指标值和实绩进行对比分析，特别是对同一岗位的不同员工相同的KR用中位数和平均数进行绩效评估及分析，使每位知识工作者不断进行经验、教训的总结归纳，在此基础上不断学习和提升自己。

通过不同岗位，特别是流程、价值链上下游的岗位的KR的达成情况分析，可以使组织更加有效地把握价值链和流程改善的重点和切入点，为真正促进组织流程变革，推进组织整体绩效突破打下了坚实的基础。

表8-4为笔者与前述那家高端墅装公司的设计师们探讨制定的他们的OKR。

表8-4　某高端墅装公司的设计师OKR

OKR			定义/公式	统计岗位	统计时间	汇总岗位	汇总时间	绩效沟通时间
目标	指标（成果）	指标值						
保证项目充分满足客户需求	项目成交率	70%	成交项目数/目标项目数	项目管理	签约和失单后	人力资源管理	精细放样后	精细放样完成1周内
	项目完整率	100%	预算项目数/实际施工项目数	核算岗位	精细放样后	人力资源管理		

续表

OKR			定义 / 公式	统计岗位	统计时间	汇总岗位	汇总时间	绩效沟通时间
目标	指标（成果）	指标值						
提升材料通用化程度	通用化率	100%	设计评审后供方材料确定比例	采购岗位	设计评审后	人力资源管理	精细放样后	精细放样完成1周内
保证图纸与实际尺寸相符	尺寸符合度	99%	设计尺寸 / 精细放样尺寸	核算岗位	精细放样后	人力资源管理		

该 OKR 的设置遵循了几个原则：

（1）从企业的目标开始，通过价值链和流程梳理，将任务落实到设计师岗位，设计师可以清晰地明确自身的目标、任务和基于目标任务的 OKR。

（2）只设置 3 个 O，4 个 KR，使设计师岗位能够聚焦于顾客价值、资本（经济）价值和自身价值成长。

（3）通过明确的定义和公式，通过明确地确定由其他岗位收集和统计其 KR 的达成情况，通过明确地确定 OKR 绩效沟通时间，促进岗位人员基于 OKR 不断进行检讨、调整和优化，促进其个人和组织绩效不断地优化。

五、人人组织和动态进化

惠普公司创始人戴维·帕卡德 1960 年在一次讲话中对"公司"进行了定义，时至今日，仍具价值：

"所谓公司，就是一群人聚集在一起组成的一个机构，以共同完成一些大家单独无法完成的事，这群人贡献于社会……做一些有价值的事。"

创业者创业组建公司就是为了做成"一些大家（包括他自己）单独无法完成的事"。那么如何将大家"组织"起来才能更加高效呢？或者实现"1+1>2"这个最老生常谈的效果呢？

在写于 1954 年的《管理的实践》一书中，德鲁克提出了构建"联邦分权制"和"职能分权制"的建议。

他在《管理的实践》第 17 章"建立管理结构"中指出："建立管理结构时，第一个要考虑的是：这个结构必须满足哪些条件。它主要的重点和要求是什么？必须达到什么样的绩效？"

（1）管理结构在组织上必须以绩效为目标。"企业的所有活动都是为了达到最后的目标。的确，我们可以把组织比喻为传动装置，把所有活动转化为一种驱动力——企业绩效……管理结构必须让企业有意愿也有能力来为未来打拼，而不是安于过去的成就；必须努力追求成长，而不是贪图安逸。"

（2）组织结构必须尽可能包含最少的管理层级，设计最便捷的指挥链，且必须能培育和检验未来的高层管理者。"每增加一个管理层级，组织成员就更难建立共同的方向感和增进彼此了解。……更重要的是，管理层级越多，就越难培养出未来的管理者，因为有潜力的管理人才从基层脱颖而出的时间拉长了，而且在指挥链中往上爬的过程中，往往造就的是专才，而非管理人才。"

我们都知道，西方社会最古老、最庞大也是最成功的组织——天主教会，已经充分证明组织真正需要的层级可以减少到什么地步。在教皇和最低层的教区神父之间，其实只有一个层级——主教。

（3）组织结构必须以发挥知识工作者的意愿和能力为核心，下放权力，促进责任落实、专业协作和自我管理。

德鲁克指出："组织结构必须采取以下原则之一：企业必须依照联邦分权制，尽可能整合所有的活动，将企业活动组织成自主管理的产品事业，拥有自己的市场和产品，同时也自负盈亏。不可能采用这种原则的组织，则必须采取职能分权制，设立整合的单位，为企业流程中最主要的阶段，负起最大的责任。"

德鲁克进而指出："联邦分权和职能分权制这两个原则其实是互补而非相互竞争的。几乎所有的企业都必须采用这两种原则。其中联邦分权制的原则最有效，也最具生产力。职能分权制原则适用于所有的管理组织，却是大中型企业的次要选择。"

德鲁克明确指出："工作的组织方式必须设置让个人所有的长处、进取心、责任感和能力，都能对群体的绩效和优势有所贡献。这是组织的首要原则，事实上，这也是组织开宗明义的目的。"

所以，一个组织的设计绝对不是画出一个组织机构图这么简单，也更加不是明确职能这样定义——职能明确更大的可能是以职能和专业为中心而不是以顾客为中心，会产生极大地造就"聪明的利己主义者"甚至利己主义小团队的倾向。

45年后的1999年，89岁的德鲁克对组织的论述有所变化，他在《21世纪的管理挑战》第1章"管理的新范式"中指出："先驱们提出的假设（企业具有或应该具有一个恰当的组织形式）却是错误的。生物有机体的结构千变万化，而社会有机体（即现代机构）也有各种各样的组织。与其探寻恰当的组织形式，管理学界不如学会寻找、发展和检验：适合有关任务的组织形式。"

他在《已经发生的未来》一书第3章"超越集体主义和个人主义"中指出："对于专业性的工作而言，我们越来越多地利用'任务小组'或由不同职能和专业的人组成的协同工作团队。对于持久性工作而言，我们通过分权将企业中众多的不同专长的人组织起来，为共同的目标和普遍关注的对象协调一致，做出最大贡献。"

"组织、管理者和专家三者每一个人都是一个权力中心……组织必须借由组织中的人才能获得权利……社会中的每一个组织只发挥着部分功能，只能满足人类众多需求中的一个。"

他进而指出："在问及新组织原则时，我们应该问一下人类社会的原则。新结构——在这里我们应该称作是'新组织'——的元素是人类。它的过程是人类的奉献、人类的知识和人类的努力。它的目的是人类价值的创造和满足。因此，组织的原则必须是生活于社会中的人的愿景。"

凯文·凯利在《失控》一书中提出了著名的"蜂群理论",这个理论其中一个关键观点认为蜂群是没有一个统一首脑的分布式组织,蜂后本身并不是蜂群的统筹之首,反而蜂后的众多儿女自身是一个个个体智慧。比如说蜂群要确认蜂巢安置时间和地点,蜂群会先派出五六名无名工蜂负责侦察可能安置蜂巢的树洞和墙洞,它们回来后用约定的舞蹈向蜂群报告,侦察员的舞蹈越夸张,说明它主张使用的地点越好。然后,一些头目们根据舞蹈的强烈程度,核查几个备选地点,并以加入侦察员舞蹈的方式表示同意。这就引导更多的跟风者前往占上风的候选地点侦察,回来之后再加入看法一致的侦察员的舞蹈,表达自己的选择,最后由集合起来最大的蜂群决定安居地点。如此的表决方式也可以用现代的民主投票制来形容,正是每只蜜蜂个体选择最终决定了整个蜂群发展的大方向。

蜂群的"集体智慧"表明,单个蜜蜂并不具有决定蜂群定居位置和繁殖等重大事项的统治意志,但整个蜂群多数蜜蜂集合起来,却由混沌的无智慧模式过渡到体现集体意志的智慧模式,这点在之前提到的蜂群如何选择定居位置时就有充分说明。

相对于传统的层级制度,蜂群思维是相对反传统的一种运行模式,整个蜂群并没有一个绝对意义的领袖,相反它们是由"看不见的手"来掌控蜂群的走向和重要表决,这只"看不见的手"颇有点类似市场经济,由整个蜂群的单个个体智慧和力量发挥后,再在大多数蜜蜂意愿基础上影响整个蜂群的发展。

可以说,在蜂群组织中,每一个蜜蜂的单独行动都不如在一起能够获得更大的价值和财富;在蜂群组织中,个体的无智慧通过一个有效而简单的机制促成了集体意志的智慧,促成了组织价值和财富的最大化;在蜂群组织中,角色随机变换,每一个成员都可能是"侦察兵(发现机会)",都可能是"狙击手(自己直接单干创造价值)",都可能是"牵头人(拉起一个任务小组甚至整个蜂群创造价值)"。这是一个动态的、以成果为导向的、去中心的、分布式的组织。

人类的组织为什么不能如此？如果蜂群组织是一个伟大的存在，那么人类为什么不能成为人人组织。

克莱·舍基在《人人组织（未来是湿的）》一书中提出了"小世界模式"，提出了"结合型资本（是一个相对同质群体内部联系与信任的加深）"和"桥接型资本（相对异质群体之间联系的增多）"的概念。他发现，"桥接型资本"这种异质群体之间的联系更能产生创意和创造价值，在此基础上，他提出了动态柔性组织方法。他认为：当我们改变了沟通方式，也就改变了社会。

这实际上还是来源于巴纳德的组织三要素，巴纳德指出，组织必须考虑三个关键要素：目标、意愿和沟通，而沟通是最底层的逻辑。

巴纳德认为，协作是整个社会得以正常运转的基本而又重要的前提条件。社会的各种组织，不管它是政治的、军事的、宗教的，还是企业的、学术的，都是一个协作系统。而且协作系统是一个动态的过程，它的运营环境以及组成要素都在不断地变化，因此协作系统处于不断的发展变化之中。协作系统的稳定性和持续性，决定于协作系统的有效性和高能率。

所谓"有效"，是指协作行为达到了所追求的客观目的；所谓"能率"，是指在达到目的时没有产生不希望出现的负面效应。"有效"才能维持组织的生存，而"能率"能够使人员产生协作意愿，而这又主要取决于两种相互关联又相互依存的过程：一是整个协作体系和环境的相互影响和作用过程；二是满足个人需要的成果的创造和分配过程。"人"是协作系统的主体，人性对协作系统的有效性和高效率有着重要影响。

事实上，创业者发现和创造一个事业机会并开始创业，这个阶段的组织实质上基本是由一个任务小组的形式开始的，这样最容易且能够高效地实现"目标、意愿和沟通"的组织三要素的最优化。在企业逐步规模化的过程中开始职能化分权，当然，最好的结果是向联邦化分权进化。

联邦分权制是德鲁克对曾经世界最大的集团化公司：通用汽车的组织结构的提炼总结，斯隆在《我在通用汽车的岁月》一书中对此进行了翔实的描述。

按照"联邦分权制"设计的组织结构加之有效的利益结构将发挥巨大的组织能量，这也是"目标管理和自我管理"有效实施的基础，也是处理好组织内部"关系、机会和利益"的基础。

任务小组制向联邦分权制的进化实际上是一种很好的内部裂变创业模式，是一种促进内外部知识工作者成为创业者和合伙人的结构，既做到了从人性出发，又实现了用成果验证能力。

《资本之王》书中记述了黑石集团"联邦分权制"的实施过程："他们采用了类似合资企业的全新商业模式，称为'分支机构'，这些机构可以在黑石集团旗下运营。为了吸引合适的人才，他们给予了合资企业大量股份。"

"为芬克成立了主要从事抵押和其他固定收益证券的公司，黑石财务管理集团，黑石集团合伙人和芬克的团队分别持有50%的股权。随着公司员工的增多，相应地员工配股会增加，黑石集团持有的股权逐步降低至40%左右，而芬克还持有黑石集团2.5%的股权。"

"黑石集团邀请约翰·施雷伯执掌黑石集团的房地产投资部门。施雷伯组建了自己的房地产投资团队，在该部门，管理团队与黑石集团各占50%股份。"

"这种安排体现了施瓦茨曼（黑石的掌门人，中文名：苏世民）的管理思路——吸纳顶尖人才，同时牢牢把握对黑石集团的绝对控制权。雷曼兄弟公司的内部分裂让他们懂得必须牢牢掌控大局，黑石集团是彼得森和施瓦茨曼（两位创始人）两个人的舞台……"

这样的组织结构和利益结构的有效组合，最终使黑石集团不断吸纳全球最顶级人才实现裂变进化，成为全球"资本之王"。

所以，组织进化的同时，还必须实现机制协同，关于激励机制的创新和优化我们在第十一章重点讨论。

还是那家（第一章举例）新三板上市的以食品和保健品原料出口贸易为主营业务的企业，单纯从战略目标角度或者仅仅从投资回报率角度梳理未来的发展方向和路径是不可取的，或者只是一个角度。还必须在战略目标角度的基础上，结合价值链定制和第二曲线的开创进行业务梳理和战略路径规划。

应该说，该公司自董事长创业十多年来，从来没有亏损过。历史上最好的资本（经济）价值产生于 2016 年，当年实现销售收入 8000 万元，利润800 万元，投资回报率 40% 以上。

自 2017 年开始，该公司从贸易型向制造型转型，加之当时登陆新三板，销售收入和利润连续两年小幅度下降。同时，为了更加有效地开拓欧洲和美国市场，该公司于 2018 年在欧洲和美国均开办了全资子公司。

在与该公司团队第一次梳理战略的过程中，笔者在大家探讨的基础上，结合战略目标和价值链，通过图示的可视化表达方式，运用了"经营三问"和价值链的结构对探讨的过程进行了归纳和总结，并在此基础上提出了更"远""大"的目标和具体的结构化、组织化的战略实施建议。

首先，通过价值链梳理该公司 2016 年时的"我们经营的事业是什么"。如图 8-2 所示：

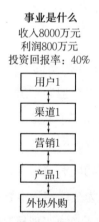

事业是什么
收入8000万元
利润800万元
投资回报率：40%

图 8-2　我们经营的事业是什么

其次，考虑到海外客户对贸易商的不信任（该公司的假设），所以，该公司决策自 2017 年起启动制造工厂建设，并于 2018 年在海外建设"据点"以赢得更多（大）客户信任，以期获取更大业绩回报。所以，该公司董事

长提出了工厂投资和海外子公司运营后能够在 5 年后实现 3 亿元销售收入、
3000 万元净利润的目标。

笔者将其思考转化为"我们经营的事业应该是什么",并通过图示的表
达方式和与会人员交流,如图 8-3 所示。

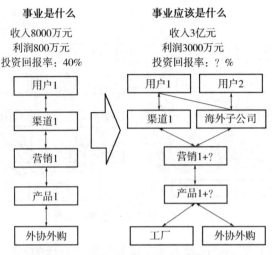

图 8-3　我们经营的事业应该是什么

画出这张图的根本目的在于探讨:我们必须明确投资于工厂和海外两个
子公司是否真的是为了满足现有客户未被满足的需求,扩大业绩,甚至开拓
新的客户群。这个假设必须用——成果——创造顾客:销量增长、利润和投
资回报来衡量。

衡量的基准可以选择历史上最好的贸易型轻资产状态下 40% 的投资回报
率,基于投资后的资产情况和利润率情况倒推必须实现的销售收入的目标。

同时,这其中还有三个重要的经营管理问题需要探讨:

一是 8000 万元的用户到 3 亿元的用户都是谁?老用户还是新增用户?
在哪?是通过海外子公司的渠道营销还是原有渠道营销?营销方式和产品品
类是否需要新增和拓展?

二是工厂的内部转移定价和市场价格的关系,如何界定工厂内部生产还
是外协外购。

三是 3000 万元的净利润是无法支持股东和员工的期望的——登陆 A 股，必须按照最低的 5000 万元的净利润目标倒推"我们经营的事业将来是什么"，这显然是最低目标。如图 8-4 所示：

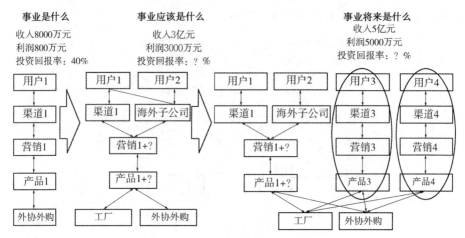

图 8-4　我们经营的事业将来是什么

但原有的用户群是否已经不能支撑新的事业目标的要求了？这需要考察市场空间和竞争对手情况，并重新进行战略定位。

但战略定位是试出来、干出来的，不是假设出来的。所以，是否需要在原有的用户群或渠道中再发掘和创造新的机会，或者通过一种结构或组织方式促进大家发掘和创造机会——该公司的另外一位创始人提出了一种可能性，他发现了他们有一类亏损的用户：纯技术型的研发企业，会在该公司的原材料基础上进行产品开发，但每种产品对该公司的采购量都不大，该类型用户按照"二八法则"的正常逻辑属于应该被公司淘汰的顾客范畴——但换个角度，是否可以将其作为一个关键的渠道，在其对本公司产品进行二次深度开发基础上，与其深度合作，开拓其下游市场……与会人员充分肯定了他的构想。

笔者在其基础上提出了从"任务小组制"到"联邦分权制"的设想，并在此基础上建议进行内外部创新创业——即基于机会，无论是内部还是外部人员发现的机会，大家评估是否可以作为一个可开创的事业，借鉴内部创业

（用人民币投票）的方式，可由公司按照控股甚至参股的模式，机会的发掘者组建团队出资占有一定股份（当然，期初可以模拟运行）——这样，基于用户、渠道、产品的新的业务就会被团队开发和开创，企业未来 5 亿元甚至 10 亿元的销售规模都不是梦想。

笔者将上述构想归纳为三点：目标、组织和机制——基于共同的远大目标，用最有效的组织形式促进沟通，通过有效的机制激发意愿和能力。

笔者建议，该公司一定要明确提出公司的使命、价值观和愿景，因为最终真正的 VIP 顾客和终生顾客都是因为价值观一致而在一起的。

虽然，战略的制定还有很多要素如环境分析、竞争对手分析、内部核心竞争力分析、资源构建和匹配、行动计划等需要考虑，但该公司通过上述的探讨起码可以有效地统一公司目标和方向，为该公司的战略制定打下坚实的基础（具体基于目标、流程和机会，基于战略目标、价值链向产业链延伸、机会分析、战略优先级分析和战略实施路径确定见第十二章"组织的力量"）。

更重要的是，组织，激发人的积极性和创造性的，动态进化的组织形态和结构，支持企业战略发展和战略目标达成的组织形式，为每个人创新创业搭建了平台和各种可能性，为企业不断进化打下了坚实基础。

第三部分　由机会着手

故善战者，求之于势，不责于人，故能择人而任势。

——孙子

这里长眠着一个人，他知道如何在其事业中，起用比自己更好的人。

——卡内基的墓志铭

第九章　发现"我是谁"

企业需要在最大的机会和成果上集中有限的资源。它们需要做少数正确的事情，并做得出类拔萃。

——彼得·德鲁克

阅读本章前，你需要首先问自己几个问题：

（1）从企业创造顾客价值和资本（经济）价值的角度出发，你认为需要从机会还是问题着手？为什么？

（2）你觉得需要从哪几个维度梳理企业自身的成果？

（3）你觉得根据企业的成果能够梳理出企业的核心竞争力吗？为什么？

（4）你认为贵公司的核心竞争力可以从哪几个维度或要素去提炼和总结？

（5）你的企业价值链各环节的生产力（资源配置）匹配吗？哪一环限制了整体绩效创造？

一、什么是机会

德鲁克指出：企业经营首要的思考是着眼于机会，并远离问题。

《辞海》对机会有两个层面的解释：一是机遇；时机。二是事物的关键。韩愈在《与鄂州柳中丞书》中写道：动皆于机会，以取胜于当世。

企业的创业、成长和发展也正是因为"机会"。

那什么是企业创造并作为事业发展的机会？

笔者通过多年实践，总结了从企业角度思考、创造并发展为事业的五个方面的机会（或来源）：

（1）从企业目前的"成果区"分析出发，发现企业的组织知识和核心竞争力，发现"我是谁"。德鲁克在《成果管理》一书第 2 章"成果区"中指出："成果区是规模较大的综合性企业中的企业、产品和产品系列（或服务）、市场（包括客户和最终用户）和分销渠道。"只有通过对企业自身目前取得的成果和成就的深入分析，才能真正明确"我是谁"？明确企业取得成果和成就背后的"组织知识"到底是什么？正如古代哲人所说：君子藏器于身，待时而动。你只有锤炼并知道自身的核心竞争力（我是谁？）时，才能将"机会"作为机会抓住，否则，即使有所谓机会，那也不是你的。同时，也为有所不为、有所为的战略选择和定位打下了基础。无论 SWOT 分析多么无效，或者只能作为整理资料所用，但笔者认为 S（优势）O（机会）组合，即优势机会策略是企业必须思考的，所以，机会的前提是优势，而明确企业优势就必须对企业目前的成果区进行分析总结。

（2）从顾客需求和价值满足感出发，发现机会，"顾客是谁"是第一位的。让我们不断重复最根本的经营四问：顾客是谁？顾客在哪里？顾客怎么买？顾客认为什么是重要的？——而在这四个关键的经营之问中，在明确了顾客是谁之后，顾客需求的发掘和发现就变得尤为重要，这是企业最核心的机会源泉。

（3）从知识工作者的意愿激发中发现和创造机会。企业知识工作者大脑中蕴藏的知识是企业核心竞争力的源泉，他们必须有强大的意愿贡献自己的知识并与其他知识工作者协作创新和创造组织知识。这既需要在目标管理和自我管理结构下统一目标和方向，更需要通过机制实现知识工作者责、权、利的统一，创造新知识，创造新机会，创造新成果。

（4）从知识工作者的能力成长中发现和创造机会。意愿和能力是不能被分开的两个相互促进的维度，能力是才干、技能和知识的综合。知识工作者的能力需要不断地在被组织激发中成长，这需要通过基于目标管理的管理、自我管理，领导和组织的力量促进知识工作者能力发展，使知识工作者真正能够基于机会创造50倍生产力。

（5）通过"干"创造机会。"想当初"的思维对创造机会而言是没有意义的，必须行动，只有行动才能创造机会，只有行动才能调适对机会的判断，只有行动才能聚集资源（知识和资金），只有行动才能在现有机会中发现和创造更大的机会。

二、基于成果审视组织优势、资源和核心竞争力

德鲁克指出："要发挥企业的优势。"

但可怕甚至可悲的是，很多企业并不知道自己的优势所在，实际上就是没有自知之明，不知道"我是谁"。

笔者见过很多企业开创者喜欢对自己和企业的阶段成功进行简单"归因"，或者直接归因（功）于自己。笔者经常告诉他们，这个世界特别是商业世界可能不一定有因果，特别是线性的、数学意义上的因果，更大的可能是稻盛和夫所谓的"拼命工作"而改变命运的概率。

本书前文也提到过，企业的进步需要从"理想化企业模式"开始大胆假设，正如德鲁克指出的："这样的企业可以在可利用的市场上运用掌握的知识，创造出最大的成果——或者企业创造出的成果在很长的时期内，至少对企业来说很可能是最有利的。"

企业的使命、愿景、价值观和战略实际上就是"理想化企业模式"的表达，这应该作为企业高管思考、创造未来和有效决策的出发点。

为了实现"未来理想化模式"，按照德鲁克的总结，应该有两个实现路径。第一个是"可以努力实现机会的最大化，即把可利用的资源集中在最有吸引力的希望上，并运用这些资源，以便获取可能得到最大的成

果。"第二个是"可以实现资源的最大化，从而发现机会，这种可能无法由企业创造出来的机会会让它们可利用的高质量的资源产生最大的可能效果。"

而机会和资源是相互匹配的，有机会无资源无法将机会创造为一项事业，反过来，有资源无机会，资源可能会变成"负债"。当然，有机会可以集成资源，有资源可以去更加有效地创造机会——资源向生产力最大化的机会集聚本身就是这个世界的基本结构，企业之所以创业和成长，也基本上是机会和资源不断互动和聚合的结果。

我们需要思考的是，为了实现上述机会的最大化和资源的最大化，首先需要从既有的成果分析开始，把握成果区——毕竟，企业现在的成果和成就一定是现有的资源围绕机会创造的结果。

通过分析现在的成果和成就，就可以发现企业自身集成内外资源的现状，发现自身集成内外知识的现状，真正发现"我是谁"。

企业最核心的资源是知识（掌握知识的人、知识工作者）和资金。正如德鲁克指出的："宗旨规定了企业的目标、目的和方向""它确定了什么成果是有意义的成果，什么衡量标准是真正适合的标准"。

"与企业宗旨密切相关的是确定反映出企业宗旨的优势。这种优势始终是知识上的优势。优势的定义必须具有广泛性，使企业具有足够的弹性、足够的发展和变化的空间，同时必须具有特殊性，使企业足以集中精力。"

如果说，今天的成果是过去机会和资源（知识上的优势）匹配（有效决策和行动）的结果，那么，我们必须对企业的成果进行分析。既有效地把握企业真正的成果区，以避免资源投入的浪费；更重要的是，发现自身的（知识上的）优势，为进一步发现和创造机会，创造未来的成果打下坚实的基础。这样就可以在"我是谁"基础上明确"为什么是我"。

笔者结合自己 20 年的管理实践，整理了一个基于企业成果分析的八步分析框架，希望能够帮助企业充分地把握自己现在的成果区，并在此基础上发现自身的知识和资源优势。如图 9-1 所示：

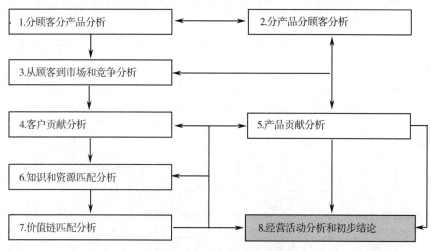

图 9-1　企业成果分析框架

　　企业成果分析框架是笔者试图通过相对"普世"的角度设计的一套系统的工具表单，它代表的是一种思维结构，很多公司并不能够也不需要全部照搬和使用，最有效的是在充分理解的基础上结合企业实际进行量身定制。

　　笔者希望这个框架可以提示企业站在系统的、整体的、交互的角度进行分析，这样我们才能真正发现成果区，真正发现公司的成果、机会、知识、资源匹配的现状。同时，在成果和绩效标准明确的基础上，做好企业定位，明确有所不为、有所为的标准，有效发挥目标管理和自我管理的作用，创造机会，创造未来的成果和绩效。

三、顾客和产品交互分析

　　本书在第二章中用图 2-6（通过 VIP 顾客、核心产品、优秀经理明确企业的核心竞争力）已经建议企业通过"二八法则"从关键维度上对企业进行简要的成果分析。

　　本章介绍的方法和工具是更加全面和系统的分析，既是希望能够从现实的创造了 80% 成果的成果区中分析当下的成果源泉和明确当下的核心竞争力，更希望能够从那些当下只创造 20% 成果的 80% 的顾客和产品中，发掘

"未来之星",发掘机会。

首先,我们可以从顾客(用户和/或渠道)的角度审视产品。如表 9-1 所示:

表 9-1 分顾客分产品分析

顾客	产品	科目	前年	去年	今年
顾客 1	产品 1	销售收入			
		毛利			
	产品 2	销售收入			
		毛利			
	综合	销售收入			
		毛利			
顾客 2	产品 1	销售收入			
		毛利			
	产品 3	销售收入			
		毛利			
	综合	销售收入			
		毛利			
顾客 3	产品 2	销售收入			
		毛利			
	产品 3	销售收入			
		毛利			
	综合	销售收入			
		毛利			

通过以顾客为前置视角的分产品分析,可以促进企业从如下角度思考:

(1)为什么这种类型(别)、特性的顾客购买这些品类的产品,顾客的需求因为这些品类的产品获得了什么样的满足感?这些顾客有哪些共性特征?使用者(消费者)、购买者和决策者分别是谁?顾客的哪些共性可以作为企业对顾客进行细分并进而确定目标市场的起点？是否可以作为进行市场定位的起点？

（2）这些产品在满足顾客需求的同时，为公司创造的经济价值情况如何？顾客价值与资本（经济）价值是否匹配？

（3）连续几年顾客对公司的销售收入和毛利贡献，以及相关品类产品的销售收入和毛利贡献有怎样的趋势变化？为什么会有这样的趋势变化？这种趋势变化带给我们什么样的洞见和创新的机会？

表9-1中的"顾客"包含了用户（消费者）和渠道两种类型，所以，有的企业可能需要对这两类顾客分别进行分析，如用户使用了什么不同的产品组合，渠道销售了什么不同的产品组织，为什么会有这样的组合？相同和不同点有什么差异？

当然，有的企业可能只能对最终（或直接）用户（消费者）进行分析，有的如线下消费品可能难以进行"大数据"的最终用户（消费者）分析（当然，网络营销的大数据分析已经解决了这个问题），可以通过渠道（如门店等）进行不同品类的分析。但有的如to B的企业，甚至可能需要进行用户、用户的用户和最终消费者等整个产业链条分析。

如果有的企业只有一类产品（这实际上在很大程度上非常好，虽然没有互补品，但在笔者看来，这叫"单一产品上大量"，如果在一定时期市场领先或市场利基的状态下，一定是一个最佳的创造阶段性经济价值的结果），那么我们可以直接放弃表9-1，直接使用后续介绍的表单进行分析。

在分顾客分产品分析的基础上，我们还需要从产品角度理解顾客（用户和/或渠道）。如表9-2所示：

表9-2　分产品分顾客分析

顾客	产品	科目	前年	去年	今年
产品1	顾客1	销售收入			
		毛利			

顾客	产品	科目	前年	去年	今年
产品 1	顾客 2	销售收入			
		毛利			
	综合	销售收入			
		毛利			
产品 2	顾客 1	销售收入			
		毛利			
	顾客 3	销售收入			
		毛利			
	综合	销售收入			
		毛利			
产品 3	顾客 2	销售收入			
		毛利			
	顾客 3	销售收入			
		毛利			
	综合	销售收入			
		毛利			

通过以产品为前置视角的分顾客分析，可以促进企业从如下角度思考：

（1）为什么这种品类的产品被这种类型的顾客购买？这些品类的产品或服务承载了这种类型顾客怎样的价值需求并因此帮助这些顾客获得了怎样的满足感？

（2）不同品类的顾客获得的满足感有什么样的非共性特征和共性特征？这种非共性和共性的满足感为公司未来的创新、研发提供了怎样的洞见？

（3）每种品类的顾客有什么样的共性特征和非共性特征？这些特征为公司的 STP 营销战略分析产生了怎样的洞见？这些特征对公司的新产品开发提供了怎样的参照和洞见？

（4）连续几年相关品类产品对公司的销售收入和毛利贡献，相关类型的顾客有什么样的趋势变化？为什么会有这样的趋势变化？这种趋势变化带给我们什么洞见和创新的机会？

表 9-1 和表 9-2 两张表要一起交叉分析，通过交叉分析，我们会得出很多有意思和有意义的结论。

可能会有两个极端情况：一个极端情况是，有的企业要么顾客和产品极其"聚焦"，如只有一个品类产品，一个核心顾客；另一个极端情况是，企业没有 VIP 顾客，也没有核心产品。

这两种情况都是需要打破的，如果顾客和产品过于"聚焦"，则可能会导致企业的运营风险，需要从以下角度思考和突破：

（1）从现有过于"VIP 顾客"的需求和价值满足感中提炼关键要素及特性，进行市场和战略定位，明确目标顾客，并基于此进行目标顾客发展，拓展市场空间。

（2）从现有的过于"核心产品"的分产品分顾客的分析中，分析顾客需求和价值满足感的关键要素和特性，首先考虑按照"二八法则"发展出 VIP 顾客，其次考虑基于 VIP 顾客更大范围的应用场景需求再进行新的（互补性）产品和服务品类的拓展。

（3）如果只有一类（甚至 1 个）顾客、一个产品创业期的企业同样遵循这样的思维。但一个关键的优先级是：先从一个产品向多个同类顾客延展，再反过来通过发掘顾客更大范围（未被满足）和视角（隐含）的需求进行产品和服务品类的创新和拓展。

如果没有 VIP 顾客或没有核心产品，很大程度上说明企业没有战略，没有定位，没有管理，更加不知道"我是谁"，也同样需要突破：

（1）"矮子里拔将军"，选择 30~50 个现有顾客或目标顾客（一定要到具体人，如果是 to B 的模式，则包括其组织内部决策链的使用者、影响者和决策者）进行需求调查（见第十章），真正发现顾客需求，并基于顾客需求调整企业的产品和服务的核心价值要素，进行价值链定制，促进 VIP 顾客占比不断提升。

（2）在 VIP 顾客占比提升的基础上，再对其进行未被满足的需求和隐含的需求的洞察，进行产品和服务品类拓展。顾客拓展和产品品类拓展实现良性互促互进。

四、从顾客到市场和竞争分析

必须回到顾客视角进行市场和竞争分析，才能在竞争对手（或同业）参照的基础上明确核心竞争力。毕竟，只有比较才能明确所谓的竞争优势、差异化和独特性。

彼得·德鲁克在《成果管理》一书中指出："虽然每一个成功的企业总是至少在一个方面拥有这样的知识，但是任何两个企业所掌握的独特的知识都不是相同的。"所以，抄袭和复制别人意义不大，也是因为不知道"我是谁"。

在表 9-1 和表 9-2 分析的基础上，就可以进行市场和竞争分析了，如表 9-3 所示。

表 9-3　从顾客到市场和竞争分析

顾客	同业	科目	前年	去年	今年
顾客 1	我公司	消费（采购）额			
		数量			
	同业 1	消费（采购）额			
		数量			
	同业 2	消费（采购）额			
		数量			
	合计	消费（采购）额			
		数量			

续表

顾客	同业	科目	前年	去年	今年
顾客 2	我公司	消费（采购）额			
		数量			
	同业 1	消费（采购）额			
		数量			
	同业 2	消费（采购）额			
		数量			
	合计	消费（采购）额			
		数量			
顾客 3	我公司	消费（采购）额			
		数量			
	同业 1	消费（采购）额			
		数量			
	同业 2	消费（采购）额			
		数量			
	合计	消费（采购）额			
		数量			

通过从顾客实际购买（采购、使用或消费）的市场份额和竞品市场份额分析，同时匹配第八章"同步考虑同业（竞争对手）进行价值再造"一节顾客价值矩阵的价格和价值要素分析，促进企业从如下角度思考：

（1）顾客总的需求金额和数量有怎样的变化趋势？这些趋势对公司有什么启示？

（2）基于顾客实际购买的不同企业产品的金额和数量的变化，体现了顾客对本企业和竞争对手怎样的价值认知和在其心目中的定位？本企业在满足该顾客需求时扮演了什么样的身份，在该顾客的市场份额与顾客的需求变化中，是否跟上了顾客的需求变化？

（3）哪一个同业（竞争对手）在这几年的变化中比较引人注目？为什

么？他们做到了什么获得了顾客的认知、值得我们关注并对我们有所启发？或者因为做错了什么，而逐步被顾客和市场抛弃？

（4）从上述的分析中我们就市场定位和产品价值匹配顾客需求环节得到了怎样的洞见？这对我们持续"创造顾客"有什么重要的启示？对我们营销、创新和内部的生产力提升提出了什么重要的期待和要求？

本表有两个基本目的：

一是"有所不为、有所为"，进行市场定位——STP，顾客购买行为特别是花费在不同产品和服务的金额比例，体现了顾客的认知价值与经济价值的统一，需要我们从经济价值反推顾客的认知价值，基于此将顾客按照特性进行分类，并基于此确定现有的目标顾客：哪些顾客是我们的目标顾客，过去关注不足，需要全力发展；哪些不是，降低无效的关注，集中精力于真正有效的目标顾客。基于目标顾客进行市场定位甚至重新定位——我是谁？

二是发现市场潜力和市场空间，在顾客价值需求和企业市场定位（明确和凸显企业核心竞争力）的基础上，全力推进现有产品和服务在目标顾客的拓展，并基于此目标顾客未被满足的和隐含的需求研发全新产品和服务。

五、顾客贡献和产品贡献分析

在顾客价值的视角之后，必须用经济价值衡量成果，特别是除了数量、销售收入（回款）之外，还必须用利润或投资回报率来衡量顾客贡献和产品贡献。

德鲁克在《成果管理》第14章"企业以经济绩效为本"中指出："企业必须要做的一件事是每隔3年左右系统化地评估企业的所有产品（或服务）、所有活动和所有重要的组成部分。这种评估方法首先比较期望值与绩效。它然后问：'若我们今天没有这个产品（活动或部门），我们会开始做这方面的工作吗？'如果答案是'否'，那么我们应问：'我们应该继续吗？为什么？’”

可以从每个顾客贡献的销售收入开始，运用管理会计的思维和方法，演进到税前利润和贡献系数分析。如表 9-4 所示：

表 9-4　基于贡献（应用管理会计）顾客贡献分析

单位：百万元

顾客类别	销售收入 A	占比	材料成本 B	占比	纯销售收入 C=A−B	占比	固定费用 D	占比	可支配收入 E=C−D	占比	制造成本 F	占比	税前利润 G=E−F	占比	贡献系数 H=G/E
总计															
顾客 1															
顾客 2															
顾客 3															
顾客 4															
顾客 5															
顾客 6															

如果企业是制造（或流通）类企业可以减去其材料成本，作为纯销售收入，在此基础上根据纯销售收入占比进行固定费用的占比分摊，从而在此基础上得出可支配收入，再在此基础上减去制造成本，核算每个顾客为企业创造的税前利润，并核算和明确顾客的贡献系数。

如果是一般的服务型、知识型没有材料成本或制造成本的企业，可以统一用变动成本进行考虑，即将表 9-4 中的材料成本和制造成本合并转化为变动成本，材料成本一栏直接删除，将变动成本在制造成本一栏中分析。

在顾客贡献分析的基础上，可以运用同样的思维进行产品贡献分析，分析的结构与顾客贡献分析一致。如表 9-5 所示：

表 9-5　基于贡献（应用管理会计的产品贡献）顾客贡献分析

单位：百万元

产品类别	销售收入 A	占比	材料成本 B	占比	纯销售收入 C=A-B	占比	固定费用 D	占比	可支配收入 E=C-D	占比	制造成本 F	占比	税前利润 G=E-F	占比	贡献系数 H=G/E
总计															
产品 1															
产品 2															
产品 3															
产品 4															
产品 5															
产品 6															

　　顾客贡献分析和产品贡献分析在原有"二八法则"的基础上进行了深化，特别增加了基于利润的角度和贡献系数的角度。在上述分析的基础上，很多只从销售收入角度的"二八法则"分析的顾客和产品可能会在企业的价值判断的重要度上有所位移，企业可以重新审视自己的目标顾客定位和核心产品定位。

　　德鲁克在《21 世纪的管理挑战》第 2 章"战略——新的必然趋势"中对"成长型"行业、"成熟型"行业和"走下坡路的"行业进行了界定："某个行业，如果对其产品（包括商品和服务）的需求比国民收入和 / 或人口的增速快，它就是成长型行业。"而"如果对其产品或服务的需求与国民收入和 / 或人口的增速一样快，它就是成熟的行业"。"如果对其产品或服务的需求比国民收入和 / 或人口的增速慢，即使它的现时绝对销售额仍旧继续增加，它都是'走下坡路'的行业"。

　　"在成长型行业，对其产品或服务的需求在发展速度上肯定比经济或人口的增速快，因此未来属于成长型行业。它需要成为创新的榜样，需要主动承担风险。

成熟型行业需要成为引领行业发展潮流的风向标。通过管理，它需要具有灵活性和随机应变的能力。成熟型行业需要经常变换满足需求的方式。因此，成熟型行业需要经企业联盟、合作关系和合资行业等方式迅速适应这种变化。

走下坡路的行业，企业首先需要想方设法逐步地、系统化地、有目的地降低成本和稳步提高质量和服务，即巩固企业在行业内的地位，而不是一味地追求数量上的提升。"

实际上，通过表9-1、表9-3、表9-4的组合分析，从我们直接进行价值贡献的顾客分类集合中，可以明确地分析出所谓的行业变化，毕竟，行业就是同业的集合。所以，企业可以从自身所服务的顾客的微观分析中，洞察较宏观的行业趋势。

德鲁克在《成果管理》第4章"我们怎么做"中对企业产品进行了两个大类、共11个小类的分类。他认为，前5个小类是比较容易确定的产品，包括：今天生计的来源，明天生计的来源，能创造价值的特色产品，开发中的产品，失败的产品。

第二大类主要是有问题的产品，包含6个小类：昨天的生计来源，需要采取补救措施的产品，多余的特色产品，没有存在理由的特色产品，管理层自以为是地实施的投资，灰姑娘（或蓄势待发者）。

笔者认为，德鲁克的分类没有问题，但过于复杂。按照本书的方法，从表9-2、表9-3和表9-5我们可以从顾客需求价值和价值满足感角度对产品进行分类，从现实带来收入、现金流和利润的产品，创造未来收入、现金流和利润的产品两个维度进行分类。

但上述两个维度中每个维度又是两个维度，因为有的顾客愿意"埋单"的产品可能为企业带来了收入或现金流，体现了顾客的认知价值和满足感，但可能却没有为企业带来利润贡献，这还需要进行深入分析和把握。如图9-2所示：

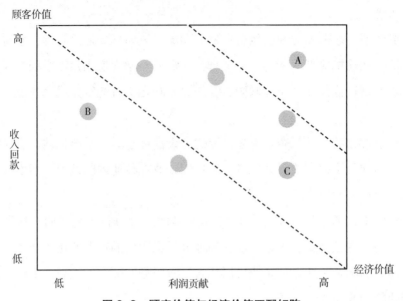

图 9-2　顾客价值与经济价值匹配矩阵

这个矩阵可以为企业从顾客价值和经济价值两个角度协同思考提供帮助。如针对图 9-2 中的 ABC 三个产品，我们集中资源的优先级如何考虑呢？供睿智的读者们思考。

因为"产品"是顾客、渠道和企业的桥梁和纽带，产品是创造顾客价值和经济价值的载体。所以，产品分析必须与顾客、市场和渠道分析一起进行，特别是分析它们之间的相互关系。根据笔者多年服务企业的经验，大部分企业绩效止步不前的一个关键原因是：产品与用户（消费者）或渠道（合称顾客）不匹配。

所以，用户（消费者）、市场、渠道比产品重要，通过对它们的分析发现新的洞察和挖掘到新的机会的内容我们将在下章讨论。但为了做好综合分析，产品分析应该是起点，因为只有从这个创造经济价值的载体和媒介出发，企业才能循序渐进地真正明确自身的核心竞争力，更重要的是促进全员对此充分达成共识，并基于此对目标和方向达成一致。

六、知识和资源匹配分析

经济价值是企业将知识和资源投注于机会的结果，基于现实的成果，企业可以反推一下自己的知识和资源投入的现状是否与企业的机会和成果匹配。如表 9-6、表 9-7 所示：

表 9-6　分顾客的人员（知识）和资金投入分析

单位：百万元

顾客	可支配收入	税前利润	贡献系数	主要人员提供的支持的数量和质量			资金分配比例（相当于公司的资金总额）					
				管理人员	技术人员	销售和服务	流动资金			营销费用（促销、广告）		
							额度	比例	说明	额度	比例	说明
总计												
顾客 1												
顾客 2												
顾客 3												
顾客 4												
顾客 5												
顾客 6												

表 9-7　分产品的人员（知识）和资金投入分析

单位：百万元

产品	可支配收入	税前利润	贡献系数	主要人员提供的支持的数量和质量			资金分配比例（相当于公司的资金总额）					
				管理人员	技术人员	销售和服务	流动资金			营销费用（促销、广告）		
							额度	比例	说明	额度	比例	说明
总计												
产品 1												
产品 2												

续表

产品	可支配收入	税前利润	贡献系数	主要人员提供的支持的数量和质量			资金分配比例（相当于公司的资金总额）					
				管理人员	技术人员	销售和服务	流动资金			营销费用（促销、广告）		
							额度	比例	说明	额度	比例	说明
产品 3												
产品 4												
产品 5												
产品 6												

德鲁克在《成果管理》第 14 章"企业以经济绩效为本"中指出："如果我们希望组织内部的人员具有'创造力'，管理企业的方式必须有利于我们把工作和事业与发现新生事物和有前途的事物的努力结合在一起，而不是死抱着过时的和没有用的东西不放，要与成果联系起来，而不是与例行公事为伍。"

有一些关键要素我们需要清晰：

（1）企业最重要的两种关键性资源是知识资源（训练有素的人）和资金。这要求企业不断自问：我们认识到这些关键性的资源的价值了吗？这些有限和昂贵的资源有什么用途呢？企业在哪些成果区配置这些资源？这些资源被用于抓住机会，还是解决问题？被用于抓住重要和最有希望的机会有哪些？

（2）这些资源产生的影响和回报是最大的吗？通过现有顾客和产品的收入、利润和贡献系数分析，我们对成果、机会和资源投入的匹配度得到了什么启示？这些启示对我们投入资源于未来的成果和机会有什么重要的指导意义？

（3）对于知识工作者而言，数量几乎是毫无意义的。他们的质量重要得多，正如乔布斯所宣称的，要找到那些 1 个抵 50 个的人。在这一点上，我们有什么启发？对于未来招募、发掘和培育知识工作者的意愿和能力，我们有什么洞见？

（4）既然知识是人类所特有的资源，特别是在特殊的工作和行动中运用信息、创造机会、收获成果和价值的能力。同时，因为这种能力只来源于人、他的大脑或他的技能，那么，我们从投入不同成果区的"人"的角度，分析什么样的人因为掌握和拥有的什么样的知识才获得了这样的成果和价值？

让我们谨记德鲁克对我们的提示：

1）每个产品的现有知识都可以从这三个角度分析："是否拥有在市场上具有领先优势所需的知识？是恰当的知识吗？是否把精力集中在创造成果的地方？"

2）针对竞争者进行知识分析，要分析"是谁？是否拥有在市场上具有领先优势所需的知识？是恰当的知识吗？他们是否把精力集中在创造成果的地方？"

3）分析需要创造的新知识，需要分析的是："为了保持独特的竞争力，我们如何改进？我们缺少什么？我们如何着手弥补？"

（5）知识和资金资源的问题远比将它们分配到成果区复杂得多。但是，我们首先必须了解清楚资源实际上用在了哪里，哪个产品、市场或渠道，以及它们与企业的成果有什么关系。只有在此基础上，我们才能知道"我们从哪里来？我们是谁？我们要去哪里？"

七、价值链匹配分析

价值链是否匹配是企业经济价值最大化的最重要因素，这一点遵循"木桶理论"。正如波特教授指出的："公司的竞争优势来自其各项活动之间的配称和互相强化。"当然，有的长板可以上升为企业的价值链，有的短板可以外包给其他在此领域的长板企业。

笔者为企业服务前都会让企业做一个功课，就是填写一下《瓶颈诊断——全价值链分析表》（此表格因为过于复杂就不在本书中作为工具列示了，读者如果需要，可以关注"一亿先生教练"公众号下载）。

这个表既简单又复杂，简单是因为企业将每个价值链模块的三年来的目标和实绩进行数据化的填写，并结合该表提示的几个定性的问题进行回答；复杂是因为很多企业对相关价值链环节没有定量的目标和实绩的统计，甚至没有按照该表格提示的定性的问题进行过相应的思考。所以，很大程度上，很多企业还不能填好这套表格，但这套表格本身可以为企业提供全价值链视角的思考。

实际上，这套表格是企业战略的定量目标和实绩到定性分析，到连续三年的各价值链环节的年度目标和实绩到定性分析的系统化和结构化，可以有效帮助企业系统地从全价值链匹配（或波特教授所提出的"配称"）的角度进行现状把握。具体结构如图9-3所示这是一个基于制造业的全价值链分析表的结构。

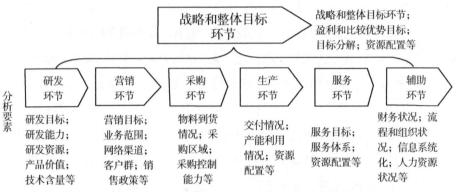

图 9-3　企业全价值链表的梳理结构

通过本表格填写后的图表整理，可以让我们了解企业各环节目标与实绩的达成程度，实际绩效的变化趋势，特别是不同价值链环节匹配的程度，对企业的过去成果创造的能力和创造未来成果的潜力进行初步把握。

笔者用一个高科技的新三板上市公司的两个业务环节的2018年的价值链数据分析为读者展示一下价值链匹配分析的情况。如图9-4、图9-5所示：

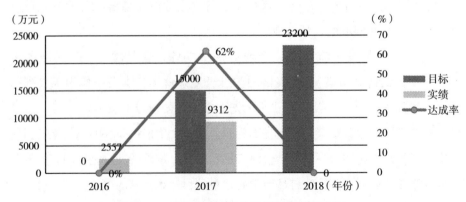

图 9-4　某公司营销环节的销售额数据分析

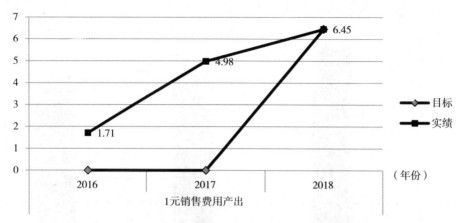

图 9-5 某公司营销环节 1 元销售费用产出的数据分析

通过图 9-4、图 9-5 我们可以分析,这家虽然已经登陆新三板的公司实际上在 2016 年并没有进行目标管理。到了 2017 年虽然某些环节上已经有了目标管理,如销售额已经设置了目标,但投入产出的生产力目标(或反过来对费用的管控目标)并没有明确,1 元销售费用这个指标只是因为笔者提供的表中有这样的分析建议,所以才有这样一个将实际数据导入并计算的结果。但还好,这家公司的生产力在提升。

再看图 9-6、图 9-7:

图 9-6 某公司制造环节的三大数据分析

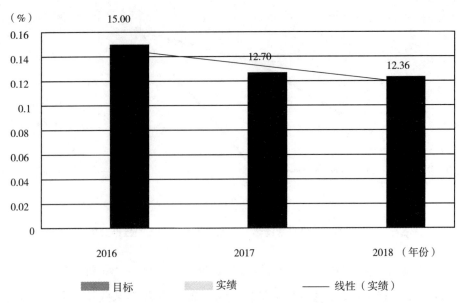

图 9-7　某公司制造环节的制造成本率数据分析

通过上述制造环节的四个数据图可以分析，这家公司的订单准交率很低，且目标也定得非常之低。不知道为什么有这样的出发点——是不自信还是觉得自己和顾客都能接受？产品合格率居然在 2016 年没有目标也没有数据统计。

产能利用率也非常低，应该是过度投资或者超前投资的结果，或者营销收入没有跟上投资的步伐，资源与产出的匹配（生产力）需要极大地加强。非常重要的制造成本占比居然没有目标，只是该公司按照笔者提供的公式进行了核算，虽然结果显示制造成本率趋势向好，但这不得不让笔者怀疑是因为销售额（量）扩大（见图 9-4）的基础上产能利用率上升的结果，不见得是"管理"更加有效地显现。

针对全价值链分析（本书只列出了两个价值链环节），笔者团队建议该企业着力解决营销与产能不匹配的问题——如果产销平衡，该公司的投资回报率将会从现在的 8% 左右提升到 30% 以上。如图 9-8 所示（非真实数据，只是为了让读者把握趋势）：

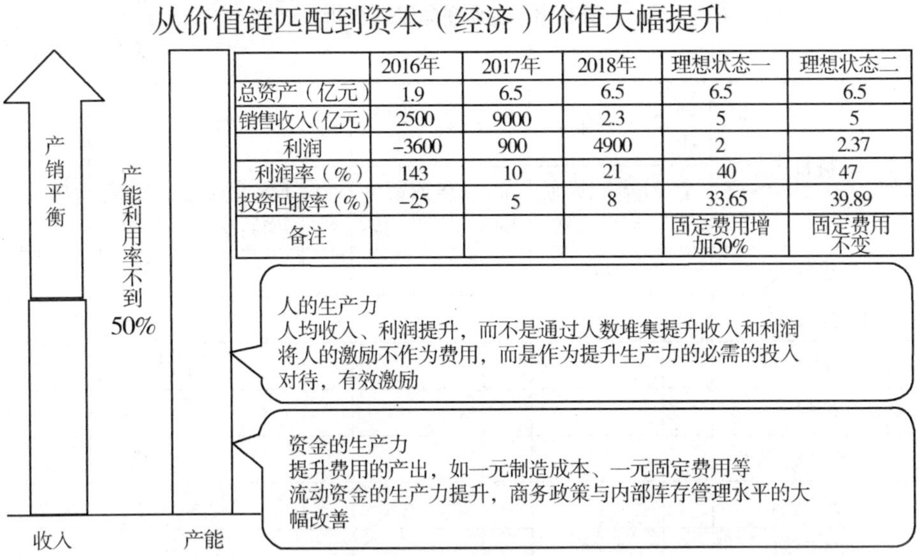
从价值链匹配到资本（经济）价值大幅提升
产销平衡
产能利用率不到50%
收入
产能
人的生产力
人均收入、利润提升，而不是通过人数堆集提升收入和利润
将人的激励不作为费用，而是作为提升生产力的必需的投入对待，有效激励
资金的生产力
提升费用的产出，如一元制造成本、一元固定费用等
流动资金的生产力提升，商务政策与内部库存管理水平的大幅改善

	2016年	2017年	2018年	理想状态一	理想状态二
总资产（亿元）	1.9	6.5	6.5	6.5	6.5
销售收入（亿元）	2500	9000	2.3	5	5
利润	−3600	900	4900	2	2.37
利润率（%）	143	10	21	40	47
投资回报率（%）	−25	5	8	33.65	39.89
备注				固定费用增加50%	固定费用不变

图 9-8　对某公司绩效突破的建议（非真实数据）

所以，全价值链分析可以实现这样一个结果：数据会说话，使企业的目标、价值链、机会（问题），特别是价值链的匹配程度被充分地发掘出来，并能够充分明确绩效突破的瓶颈所在，以及绩效突破的第一步。

八、经营分析和初步结论

在上述七个维度的分析之后，就可以站在公司整体经营的角度和维度，“把‘成本’定义为顾客付出的代价而进行分析（德鲁克语）”：

（1）按照交付顾客需求的价值链的次序进行成本分析，并按照相对数值：花费 / 销售收入、销售收入 / 资金占用的角度分析。

（2）按照三个会计年度的分析进行趋势把握，通过趋势把握变化、机会和问题。

（3）分析成本点，成本点就是为数不多的几个产生大部分成本的活动，可以分析公司是否在不必要的“事务”中投入了不应该投入的资源，但却在某些环节投入不足。如表 9-8 所示：

表 9-8 企业整体经营分析

单位：百万元

科目	前年	去年		当年	关键成本点分析	分析诊断		关键成本点分析	分析诊断
	金额	E/S 或资金周转次数		金额	E/S 或资金周转次数	金额	E/S 或资金周转次数		
销售收入		90%							
原材料成本									
主材									
辅材									
原材料采购成本									
制造成本									
动能燃料									
维修和备件									
质量成本									
制造员工工资									
物流（仓储）成本									
原材料物流									
半成品仓储									
产成品储运									
营销费用									
促销									
广告									
研发费用									
适应性产品开发									
全新产品开发									
财务费用									
管理费用									
管理人员									
办公费用									

续表

科目	前年	去年	当年	关键成本点分析	分析诊断		关键成本点分析	分析诊断
	金额	E/S 或资金周转次数	金额	E/S 或资金周转次数	金额	E/S 或资金周转次数		
利润								
库存资金								
原材料库存								
在产品库存								
产成品库存								
应收账款								
≥ 6 个月应收								
≥ 12 个月应收								
总资产回报率								
负债率								
投资回报率								

企业整体经营分析表实质上是在前述 7 张表基础上的一个企业资本（经济）价值的综合呈现：

（1）它按照销售收入实现的满足顾客价值的价值链必须付出的成本角度出发，从原材料、制造、物流等变动成本，三大管理成本，到资金占用，到最终的资产回报，一步步地为我们呈现企业因为交付顾客价值而付出成本，进而创造资本（经济）价值的过程；

（2）它按照三年的趋势特别是绝对值和相对值两个维度进行呈现，可以有效地使经营管理者通过趋势发现成功、发现优势、发现问题、发现改善的机会。

在这套综合的 8 张图表（再次需要强调的是，很多企业可能不需要机械地套用全套表格）的自我分析后，企业家应该能够了解自己"企业经营的事业是什么？企业经营的事业应该是什么？"

更重要的是，企业应该更加明确企业的基于成果区（用户、产品和渠道）创造顾客价值和资本（经济）价值的关键因素，特别是为发现机会，明确"企业经营的事业将来是什么？"打下坚实的基础。

笔者希望通过这样的分析让企业了解到"我是谁"，让所有者、经营者和管理者达成一种创造未来机会的共识，进而：

掌握足够的知识："这是我们的企业"；

拥有足够的洞察力："我们的企业就应该是这样的"；

明确足够的方向感："我们就这样改变我们的现状，并找到真正属于我们的突破口"。

让我们一起回顾一下德鲁克对企业提出的9个关于成果的语重心长的忠告：

（1）成果与资源都不在企业内部，这两者都存在于企业外部，企业内部并没有利润中心，只有成本中心；

（2）开发机会才能获得成果，解决问题则不然；

（3）为了产出成果，资源必须分配在开发机会而非问题上；

（4）只有保持领先，企业才能创造出经济成果，而仅有能力是不行的；

（5）任何领导地位都是无常的，且可能只是昙花一现；

（6）既有的事物都会落伍；

（7）既有事物可能配置不当；

（8）获致实际经济成果的关键是"专注"；

（9）企业要获致经济成效，就必须把人力资源专注在重大机会上。

特别是最后那句话，读者一定要谨记。

第十章 发现"顾客是谁"

不是为顾客着想，而是站在顾客的立场上思考。

——铃木敏文（7-Eleven 便利店创始人）

阅读本章前，你需要首先问自己几个问题：

（1）你真的了解你的用户（消费者）和枢纽节点吗？

（2）如果从明确的需求、未被满足的需求、隐含的需求三个递进的维度分析，贵公司在满足顾客需求方面处于什么层面？

（3）贵公司目前通常使用的发现顾客需求的方式方法有哪些？成效如何？

（4）贵公司是如何将需求发现与营销和创新有机衔接的？

（5）你是如何看待营销和创新的关系和关联的？

一、因为创造需求而创造顾客

2007 年 iPhone 上市后，Universa lMc Cann 做了一个大规模的消费者调查，并根据数据预测，iPhone 无法在欧美等发达国家市场取得成功，而只可能会在欠发达地区获得一些销量。

比如其中的一个调研问题是"你是否愿意用一台整合的便携性设备来同时满足打电话、上网、打游戏的需求？"发现只有三成的美国人表示愿意。

著名的彭博社也做了类似的市场调查，他们更是大胆预测：iPhone 影响力将微乎其微，将只对小部分消费者具有吸引力，诺基亚和摩托罗拉完全不必担心。

当时的微软高级营销总裁甚至大放厥词：苹果iPhone在2008年销量不会达到10万部。

但最后的结果，我们都知道了。

德鲁克在《管理的实践》一书第5章"企业是什么"中指出："市场不是由上帝、大自然或经济力量创造的，而是由企业家创造的。企业家必须设法满足顾客的需求，而在他们满足顾客的需求之前，顾客也许感觉到那种需求。就像饥荒时渴求食物一样，不能满足的需求可能主宰了顾客的生活，在他清醒的每一刻，这种需求都盘旋在他的脑海中。"

他进而指出："但是，在企业家采取行动满足这些需求之后，顾客才真的存在，市场也才真正诞生，否则之前都只是理论上的需求。顾客可能根本没有察觉到这样的需求，也可能在企业家采取行动——创造需求之前，需求根本不存在，每一次都是企业的行动创造了顾客。"

市场营销大师菲利普·科特勒进一步发展了这个洞见："优秀的公司满足需求，而伟大的企业却创造市场。"

英特尔公司前CEO安迪·格鲁夫一针见血地指出："客户不一定知道他们的真正需求，我们得影响他们、教育他们、创造需求！"

杰拉德·博斯特尔和他的同事们在发表于《哈佛商业评论》的一篇名为《为你的产品找到合适的角色》(*Finding the Right Job for Your Product*)的文章中描述了麦当劳想提高它的奶昔销量的故事。

麦当劳雇用了一些研究人员以试图搞清楚，顾客最关注奶昔的哪种特质。奶昔要做得更稠、更甜，还是更凉？几乎所有研究人员关注的都是产品。

然而这些研究员中间有一个叫作杰拉德·博斯特尔（Gerald Berstell）的人选择了忽略奶昔本身，对顾客进行研究。他每天坐在麦当劳里长达18小时，观察都有哪些人、在什么时候买奶昔。他得到了一个令人惊讶的发现：很多奶昔都是在早上被销售出去的——奇怪，显然在早上8点时喝奶昔并不适合火腿鸡蛋这样的早餐样式。博斯特尔还从早上购买奶昔的人群的行为中得出了三条其他线索:买家通常独自一人;除了奶昔,他们几乎不买任何其他食物;他们从不在店里喝奶昔。

博斯特尔开始访谈那些早晨买了奶昔马上离开的人,并询问原因。显然这些早餐喝奶昔的人们都是通勤者,他们打算在开车上班途中喝。这些行为实际上显而易见,但其他研究人员却忽略了,因为它们不符合有关奶昔和早餐的正常思维。

他们在文章中指出,理解到底发生了什么事的关键是停止孤立地观察产品,并放弃对早餐的传统理解,取而代之的是,博斯特尔关注了一个非常简单的问题:"顾客早上 8 点钟购买奶昔的目的是什么?"

这些通勤者面对一个漫长无聊的路程,需要一些开车时可以提神的东西。他们现在还不饿,但知道自己 10 点会饿;他们想现在吃点什么,这样就可以一直挨到中午。而且,他们有很多限制:穿着职业装,要匆忙赶路,并且只有一只手。如果你想在开车的时候进食,那必须是一些可以用一只手拿着吃的东西。它不能太烫,不能溅得到处都是,也不能太油腻。同时它必须可口,并且最好能够需要花费一些(无聊的)时间来吃完它。

没有一种传统早餐符合这些诉求,因此那些顾客会购买奶昔来取而代之,不再顾及那些刻板的早餐传统。比如说,通过吸管吮吸奶昔,通常可以喝上 20 分钟。这就解决了上班途中的无聊问题。

一旦明白了顾客真正想要的东西,那么,提高奶昔销量的办法就是直奔顾客的真正需求:比如把奶昔变得更黏稠,这样顾客吮吸的时间会更长。当然,还可以在奶昔里加小块的水果,或者是在麦当劳里开设快速购买奶昔的通道。

克莱·舍基(Clay Shirky)把除了博斯特尔外所有研究人员所犯的错误称为"奶昔错误"(Milkshake Mistake)。这样的错误主要包括两点:

第一点是过于关注产品本身,认为对于产品来讲,每个要点都存在于产品的属性中，没有顾及顾客想让它扮演怎样的角色，即他们购买奶昔的目的。

第二点是对人们早晨常吃食物种类的观念过于狭隘，仿佛所有习惯都是根深蒂固的传统，而不是累积起来的偶然事件一样。

奶昔为什么不能当早餐？当顾客需要食物来起一些非传统的作用——在他们早晨上班的旅途中作为填饱肚子的东西和娱乐——那么不管是奶昔本身还是早餐传统就都不重要了，顾客不是为了这些原因而购买奶昔。

正如德鲁克所指出的："是顾客决定了企业是什么。因为只有顾客愿意付钱购买商品或服务时，才能把经济资源转变为财富，把物品转变为商品。企业认为自己的产品是什么，并不是最重要的事情，对于企业的前途和成功尤其不是那么重要。顾客认为他购买的是什么，他心目中的'价值'何在，却有决定性影响，将决定这家企业是什么，它的产品是什么，以及它会不会成功兴旺。"

二、观察、问询、倾听

德鲁克指出："成功的创新者左右大脑并用：他们既观察数字，又观察人的行为。他们先分析出要满足某个机遇所必需的创新，然后，他们走进人群，观察顾客和用户，了解他们的期望、价值观和需求。"

所以，我们需要了解顾客的期望、价值观和需求，进行有效的"需求发现"。本书用一个医疗设备企业的市场调查作为一个案例，逐步展开市场调查的过程：

1. 明确业务定位和任务——我是谁？

只有明确"我是谁"，才能知道"为了谁"。

编制需求任务说明书，以任务为主线，明确自身目的，并对相关要素进行初步假设。如表 10-1 所示：

表 10-1 需求调查任务说明书例（内容有删减）

任务说明：	
产品（服务）阐述	国内首创，国际领先，能够成为医生……领域关键助手的医疗设备
价值定位	……（现有定位）
关键商业目标	巩固提升现有医院的手术台量，提升口碑，促进转介绍和市场占有率提升
调查对象一：成交（VIP）顾客	已经购置使用的医院的院长、医生、护士、技师，病人
调查对象二：目标顾客（市场）	未购置的医院院长、医生
技术假设	……
利益相关者	基于医院对该设备购置、使用和转介绍有利益关系的组织或个人

（1）该《需求调查任务说明书》先明确主题，并在此基础上进行产品（服务）的简单阐述，无论这个产品和服务是已经存在的还是构想中的。

（2）明确价值定位和关键商业目标。不进行定位无法取舍，更加不能明确关键商业目标，当然，如果产品已经在市场营销，那么价值定位和商业目标就按照目前确定的进行明确；如果产品还处于概念阶段，则此时的价值定位和商业目标都是一种假设。

（3）如果产品已经开始销售，则可以将调查对象分为已经成交的顾客和目标顾客两个角度进行调查，同时如果是 to B 顾客则将顾客组织内部按照"决策链"进行岗位细分，明确调查对象。

如果是 to C 的状态，可以按照本章首节调查奶昔的情况展开。

如果产品还处于概念和产品开发阶段，则可以将目标市场进行潜在市场规模细分的情况下确定调查对象，调查对象一作为规模较大的市场，调查对象二作为次级规模的市场。

（4）技术假设是建立在技术实现的基础上，利益相关者也需要在调查任务说明书中明确，在很大程度上，利益相关者的诉求也同样代表了与企业有紧密利益相关的人群的某种程度的需求，同时是企业目标和机会的重要来源。

2. 选定目标对象

明确了业务定位和任务，就需要明确需求调查的目标对象。如果已经实现了销售，这个环节可以从本书前述的论述中找到目标对象：

首先，从使用者（消费者）的 VIP 顾客甚至终生顾客中选定，这是最重要的目标对象。

其次，从使用者（消费者）的一般顾客甚至流失顾客中选定，特别是抱怨但未流失和抱怨并流失的顾客，非常有代表性。

最后，从枢纽节点（渠道）中选定目标对象，同样包含满意度好和满意度不好的两类极端。

所以，极端顾客是需求调查最重要的选择标准，这样可以让我们能够从不同（甚至极端）角度发现意想不到的可能性。

当然，如果该项需要进行需求调查的业务还未实现销售，上述目标对象需要首先进行假设，并在过程中根据进展对调查的假设进行不断调适和优化。

同时，目标对象也要有一定样本量作为基础，笔者建议最少有 30 个样本量以上，根据概率，最好有 50 个样本量。

3. 观察

伟大的哲学家路德维希·维特根斯坦告诉我们："不要思考，去观察。"

观察的过程可能还需要借助拍照或录像等工具，当然，这需要征得目标对象的同意。

观察的基本挑战之一是简单记录所有的数据。虽然视频和音频记录可以捕捉很多正在发生的事，但最终的"原始"数据仍然需要进一步编辑以获得现场信息的基本要素。

Lab 的创始人 Rick Robinson 开发了 AEIOU 框架，可以方便地将观察到的大量数据装到一些简单的"桶"中。当你在现场时，观察的一个好的开始是记录下述五个要素。如表 10-2 所示：

表 10-2 需求调查的 AEIOU 框架图例

主题：……医疗设备辅助手术现场	时间：……	访谈人：……主任		
地点：……医院手术室现场	被访谈人：主任、医生、护士、技师			
总结：1.该设备在……环节对医生支持很大；2.在……环节有较大改善空间	洞见：1.设备在……环节可以提炼作为价值定位 2.设备在人性关怀环节还需要加强…… 3.设备在……			
A 活动：	E 环境：	I 交互：	O 物品：	U 使用者：
1.手术开始阶段…… 2.手术中间阶段…… 3.手术结束阶段……	1.手术室…… 2.该设备需要在手术台……，技师、护士和医生……	1.在整个过程，技师……、护士……、医生…… 2.该设备同时需要……	1.该设备需要与……设备匹配使用 2.需要与……匹配使用	1.主任在……过程中使用设备 2.护士在……环节使用设备 3.技师在……环节使用设备

表 10-2 是一个现场需求调查的 AEIOU 框架的真实结果，只是笔者为了保密起见将该设备在某医院手术室观察的结果作了大面积的删除。

大家可以将 AEIOU 框架图画在自己的调查本上，在调查过程中直接分类记录，也可以先进行记录，再按照上述框架进行整理。

这个框架对调查人员理解应用场景、理解目标顾客，特别是用户（消费者）等各种角色在产品和服务的应用场景下的交互影响有很大的帮助。

4. 问询

问对问题，问题就解决了一半。

微信公众号"市场部网"发表的一篇署名小欧的文章《需求调研，如何才能让消费者讲真话？》中分析到：事实上，试图通过直接提问得到答案是愚蠢的行为。访谈的方式错误，导致消费者回答的只是你想听的答案，而不是真实的答案，最终会误导你的企业行为。

那么如何提问？该文提出了非常好的建议：正确的用户访谈是基于过去式的提问，而不是将来时。

如：（1）询问过去的"行为"。

1）是什么样的外界刺激让你突然想买一个×××？换句话说，这种购买的冲动来自什么？

2）为了解决这个问题，您曾经尝试过哪些方法？效果怎么样？现在还在继续使用吗？为什么？

3）在产品的使用过程中，是否有过不满意或不顺心的情况出现，能详细说说当时发生了什么吗？在什么情况下，您又觉得这个产品简直帮了大忙？

4）既然特别需要，可您最终却没有购买，是出于什么样的考虑呢？

（2）询问过去的"动机"。

使用5Why法，寻找高频动机，为营销方向提供指导。

举个例子：如询问过去的"动机"：

问：为什么你愿意买价格更贵的品质午餐？答：因为我想吃点好的。（表层动机）

问：为什么你要吃点好的？答：因为工作辛苦，我要犒劳一下自己。（二级动机）

问：为什么你觉得犒劳自己很重要？答：因为一人在外，我需要把自己照顾好。（三级动机）

问：为什么照顾好自己很重要呢？答：因为我认为我值得更好。（底层动机）

我们也可以学习应用"人类学访谈"的形式，人类学访谈是一种扩展的"开放式"访谈，探索体验的行为、背景和意义。

具体的技巧包括使访谈感觉像是在不同类型的问题之间交替的对话，从"外部"转变为"内部"（行动与思想），鼓励用短小的故事描述回答问题，不动声色地将受访者引导到你感兴趣的话题。

访谈的一般流程通常可以遵循讲一个好故事的流程。如图 10-1 所示：

访谈的剖析
人类学访谈往往倾向于遵循一个共同的模式，类似于一个故事情节的发展。

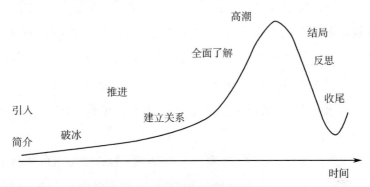

图 10-1 人类学访谈的情绪曲线

如与该医疗设备的调查小组到某家医院进行访谈前，我们都要提前按照图 10-1 进行"作战"准备，相关的注意事项包括（但不限于）：

破冰和建立关系很关键。虽然该企业调查小组成员已经与对方被访谈对象进行了邀约，但现场见面第一句话非常重要，可以从最简单的如"您的气色很好"开始破冰和访谈。建立关系可以通过"求同"开始，通过提前了解访谈对象的一般信息，找到共同点（同窗、同乡……），从而建立初步关系，并在此基础上进入有效的访谈阶段。

问为什么。即使你认为你知道答案，还是要问他们为什么。当然，有些访谈对象的答案有时可能会令你感到惊讶。通过一个问题而展开一段谈话，应该给访谈对象足够的时间充分表达自己。比方说，对于该医疗设备，我们会提前准备一些问题，一般情况下第一个问题是：

为什么之前会考虑购置这样一台设备？

提出一个问题时永远不要说"通常"。相反，询问一个具体的事件，例如"告诉我你最后一次……"如针对主任医生，我们会问：

您做的哪台手术最让您记忆深刻？为什么？

仅仅问十个字以内的问题。否则，你的用户可能会迷失在长问题里面。

一个人在同一时间只问一个问题。耐心等待用户的回答。

不要问封闭式问题。封闭式的特别是"是"或"不是"的问题都可以用一个词回答，可能会直接杀死访谈；我们需要一个建立在故事上的交谈。

唤起故事。无论人们告诉你的故事是否是真的，他们会通过故事透露自己的世界观。提出问题，让人们讲故事。其实，上述那个问他记忆最深刻的手术已经在唤起他讲故事了，在此基础上，还可以继续延伸：之前没有此医疗设备时你记忆最深刻的手术是哪台？过程中因为什么让您记忆深刻？……

注意非语言线索。请注意肢体语言和情感，这需要细致的观察。

不要害怕沉默。当沟通中有一个停顿，采访者常常觉得有必要问另一个问题，如果你允许沉默，一个人可以反思他刚刚说的内容，并可能会透露出更深层次的内容。

不要帮助他们回答。即使他们在回答问题前停顿，不要试图帮助他们。

寻找不一致。有时候人们说什么和他们做什么是不同的，这些不一致往往隐藏着有意义的见解。我们在该医疗设备的调研中发现，有的医生讲起该设备如何帮助他做好一台手术时很动情，但实际上他已经有一段时间没有使用该设备做手术了——这个不一致我们可以先记在心里。

从客观提问到突然发问。待我们认为气氛达到了一定的状态（如图10-1曲线的高潮点），我们会突然发问：您为什么不用该设备辅助您手术了？这个时候，这个"意料之外、情理之中"的问题，会让市场调查团队获得意料之外的发现。

确保你做好记录的准备。在访谈中尽量两人一起访问，如果没有两人，最好用一个录音笔（当然，这需要事先征得对方同意），因为一个人不可能同时做好问询和记录。

访谈者可以按照这样的曲线管理自己和目标对象的情绪，特别是管理双方一起交流时的气场和氛围，为最终发现需求打下坚实基础。

5. 干（买）——按照顾客的行为路径尝试、体验，并感同身受

无论观察还是问询，都是试图感同身受地获得"别人"的感受，为了更好地获得感知，在条件允许的情况下，如果能够亲自"干"一下，或者尝试一下购买和使用的过程，会得到更加不一样的感受。

当然，对于专业的产品和服务（如本章所举的这个医疗设备的案例），我们外部调查团队作为非专业人士是不能"干"的，观察和问询是我们的主要手段及方式。

笔者于 2012 年起曾经服务过一家通过银行渠道销售保险的保险公司。这家公司的上海分公司当年的销售业绩一枝独秀，深入了解后发现，这家分公司的"一把手"要求他的销售团队，在推出新产品时，自己必须通过银行渠道实实在在地真正购买一次，在产品向顾客销售前感受和体会，并在此过程中反过来优化产品和"卖法"。

6. 问卷——在观察、问询、体验之后，可以使用结构化的问卷进行确认

首先可以采用《蓝海战略》的结构化问卷来实现，这套问卷包含七个结构化层层递进的问题：

（1）如果不是我们，您打算跟谁建立业务关系？

（2）您选择（　　）公司的理由是什么？

（3）请列出您选择我们的理由，并进行重要性评估。

（4）我们让您满意的要素有哪些？

（5）让您感觉多余的要素有哪些？

（6）您希望我们加强的要素有哪些？

（7）希望我们增加或创造的要素有哪些？

这七个问题可以希望目标对象在填写具体要素时对要素的重要性进行 1~9 分打分，认为最重要的要素打 9 分，认为最不重要的打 1 分。如表 10-3 所示。

问题 1：如果不是我们，您打算跟谁建立业务关系？

表 10-3-1 问卷查表（例）

	可能的业务关系	可能性（重要性）评估								
		1	2	3	4	5	6	7	8	9
1										
2										
3										
4										
5										
6										
7										
8										
9										
10										

问题 2：请列出您选择我们的理由，并进行重要性评估。

表 10-3-2 问卷查表（例）

	选择的理由（要素）	可能性（重要性）评估								
		1	2	3	4	5	6	7	8	9
1										
2										
3										
4										
5										
6										
7										
8										
9										
10										

7 个问题实际上就是 7 张表单。本章只列出了两个表单，其他表单的形式是一样的。

实际上，调查问卷如果是在访谈基础上对调查的结果进行确认，而不是单纯地为了问卷调查而问卷调查，那么效果将更加显现，并可为进行更加客观的和数据化的系统分析打下坚实基础。

更重要的是，结合前期观察、问询和体验的结果，可以量身定制问卷。笔者团队帮助这个医疗设备公司将上述七个问题简化为三个问题进行问卷调查：

（1）我们公司的产品（服务）的优势有哪些？

（2）传统产品和服务的优势有哪些？

（3）我们的产品（服务）与传统产品（服务）有哪些不一样？

通过这三个问题的问卷调查，并在此基础上进行的整理和分析，高效地达到了发现需求的目的。

7. 阅读

在走进现场获取主要数据之前，我们需要在前人的基础上开展工作，避免干重新发明轮子这样的事。

这需要挖掘二手资源，如专业期刊、广播媒体和网站。

广泛收集信息。寻找现有的数据以及其他人的分析，具体的信息以及新的问题，最先进的技术以及尚未开发的机会。

而且要学会使用不同的资源。如书籍、杂志、行业报告、前期研究、案例研究、网站和博客。同时，在一般商业和文化资源、项目和行业特定资源之间取得平衡。

三、归纳、总结、升华

需求调查不是目的，需求调查的目的是获得洞察，发现并创造顾客需求，进而创造顾客。所以，在需求调查的基础上还需要进行记录、理解、整理和价值发现，并在此基础上进行反思，不断提升发现需求的能力和水平。

1. 记录

在前文，笔者向读者建议了一个 AEIOU 的观察整理框架，在访谈过程中，大家也可以借鉴《产品设计与开发》[①] 提供的另外一个简单的记录表（见表 10-4）来结合交流的问题进行另外一个角度的记录或整理。

表 10-4 某产品市场调查记录

访谈主题：			
访谈对象：		采访者：	
地址：		日期：	
电话：		目前用途：	
愿意做跟进吗?		用户类型：	
问题 / 提示	客户需求说明	需求解释	
典型用途			
满意点——现用的产品和服务			
不满意点——现用的产品和服务			
改进建议			

每个企业因为业务差异都可以根据实际情况对"市场调查记录表"进行量身定制，没有统一的范式或者一定要统一的标准格式，有效性是第一要素。

2. 理解

有了对访谈对象的原始记录只是第一步，还需要将访谈对象的陈述转化为需求。《产品设计与开发》第 5 章"识别顾客需求"提出了五个原则以将陈述转化为需求表达：

[①] 卡尔·T. 乌利齐、史蒂夫·D. 埃平格：《产品设计与开发》，杨青、杨娜等译，北京机械工业出版社 2010 年版。

（1）通过描述产品必须"做什么"（而非该"怎么做"）来表达需求。客户经常通过描述一个解决方案的概念或实施方法来表达他们的偏好；但是，需求说明应该以独立于特定技术解决方案的术语表达。

（2）像原始数据一样尽量具体地表述需求。需求可以在许多不同的细节层面进行表述。为避免信息丢失，请以与原始数据相同的详细程度表述需求。

（3）使用肯定句而非否定句。如果客户需求用积极的方式进行表述，则它将更容易转换为产品规范。这不是一个严格的准则，因为有的需求很难用积极的措辞来表述。

（4）把需求表达成产品的一个属性。产品属性的说明在措辞上需要确保一致性，并且方便后续转换为产品规范。并非所有需求都可以清晰地表达为产品的属性。然而，在大多数情况下，需求可以表述为产品的属性。

（5）避免使用"必须"和"应该"。"必须"和"应该"这样的词暗示着客户需求的重要级别。此时，与其把需求的重要等级随便定位为两个等级（必须与应该），建议将每个需求的重要性评估推迟到"整理"和"价值发现"环节。

3. 整理

在充分理解之后，就可以考虑运用头脑风暴法进行整理和归纳了。对"需求"进行亲和整理，达成意义上的充分沟通：

（1）对需求分别表述，合并语义相同的表述，根据"需求表述"的相似性进行归类，如图 10-2 左半部分。在整理之后，为每一组提炼和概括出一个"标签"，如图 10-2 右半部分，即为每一群组概括出一个"一级需求"标签，每个"一级需求"标签包含 2~6 个被发掘的"需求表述"，每一个被发掘的"需求表述"作为二级需求。

（2）二级需求（即每一个需求表述）的重要性评级由 * 的数量表示，*** 表示极为重要的需求。潜在需求用可以考虑用"！"表示。

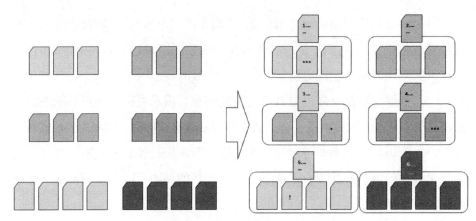

图 10-2　需求编辑（亲和）

4. 价值发现

结合一级需求，结合调查问卷的提及频次和重要度打分，可以使用矩阵图的形式进行整理。如图 10-3 所示：

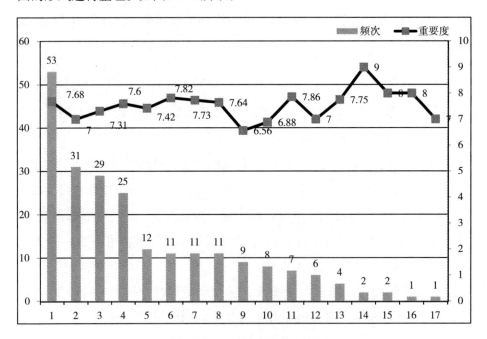

图 10-3　频次和重要度分析

图 10-3 是笔者团队帮助一家公司进行需求调查后对问卷进行整理的一个结果，横轴的 1~17 是整理后的 17 个一级需求（经过提炼和概括的"标签"），其中"需求 1"在调查的 60 个对象中有 53 人提及——频次，平均重要度打分为 7.68 分（重要度最高为 9 分），然后依次展开。这样，需求调查团队就可以有效地将调查对象的定性需求定量化呈现。

同时，对于极为重要的需求和潜在需求，特别是关键的二级需求，需要深入挖掘。见表 10-5（借鉴《产品设计与开发》一书）。

表 10-5　重要性要素打分

……调查	
对于以下……的特性，请从 1 到 5 打分表明该特性对您的重要性。 请使用以下衡量尺度： 1. 该特性不合适。我不会考虑具有该特性的产品。 2. 该特性并不重要，但我不介意拥有它。 3. 该特性很好，但没有必要。 4. 该特性是非常可取的，但我也会考虑没有该特性的产品。 5. 该特征至关重要。我不会考虑没有该特性的产品。 如果您认为该特性是唯一的，令人兴奋的和 / 或出乎意料的，请通过选中右侧的复选框来指示	
特性的重要性 从 1 到 5 打分	如果特征是独特的、令人兴奋的和 / 或出乎意料的，请选中复选框
＿＿＿＿＿＿＿。 ＿＿＿＿＿＿＿。 ＿＿＿＿＿＿＿。 ＿＿＿＿＿＿＿。	

该任务有两种基本方法：①团队成员根据他们与顾客打交道的经验达成共识。②根据进一步的需求调查邀请顾客进行重要性评估。两种方法之间的明显权衡是成本、速度与准确性：团队可以在一次会议中对需求的相对重要性进行有根据的评估，而邀请顾客参与调查通常至少需要一定时间。在大多

数情况下，顾客调查很重要，值得为之付出时间。

5. 反思

需求调查和需求发现结束后需要对结果和过程进行反思。虽然识别顾客需求的过程可以有效的结构化，但它不是一门精确的科学。团队必须挑战它的结果，以验证它们是否与团队通过与客户的许多小时的交互所开发的知识和形成的直觉相一致。

《产品设计与开发》一书为我们提供了一个反思的框架，特别是要问的一些问题，包括：

（1）我们是否与目标市场中的所有重要客户进行了互动？

（2）我们能够超越仅与现有产品相关的需求，以捕捉目标客户的潜在需求吗？

（3）有哪些领域的调查我们应该通过后续访谈或调查继续深入进行？

（4）我们与之交谈的客户中有哪些可能成为我们持续开发工作的良好参与者？

（5）我们现在知道了什么我们一开始并不知道的东西？我们对这些需求感到惊讶吗？

（6）我们是否让我们自己组织中每一个需要深入了解客户需求的人都参与进来了？

（7）我们如何在未来的工作中改进我们工作的过程？

四、解决方案

如果是现有产品和服务，通过市场调查后，可以进行价值定位、价值要素、价值方案、营销程序的优化，为维护现有顾客、拓展新顾客和绩效突破打下基础。

基于价值发现，我们就可以构建企业的全新价值方案。如图 10-4 所示：

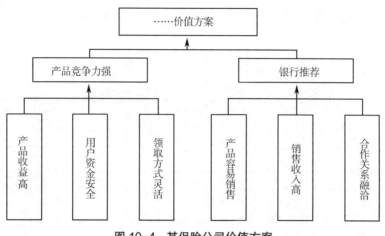

图 10-4 某保险公司价值方案

上述价值方案是笔者团队在 2012 年帮助某基于银行渠道进行保险产品营销的保险公司进行市场调查后，在图 10-3 和表 10-5 基础上与该企业团队构建的全新价值方案。该价值方案成为营销和产品设计的基础，为该公司未来快速的绩效突破打下了坚实的基础。

在市场调查的基础上，从顾客的角色，体验的阶段，设计活动、触点，顾客获得怎样的感受角度，进行产品和服务优化设计及流程设计。

首先，我们必须通过市场调查真正实现 STP，从市场细分，到确定目标市场（顾客），并进行实现市场定位。"顾客是谁"是首要的问题，我们必须从"角色"这个维度定义不同的顾客：用户？消费者？购买者？决策者？……他们基于自身的需求开始，进行寻找、比较、购买、使用、信任到最终拥护的过程是怎样的？

其次，基于顾客的需求到拥护过程，我们设计怎样的活动（或过程，或任务），设计哪些"触点"，不断触达顾客内心的对效用、功能和身份的价值满足感，使他们真正能够获得一种所谓的"认知"价值，最终从信任到信赖。

最后，基于上述顾客获得满足感的过程，企业的产品和服务设计，从创造顾客到成交顾客到留住顾客的企业的价值链和流程重新设计，任务重新界定——又回到了本书第二部分的内容（见图 6-7 和图 7-1）。

同时，我们还必须落实到具体负责人。如图 10-5 所示：

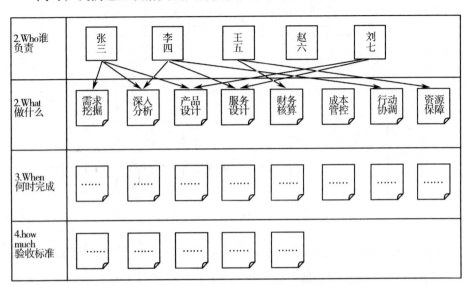

图 10-5　从做什么到谁来做，何时做和验收标准

在图 10-5 基础上，我们就可以明确需要做什么，并进而明确谁负责，时间节点和最终的验收标准。这样，责任、权力、利益就可以基于顾客需求、顾客价值向内部有效传递，形成以任务为导向的工作制度和工作关系。

对于新的产品开发则有不同的基于市场调查和需求发现的解决方案。

《产品设计与开发》一书指出：顾客需求是否已被正确识别的唯一真实标志是：顾客是否喜欢团队的第一个原型产品。

通过需求发现开发有意义的机会需要找到简洁巧妙的解决方案，因为它们与人们的日常生活息息相关。一个成功的解决方案将以需求为基础，并处理多种必需事项。

创建一个解决方案涉及生成想法，将其提炼为高保真（《商业模式新生代》语，高保真原型可以真实地模拟产品最终的视觉效果、交互效果和用户体验感受。高保真原型也是最小可行性产品，即 MVP 产品）的概念，并制订计划使其成为现实。

解决方案通过创造有形的产品、服务或系统以满足需求。解决方案不仅仅是产品,它应该包括以下六个方面的一部分甚至全部:产品、服务、讯息、环境、经验、商业。

源于 IDEO 公司的"设计思维"为我们提供了一个非常好的框架,可以有助于我们在发现需求的基础上进行解决方案的设计。如图 10-6 所示:

图 10-6 设计思维的 5 步骤

读者可以通过公开出版的书籍来学习设计思维的过程和方法。

从顾客的价值需求到解决方案的过程是一个将机会与知识结合创造新知识和核心竞争力的过程,是将核心竞争力(组织知识)转化为经济成果的过程,企业发现需求、创造需求的能力直接决定了企业所处的竞争状态、市场地位和经济成果。

基于需求的三种状态:明确的需求、未被满足的需求和隐含的需求。

我们可以得出这样的结论,如果企业基于"明确的需求"创造新知识和核心竞争力,那么企业面对的市场状态一定是"竞争"。这时制胜的核心是竞争力。

如果企业基于"未被满足的需求"创造新知识和核心竞争力,就可以在一定程度上做到"差异化",进而能够规避竞争,创造蓝海。当然,这需要组织的知识能力,需要同业或竞争对手并不一定能够具备的核心竞争力。

但这种顾客的需求一旦被满足,对行业和竞争对手而言就变成了"明确的需求",很快就会有人跟进,行业的整体价值创造能力将上升,差异化价值变成共性价值,这个维度又进入竞争状态(读者再回顾和体会一下本书第二章介绍"顾客价值矩阵"时,所呈现的等价值线右移的状态)。

如果企业基于"隐含的需求"创造新知识和核心竞争力,实际上就达到了一种彼得·蒂尔在《从0到1》所述的基于"一个秘密"的创新创造的状态。就有机会成为市场的"引领者"，保持相对较长的独特性和差异化，创造唯一进而实现第一，创造更大顾客价值和资本（经济）价值。

五、调查式营销

顾客需求调查的过程实际上可以与营销过程有机结合。

迪帕克·马尔霍特拉和马克斯·巴泽曼在《调查型谈判》一文中就如何打破我们常常会在商务谈判中遇到的僵局提出了"调查型谈判"的解决方法。

它包含思想观念和操作技巧两方面的内容，其精髓是：谈判者必须拿出侦探勘查犯罪现场的精神开展工作，尽可能多地掌握一些相关事件及人员的信息。谈判者必须勇于挑战固有观念，积极收集关键信息，了解对方想法。文章介绍了调查型谈判的五项基本法则：

法则1：不只是讨论对方需要什么——还要弄清楚他们为什么会有这些需求。

法则2：试图理解并减少对方的困难。

法则3：把对方的要求视作自己的机会。

法则4：找到竞争各方的利益共同点。

法则5：成交纵然无望，调查还要继续。

应该说，上述五种"调查型谈判"对营销过程特别是将调查与营销结合起来有非常重要的指导意义。

营销大师菲利普·科特勒对市场营销曾经下过这样的定义：市场营销是指企业的这种职能，"认识目前未满足的需要和欲望，估量和确定需求量大小，选择和决定企业能最好地为其服务的目标市场，并决定适当的产品、劳务和计划（或方案），以便为目标市场服务"。

"未满足的需要和欲望"如何识别实际上是本章内容所讨论和解决的课题。根据法则1，如果我们通过深入探讨和调查，除了讨论和明确对方需要什么，并进一步弄清楚他们为什么会有这些需求后，营销将会变得简单。

困难本身就是顾客的需求。所以，根据法则 2，理解和减少对方困难的过程，实际上就是营销的过程，就是企业创新、创造顾客的过程。

对方看似无理的要求，如果我们换个角度，从"我应该如何拒绝这种要求"变为"对方抓住这个问题不放，这说明了什么？我能否从这种诉求中看出对方的需要和关注点？我应该如何利用这种信息来创造顾客价值？"所以，根据法则 3，我们应该是将精力转移到分析其中所蕴藏的商机时，往往能取得意料之外的成功。

德鲁克讲：企业的目的是创造顾客。笔者进行了进一步的延伸：创造利益相关者，或者，再造利益结构。这一点与法则 4 是相通的，面对竞合的商业社会，如何将竞争各方变成利益各方，实现多赢，是智慧营销者的必然选择和不二法门。

营销的过程绝对不是追求一城一池的得失、胜败，应该把每一次拒绝当成下一次成功的基础。一方面，当你不再推销时，对方对你就没有了戒心，此时他们往往比较容易开诚布公地把情况告诉你；另一方面，可以帮助你了解顾客未来的需求，发现同类顾客感兴趣和关切的问题，为未来做好准备。所以，根据法则 5，你可能会有意外的发现和成果。

需求发现的过程就是营销和创新的过程，这既需要本章提供的方法和体系，还需要专业人士对相关场景的解读，更需要调查者自身基于人性洞察的直觉，我们需要充分地将三者融合在一起。

所以，调查团队的组成是很重要的一个课题，同样需要跨界构建，需要真正的内行并辅助于具备中立促进者态度和方法的外部观察者共同担当。

第十一章　发掘意愿

我们需要采用非财务的手段定义绩效，使得绩效的定义能够适合知识工作者的特点，并能发挥他们的作用。这不是一种财务手段的回报，而是"价值"上的回报。

——彼得·德鲁克

阅读本章前，你需要首先问自己几个问题：

（1）贵公司进行过员工敬业度调查吗？

（2）你认为员工敬业或不敬业的根本原因是什么？

（3）贵公司基于目标的激励机制包含哪些关键要素和环节？效果如何？

（4）你认为对于员工而言，激励其成为岗位上的创业者的最核心的三个要素是什么？

（5）你认为企业领导在激励环节必须发挥的作用有哪些？

一、敬业度之惑

微信公众号"哈佛商业评论"（ID：hbrchinese），2019 年 5 月 28 日发表文章《中国员工的敬业度全球最低，阿联酋最高，这个结果意外吗？》（作者 Matt Perry）称 ADP（安德普翰人力资源）研究机构的研究员调研了全球 19000 多名员工，发现只有 16% 的员工充分地投入到了工作中。

研究发现：在中国，工作敬业度出现明显下滑（研究员用不同的样本重复进行调查，从而确保调查结果稳定）。2015 年，中国充分投入工作的员工比例接近 1/5，并列成为全球最高。

三年之后，这个比例下滑至大概 1/16，跌至调查国家中的最低水平。

研究人员认为，中国在 2016 年的经济增幅跌至 1990 年来的最低水平，而中国迅猛发展的中等收入阶层开始对工作有了更多的期望，不再满足于阿里巴巴的马云所倡导的朝九晚九、一周六天的工作规则。他们认为，这些因素和员工敬业度的急剧下滑有一定的联系。

员工敬业度研究源于美国历史最悠久和最权威的民意调查机构——盖洛普咨询有限公司。他们通过对健康企业成功要素的相互关系进行了近 40 年潜心研究，建立了"盖洛普路径"的模型，描述员工个人表现与公司最终经营业绩、公司整体增值之间的路径。"盖洛普路径"可以表述为：企业实际利润增长推动股票的增长—可持续发展驱动实际利润增长—忠实客户驱动可持续发展—在优秀经理领导下发挥员工所长驱动员工敬业度。

他们认为员工敬业度是在给员工创造良好的环境、发挥他的优势的基础上，使每个员工产生一种归属感，产生"主人翁责任感"。

全球领先的人力资源管理咨询公司——翰威特咨询有限公司，对 1500家企业进行的研究，涉及从翰威特全球"敬业度"咨询项目的客户和最佳雇主的调研数据，披露了敬业度和绩效之间有着密切的关系。

翰威特认为员工敬业度衡量的是员工乐意留在公司和努力为公司服务的程度。敬业员工的行为表现有三个层面：

第一层是乐于宣传（Say），就是员工经常会对同事、可能加入企业的人、客户与潜在客户，说企业的好话。

第二层是乐意留下（Stay），就是员工有留在组织内的强烈欲望。

第三层是全力付出（Strive），这是敬业的最高境界，就是员工不但全心全力地投入工作并且愿意付出额外的努力促使企业成功。

从上述这些论述可以看出，各个专业机构虽然对员工敬业度的说法不完全统一，但强调的共同点是：员工的敬业度实际上指的是员工在情感和知识方面对企业的一种承诺和投入，他们会努力地工作，表现出一系列的行为来对公司的经营进行正面的影响。

正如很多优秀企业提出的：员工第一、顾客第二、股东第三，实际上也是从这个角度的展开。毕竟，只有员工才能让顾客满意，只有顾客才能带来股东期望的经济价值。

当下，对员工敬业度的认知和应用已经远远超越了过去的员工满意度，毕竟，企业希望能够对员工在企业内部创造成果、担当责任中找到一种联系，进行有效的衡量、现状把握并进而明确改善的路径。

员工敬业度调查实际上非常简单，就是一张 Q12 调查表。通过运用 Q12 调查表，发现员工敬业的现状，并明确改善的方向。盖洛普公司认为，直接上级是影响员工敬业度的关键要素——"从员工角度看，经理胜过公司"。

真的如此吗？试想经理不是由他的上级任用的吗？任用该经理是否为企业价值观、用人观的体现？如果真的是直接上级（经理）在员工敬业度方面承担主要责任，那么企业自身也要检视从企业价值观到任用标准，检视自身的管理层级是否太多了，检视自己的使命、愿景、价值观和战略目标层层落实的效能了。

ADP 研究发现：成为团队中的一员会发挥巨大的作用。在阿联酋，团队成员中 29% 的员工能够充分地投入工作；假如员工不在团队中工作，能够完全投入工作的员工比例则下滑至 7%。在荷兰，这两个数据分别是 11% 和 2%。

团队效应在行业中同样是非常明显的。例如，在交通运输行业，不在团队工作的员工的敬业度下滑至几乎为零，而在信息行业，成为团队一员的员工充分投入到工作的可能性是非团队成员的 4 倍。

是什么因素提升了个别行业的工作敬业度呢？研究员假设，对建筑行业的工作而言，影响因素包括工作的团队导向性质、强烈的目标感以及对制造出持久稳固建筑的自豪感。

所以，该研究院建议：公司领导们可以采取措施提高员工的工作敬业度，他们可以从团队层面开始着手。从员工的工作氛围着手。这是否因应了托马斯·斯图尔特在《知识资本》一书的说法，今天各行各业的工作中最有价值的部分，应该是"以人为本的，其内容是感知、判断、创造和建立各种关系"。

如果直接上级是员工敬业度的首要要素，工作氛围和关系是改善员工敬业度的有效方法，公司高层、经理要如何做，建立什么样的关系呢？

二、敬业度是一种意愿吗？

笔者经常说，管理者就是管理意愿，管理者就是管理能力。大家也常说，意愿比能力更重要。那么，什么是意愿呢？

辞海这样定义：意愿，通常指个人对事物所产生的看法或想法，并因此而产生的个人主观性思维。意就是心意、心的方向；愿就是愿望、原动力。

故"意愿"是最初的愿望想要达到某个特定的目标和方向，然后尽自己的能力去达成那个目标和方向。

这实际上又回归了本书的主题："目标管理和自我管理"。每个人都是有目标的，创业者创办企业，他的使命、愿景、价值观和战略目标就是其"意愿"的体现。企业的经理和员工，他们选择该企业工作，一定是为了"某个特定的目标和方向"而来，起码我们可以认为，在企业选择员工时，或者员工选择该企业时，一定是双方的意愿达成共识的那一时刻。我们需要思考的是，为什么，时过境迁之后，员工的意愿却下降了呢？而所谓的敬业度是否就是员工意愿的一种较为有效的测量和表达？

盖洛普公司出版的《首先，打破一切常规》一书提出了员工敬业度提升的解决方案：选拔才干，界定结果，发挥优势，因才适用。

盖洛普将才干定义为一种"贯穿始终并能产生效益的思维、感觉和行为模式"。这实际上是一种打破传统"短板理论"的认知，认为短板是不可能加长的，与其加长短板，还不如发挥员工的才干（优势），通过团队协同来匹配和弥补短板。为此，盖洛普公司专门出版了《优势识别器2.0》一书帮助每个人测量自己的才干。笔者充分借用了盖洛普的研究，特别是前文所设计的《岗位职责表》就充分借鉴了：才干、技能和知识三要素。

除了测试自己的才干，笔者认为，还有两种方式匹配《优势识别器 2.0》的测试。

一种方式是按照德鲁克所谓的自我"反馈学习法"，他在《21 世纪的管理挑战》一书第 6 章"自我管理"中建议："每当做出重要决定或采取重要行动时，都可以事先记录下自己对结果的预期。9~12 个月后，再将实际结果与自己的预期比较。持之以恒地运用这个简单的方法，就能在较短的时间内（可能两三年），发现自己的长处。同时也能发现，哪些事情让你的长处无法发挥出来，哪些方面自己则完全不擅长。"

根据回馈分析的启示，德鲁克认为我们可以总结出以下结论：

第一，集中精力发挥你的优势。你在哪里能发挥优势，创造出优异的成绩，你就属于哪里。

第二，努力增强你的优势。改善自己的技能或学习新技能。

第三，发现任何由于恃才傲物而造成的偏见和无知，并且加以克服。

第四，纠正你的不良习惯。

德鲁克同时指出，反馈分析法总结出的下一个结论是："什么是不要做的事情。……最后一个结论是：在改进弱点上，我们要尽可能少浪费精力"。

另一种方式是研究明星员工，笔者经常建议企业根据绩效和成果研究排名靠前的员工。如笔者曾经问过一家上市公司的总经理，他们的中标率平均是多少？他告诉笔者，他们几十个团队的中标率平均为 12% 左右？那笔者又问他，中标率最高的前三名团队的中标率是多少？他说，最高达到 80% 以上，第二、第三名也是 60% 和 50% 左右。最后，笔者建议他，一定要充分研究这些优秀的团队和个人，他们的特征和特性可以作为未来企业选、育"高潜质"员工的标准。

俗话说，"男怕入错行，女怕嫁错郎"。笔者一直这样理解，才干用对了地方就是入对行。

界定结果实质上就是德鲁克一直强调的对成果的定义，也是本书对目标的定义，本书对目标、对成果、对结果有三个维度的建议，一是顾客价值维度，二是资本（经济）价值维度，三是核心竞争力维度。当然，核心竞争力除了包括组织的核心竞争力，也包括员工个人的基于才干的对技能和知识的掌握和拓展，并在此基础上与其他知识工作者的才干、技能和知识有效匹配和结合创造更大的组织知识及核心竞争力。

只发挥才干和界定结果就可以了吗？

2006 年诺贝尔经济学奖得主埃德蒙·费尔普斯指出：事实上，只有 1/7（对经济增长）的产出增长归功于资本和土地投入的增加！

"经济活力……是创新背后的深层动力与制度的综合体：革新的动力、必要的能力、对新事物的宽容度以及有关的支持制度。因此，……活力是指创新的意愿和能力，而非现实的条件和障碍。"

总结下来，费尔普斯认为，一种激励意愿和能力的机制是最为重要的。所以，每家企业如何在企业内外部，建立一种有效地调动产业链上下游、股东、管理团队和全员创新创造的意愿和能力的机制，将是第一位的思考和最切合实际的实践选择。

这也是笔者一直研究和实践绩效激励机制的切身体会，因为，真正激励人心、发掘才干的绩效激励机制是企业创造顾客价值和资本（经济）价值的发动机。

三、笔者 15 年绩效激励机制的实践和体会

制定企业绩效激励机制是永恒的课题，更是难题。在笔者重点写作本章的 2019 年 6~7 月就有近 10 个企业在向笔者咨询企业绩效激励甚至股权激励的问题，看来，很多企业的负责人充分意识到了绩效激励的重要意义。

回想 15 年来自己认知、实践绩效激励政策创新、优化之路，笔者得出一个结论：无论是企业老板，还是企业核心高管，必须收放自如、基于人性地结合企业实际优化和制定真正激励人心的、强烈唤起全员意愿的、鼓励能

干的员工脱颖而出的激励政策，这是管理者的第一要务。

正如任正非说的，钱分好了，管理的一大半问题就解决了。分钱是门学问，但更考验老板和各级管理者的人格。

笔者将自己对激励政策的实践研究总结为五个阶段：目标评价考核阶段、相对增量激励阶段、价值增量激励阶段、价值共创激励阶段和系统进化激励阶段。

1. 目标评价考核阶段

还记得 2004 年，笔者刚刚任职 DFL 某子公司的 QCD 管理部部长，一项重要工作是绩效激励政策的优化。当时，公司总经理对过去的激励政策非常不满意，希望笔者所负责的部门能够有所突破——他认为：企业问题都是激励的问题，有问题就是因为激励政策出了问题！

其时，正是东风公司刚刚与日产合资的第一年，正在导入日产生产方式，笔者也正在学习和实践一个非常好的管理方法——方针管理。

基于方针管理，笔者领导本部门尝试结合公司的 Q（质量）、C（盈利、成本）、D（交期）目标进行层层分解——所谓建立 KPI 指标体系，基于指标体系建立所谓 KPI 评价体系，基于评价体系建立 KPI 激励体系。按照公司内部的职能分工，笔者所在部门负责对公司二级单位的评价和激励，人力资源部运用我们的结果对部门领导和员工进行评价激励。

经过半年努力，KPI 指标体系、KPI 评价体系、KPI 激励体系都建立了起来，包括解决了非常困难的如定性过程和结果如何量化、指标化的问题——可以说是历尽艰辛！

但一直运行到 2005 年底，总觉得不能有效实现真正的激励，核心在于：

（1）部门领导都来给你强调这个（指标明示的）责任不止他一个部门承担；

（2）困难太多，指标能否定低一点，因为达不成目标，会扣、扣、扣；

（3）越量化的部门或者领导要求高的部门越达不成目标，激励结果越不好；

……

笔者当时几乎成了裁判员，感觉绩效激励成了内部博弈——KPI 指标和指标值成为永远都不会合理的博弈!

2. 相对增量激励阶段

2006年,笔者负责营销部门工作。当时,上年销售收入实绩5亿元左右,2006年销售收入指标定了7.5亿元。

所有的销售人员都很气馁,因为觉得50%的增幅是不可能实现的。甚至有的员工直接讲,定50%的增幅不就是为了不让大家"挣钱"吗?

笔者本人也深受其"害"——原来在QCD管理部门时,个人KPI打分在干部中几乎都是排名第一,但做了公司营销中心负责人,因为营销部门的KPI打分几乎次次都是倒数第一,个人KPI也只能在干部排名的最后徘徊——用现在网络词汇表达:我几乎怀疑人生了,我还是那个我,但KPI考核结果显示我却已经不是那个我了!!!

怎么办?经过较长时间痛定思痛的思考,笔者与管理部门和人力资源部门负责人讨论:销售收入为什么不能与个人收入直接挂钩,且按照增量挂钩(其实,很多民营企业开始创业时是按照增量法激励的,但企业做大后,按照"经典理论"和"专业机构"的专业建议,反而按照KPI目标评价和考核了,这真的有点"倒行逆施"):

不按照指标激励,按照负责的营销客户或区域的增量激励,按照"%"激励,越来越高——营销费用从固定费用变成了变动成本,只有"%"的变化!

如上年销售收入5亿元,营销团队工资+资金500万元,激励分配比例500万元/5亿元=1%;2006年假设5亿元及以下,激励分配比例1%不变,多销多得,少销比例不变;5亿~6亿元部分,激励分配比例提高一点,如1.1%;6亿~7亿元部分,激励分配比例再提高一点,如1.2%;7亿元以上部分,激励分配比例再提高一点,如1.5%……

——这个激励方式后来取得了很好的效果。笔者将此种方式称作:承认历史,达成共识,展望未来!

从目标考核到增量激励是一个巨大的变化,因为,如果考核目标,则大家一定会追求低目标,一定会放大困难和问题,而故意隐藏机会——到后来，自己也不相信机会了，目标就更加不可能完成——考核目标，反而激励大家达不成目标。

运用增量激励的最核心的意义在于：只要找好起点，上不封顶，层层递进，激发全员发掘和创造机会，就会变不可能为可能。

但任何方式、方法都不是完美的，有利必有弊。此种方法最大的弊端是大家只盯着销售收入这个指标，对回款这个企业最重要的指标反而关注不大——正应了那句话：考核什么，就得到什么。

后来，这个方式、方法不断被笔者在实践中创新，特别是 2010 年开始创业、做企业咨询和顾问、作为民营企业高管之后：

——如不按照收入挂钩，按照回款额 70%＋销售额 20%＋订单额 10% 挂钩；

但还是有问题，收入、回款好了，但售价上不去，只有量，没有利润，还需要优化：

——如不按照总量挂钩，按照"材料边际贡献＝（销售单价－采购单价）× 销售量"的增长幅度挂钩，一样地越高越高。

继续进化——将销售费用作为营销团队的投入，将固定费用作为变动成本，由营销团队自主平衡投入和产出，促进"自我管理"的实现。

但总是没有最优解，因为每一家企业都是与众不同、必须量身定制的，而且营销只是价值创造的一环，即使解决了营销团队的激励问题，那么，内部价值创造和交付环节如何考虑呢？

3. 价值增量激励阶段

企业是一个系统，必须与企业探讨按照全价值链对利润（销售增长、现金流、成本费用控制等）、对投资回报的贡献进行挂钩。

对企业最重要的现金流环节，按照应收账款、库存（成品、在产品、原材料）两个维度，深化细化，用周转次数这个"相对指标"衡量改善的程度，这个环节激励要考虑的是先算出节约的资金，再按照资金成本（贷款利率），算出节约费用，再设定合理激励比例。

同时按照不同的责任进行一定的权重划分，如成品库存环节营销团队权重大些，在产品库存环节生产制造团队权重大些，原材料库存环节采购团队权重大些，而且大家交叉负责，既落实了责任，又促进了价值链上下游的匹配和协同。

对生产制造环节，将过去三年变动制造成本按照成本率或单位成本的实绩进行把握，确定一个相对上下都比较认可的起点，根据成本削减和下降的幅度明确台阶，削减的幅度与激励比例挂钩，促进用最低投入实现最高效的产出。

对某些可以对标的大宗物资采购环节，将过去三年材料成本与市况进行对比，确定一个上下都相对认可的起点，然后明确台阶，再在此基础上设定绩效激励比例。

对固定费用环节，如管理费用，相关分支机构或部门的办公室面积、工位等按照内部租金或折旧等方式与部门挂钩，促进其用最少的投入（更重要的是找到1个抵50个的人）创造成果和价值。

对此，笔者也简单总结了三个关键词：起点、台阶、比例。

其他成本费用都按照一样的思路展开，核心要素一样在于：承认历史、达成共识、展望未来。

但是，上述方法同样不是完美的，如制造环节不能只对成本费用负责，否则产出的质量和速度可能就会受到影响，采购部门也不能只对低成本负责，否则就可能会产生大家最为诟病的低价值中标的恶果。所以，必须将上述的综合价值增量落实到具体价值链环节中，如对制造环节，必须至少有四个要素进行平衡：销售收入（回款）、库存周转、制造成本、管理费用，使用所谓的"起点、台阶、比例"对不同的激励方向（指标）进行调节，这首先是企业在该阶段对相应工作的优先级的一个明确，更是基于精确核算的结果，但最终的标准是：顾客价值第一、经济价值第二，顾客的价值满足感才会带来经济价值。

4. 价值共创激励阶段

我们已经分析了，到了第三阶段后，最核心的问题在于：起点真的科学合理吗？是否是阶段企业战略优先级的精确表达？虽然不同维度的价值激励的起点在于企业的假设和优先级排序，但企业负责相应价值创造的负责人如何感觉到相对公平、公允呢？

过去的起点就一定能够作为依据吗？如果分客户、分产品发生变化，特别是找不到类比如何处理？如果一个公司是个集团公司，各个公司有可类比性吗？真的公平吗？

到了 2013 年，通过对杜邦公式的学习和应用，笔者又将绩效激励根据投资回报率进行了综合考量，按照价值创造的资源和能力付出，结合金融业界所谓管理资本 20% 利润分享权的激励标准，设计和实践了一套更加系统的价值共创激励体系，其核心在于：

股东分享投资回报权，经营班子分享占有资产回报权，关键岗位员工享有价值增量分享权，全体员工享有变动成本边际贡献增量分享权。

对于经营班子，首先明确团队所管理和经营的这个企业其所处行业的占有资产回报率 [利润 / （固定资产 + 流动资产）]——一个可以对标的可能是，按照同业上市公司作为标杆，以其公布的数据作为基数，如果这个经营班子在当年超过这个回报率，超额增量部分按照额度向经营班子分享 20%；

然后向下设定台阶，并同步降低分享比例——这样，从低到高，使经营班子享有利润分享权！充分调动经营班子的意愿，导向班子成员占有更少的资产，创造更大的产出！

剩余利润作为股东投资回报。

对于关键员工，按照第三阶段的方式、方法，进行全价值链价值增量绩效激励。

对于全体员工，明确其变动部分的绩效工资，按照变动成本边际贡献的增加比例，进行增减，辅助以评价发放。

——上述这种做法实现了企业自上而下、自下而上、左右协同地全部被利益结构连接在一起，共同创造，共同分享。

有了上述的利润分享权的系统激励，就为企业更进一步的股权激励打下了坚实的基础。

5. 系统进化激励阶段

当然，绝对不是也不能为了激励而激励，激励机制是为企业的使命、是负责人对企业未来的预期（理想化模型）、企业的发展、企业家和员工的期望服务的。

几位近期咨询笔者的老板已经意识到，必须将战略和（股权）激励一起考虑。在与他们沟通后，笔者建议，在中间再加上一个词"组织"，即战略、组织、机制一起系统考虑，战略就是目标、就是方向，激励必须服从服务于企业的目标和方向；战略进化、组织进化和机制进化必须协同，必须顺应时代的变化，在主动寻求和创造变化中创造组织的未来，所以，战略、组织和机制不能是静态而必须是动态和系统考虑的。

一家集团化的农牧企业，涉足了整个从终端营销、加工、种植、旅游的产业链，子公司之间既有产业链上下游的市场化结算关系，也有专业化横向复制向不同地域展开的关系。

该公司董事长和负责产业链前端的董事长找到了笔者，在他们制订的一个 3 年上市计划基础上，按照笔者之前与他们充分交流的绩效、期权、股权的进化关系整理了一个 15% 的股权激励计划，初步设想按照当前的股价每年合理增值的角度，从绩效增量 50% 利润现金分红、50% 利润分红购买期权的角度，从产业链前端和后端分别 6%、总部 3% 的分配角度，向笔者进行了咨询，询问笔者对此有何意见。

笔者认为，两个 6% 和 3% 的划定是最有问题和需要改善的环节，建议他们：

（1）考虑 15% 的股权激励与 A 股上市的战略目标匹配，即绩效转化为期权、期权转化为股权时，15% 的股份激励实施的时限，就是企业满足 A 股上市财务条件的时点。

（2）不划定产业链前、后端和总部 6%、6%、3% 的比例，否则会产生不公平和"搭便车"现象，可以考虑"竞赛"机制，即谁贡献大、谁获得的绩效激励、期权激励和最终的股权激励就大，激励创造和贡献。

（3）同时考虑组织的进化，即内部裂变式创业的各种机会和可能性，综合考虑企业各阶段特别是后续吸引人才进行持续的绩效、期权、股权激励的机会、公平性，特别是综合考虑总部和子公司（分支机构）两个层面股权激励的先后次序，优先考虑先行在子公司进行绩效、期权和股权激励，根据进展，特别是根据不同子公司为总部价值贡献的多少，再将创造绩效和价值的核心团队在子公司的期权、股权兑价到总部，实现股权激励。

最后，笔者建议他们从战略（目标）、组织（进化）、（激励）机制三个维度系统思考和设计。

一家某地级市最大的餐饮企业找到了笔者，希望笔者能够帮助他们从战略和股权激励角度进行规划和设计。

笔者首先请这位女董事长介绍了一下她自己创业、成长的过去和现在，以及她对公司未来的期望和困惑。她在讲述了过去 20 多年的创业史后，表达了对未来的期望，她期望公司绩效越来越好、她的担任总经理的孩子能够快速接班、她的企业内部大量的亲戚们能够被激励、她的门店优秀的经理愿意到总部任职、她能够有能力接受外地多位潜在合作伙伴加盟甚至托管的期望、她希望健康而持续地促进企业发展壮大……

笔者首先充分肯定了她 7 年前对公司所做出的战略定位和坚守而创造的绩效和成果，也充分肯定了她已经敏锐地发现了顾客需求正在发生变化的事实，并因此做出必须重新战略定位进而调整战略和激励机制的希望。在此基础上，笔者用了三个关键词与她探讨了三个关键环节：

（1）集团（或平台）。集团公司的组织架构（事实上却已经是集团公司的事实）是对未来达成战略发展目标的制约，特别是子公司或门店初始股权和按照股权的完全分配，会制约子公司（门店）高管进入总部，无法加强总部部分应该加强的职能，限制公司外延式发展的动力和可能性。

（2）进化（或内部创新创业）。需要考虑员工的创新创造创业的巨大潜力和动力，如面对外地强烈的加盟或托管需求，如何裂变出一个托管团队，去发展这项事业——当然，这项事业是符合公司战略定位的——绩效、股权机制如何设置，并促进更多的员工在公司这个平台之下裂变创业的可能性。

（3）竞赛（分支机构或子公司）。分支机构（子公司、门店）高管团队通过绩效竞赛，竞争总部释放出的期权、股权，进而推动集团和分支机构协同发展。

基于以上三点，建议该企业董事长作为该公司战略、组织、股权优化的基础思考。

其实，说到底，激励是企业老板价值观的体现，它的最终呈现也就是老板如何看待价值、如何分配价值的具象化表现。

后来笔者访谈上述餐饮企业一位门店经理，请她表达对董事长的三点定性感受时，她认为是：爱、分享和严格，她说："我们董事长就是希望她的员工好，有钱赚，但你如果实在能力不行，也没有办法帮到你。"所以，这位董事长具备了做好激励人心的激励机制的基础，只是欠缺一些方法而已。

可以说，绩效激励永远是一个激励人心的永恒的人性课题，激励着笔者不断去实践。笔者希望各位企业家一定要自己去探索、创新、创造，用机制而不是个人的力量为企业创造更加美好的未来。

四、激励是老板的首要职责

1. 绩效激励是价值观的体现

金钱是人类社会创造的信用符号，很大程度上体现了价值创造和价值分配的意义和作用。

浙江大学管理学院的田涛对华为的激励机制作了很好的分析和解答。在田涛的分析中，华为"以客户为中心、以奋斗者为本、长期坚持艰苦奋斗"的核心价值观融进了18万人的血脉之中，更融入到了整个组织的制度和流程体系。对于华为而言，价值观本质上是利益关系的认知和界定，它规定了企业的价值创造来源、价值评判标准和利益分配原则。通俗来讲，是一个钱从哪儿赚、靠谁来赚、赚了钱怎么分（也包括权力的分享、成就感的分享）、分钱分权的目的是什么的三段论，很显然，华为的价值观是一个高效闭环的利益—观念—实践体系。

价值观是对企业内外利益关系的描述和界定，所以价值观决定组织的盛衰兴亡，是组织的基石。因此，企业价值观是一件至关重要的大事，不是老大或者几个秀才拍脑袋想出来的。

很多企业最终员工的意愿问题，或者敬业度问题，实际上是老板没有厘清"钱赚了如何分"这个最简单和基本的问题，甚至可以说是出于"自私"地想自己多分些，这样就出了问题。

华为尊重股东在企业发展中的重要贡献，认可资本所承担的风险，股东理应得到合理和长期的收益，但相比较而言，华为在股东和员工的价值权重方面更倾向于认为，员工（包括企业家和管理者）是企业持续健康发展的根本动力，所以员工要先于和优于股东进行价值分配，而股东则必须节制过度的贪婪和短期行为。

最显著的结果是，过往 30 年，华为员工的年平均收入之和（含工资奖金和福利）与股东收益之比为 3∶1 左右。另外，在与客户的关系上，华为主张"深淘滩，低作堰"，绝不谋求暴利，而要谋求与上下游企业构建共兴共荣的产业链，大家一起强大，一起面向未来。

田涛认为，在客户、员工和股东三者的价值关系上，华为认识到也做到了绝不能倾向任何一方的利益最大化，因为任意一方的利益最大化都可能会断送掉华为的未来，对另外两方也不一定长远有利。

2. 目标是不能被考核的

笔者建议可以考虑放弃"考核"这个词。一旦考核，目标就会变成博弈，根据损失厌恶原理，目标的负责人会强调困难和达不成的理由，会忽视机会和可能性——根据心想事成的法则，那么目标就基本注定不能达成了。再好的目标管理的方法和工具都会因为考核目标而失效，更加不用提什么"自我管理"了。

但必须制定目标、设定指标，因为目标就是方向，指标是衡量、总结和自我管理、自我提升的基准，是进行机会发掘、要素和资源构建的起点。

德鲁克在《人与绩效》一书第 12 章"目标的力量和企图"中指出："从一开始就将目标转换成了工作任务。它彻底理清了每个目标领域需要什么样的结果和贡献。它根据结果将责任分配给某个人，并认为该人需对结果负责。它根据目标来衡量绩效和贡献。"

"可目标一旦变成紧箍咒，就会有害无益了。目标总是以期待为基础。期待，充其量是在知晓信息的前提下进行猜测。目标表达了对企业外部因素的评价，这些因素不受企业控制。世界也并非静止不动。"

创新也同样是不能被考核的，但一定需要被激励。

彼得·德鲁克在《人与绩效》一书第 16 章"创新型组织"中指出：创新努力获得"成功"的概率平均为 1/10……胜出的那一次尝试，必须弥补其余 9 次失败尝试的损失，并带来自己的结果。

在《创新与企业家精神》一书中，德鲁克专门举了 3M 和强生公司的例子："所采取的方法非常有效。它们承诺凡成功地开发了新产品、新市场或新服务，并将其建立成为一个新事业的人，公司将聘其为该事业部的（高管），享受与该职位相匹配的薪酬、红利和优先股。这是相当丰厚的报酬。但是，如果没有成功，公司将无须兑现任何承诺……另外一个方法是让负责新项目开发的人员享受未来利润的分红……将这个新项目视为单独的一个公司，创业经理在该项目中享有股权，比方说 25%。当这个项目果真发展成一家成熟企业时，公司再按事先约定的基于销售和利润的公式回购股权……如果创新失败，他们应该有权选择回到原来的工作岗位，并享有原来的薪酬。"

德鲁克在《人与绩效》第 16 章"创新型组织"中指出："创新的设计原理是，设立在现有结构之外的团队，是'自治单位'，独立于运营组织之外。"

"创新活动组织成独立的公司，母公司拥有大部分控制权，一般而言有权按事先确定的价格将小股东的股份全部买下。但创业家，也就是直接负责开发创新的人，是自负责任的主要股东……按照结果补偿创业家是极为可取的。……诱使创业家接受低薪资，直到实现结果，同时许诺成功后以股份形式或特别资金的形式给予丰厚奖励，这样的补偿办法是很合适的。公司与'创业家'之间建立'伙伴关系'，促成了这一可能。"

3. 必须对绩效进行有效衡量

所谓的界定结果，必须做到压力和动力同在。不考核目标，不是没有底线，更加不是不对绩效和成果进行衡量。

德鲁克在《管理的实践》一书第 11 章"目标管理与自我控制"中指出："为了控制自己的绩效，管理者单单了解自己的目标还不够，还必须有能力针对目标，衡量自己的绩效和成果。所有公司都应该针对每个关键领域向管理者提供清楚统一的绩效评估方式。绩效评估方式不一定都是严谨精确的量化指标，但是却必须清楚、简单而合理，而且必须和目标相关，能够将员工的注意力和努力引导到正确的方向上，同时还必须很好衡量，至少大家知道误差范围有多大。换句话说，绩效评估方式必须是不言而喻的，不需要复杂的说明或充满哲理的讨论，就很容易了解。"

每位员工"必须了解公司的最终目标是什么，对他有什么期望，又为什么会有这样的期望，企业用什么来衡量他的绩效，以及如何衡量。"

《成果管理》第 14 章"企业以经济绩效为本"中指出："组织在界定每一名管理人员和专业人员的工作时必须以这种工作如何有利于公司实现自己的经济成果为出发点"。"对于必须拥有知识和判断力、自我管理能力以及产生工作动力的'激励机制'的人来说，组织要强调的是贡献与成果。"

4. 必须做好期望值管理，必须及时激励，且相对公平、公允

田涛总结华为的方式和方法是：年初定目标，18 万人 365 天齐心努力，把"猪"养肥，年底先分奖金再分红，利润几乎全分光，公司又变成了"瘦猪"……华为大概是全球 500 强中"最穷的高科技企业"。

他认为：这应该是任正非将"熵理论"在管理中的极致应用，是一种不给任何人留退路、任何人都只能持续奋斗、只能持续前行的组织"倒逼机

制"，这一机制的假设逻辑是，个体和群体的饥饿感驱动组织活力与价值创造；假设前提是，价值评价和价值分配必须是公正的和相对公平的。

多劳者、贡献者必须"发财"，这条准则从华为创立之初到如今，始终贯彻得很彻底，由于分配不公引起的组织内讧、大面积的消极情绪以致团队分裂的现象在华为历史上很少发生；与此同时，多劳者、贡献者则升官的干部晋升机制，在华为也一直坚持得比较好。

华为一位高管这么说，华为本质上是"分赃分得好"，这里所谓的"分赃"不仅是财富分配，还包括基于责任与结果导向的权力分享和成就感、荣誉感的共享。

"公平分赃"至为重要，"就地分赃"同等重要。金山银山堆在那儿，大家的眼睛都发绿了，有多少人还有心思去找下一艘商船？我们有一些老板没想明白这个道理，有些老板的心理有点扭曲，虽然银子是一起抢下来的，但什么时候分是我说了算，就是迟迟拖着不分，以致把"论功行赏"变成了老大的恩赐……

从激励学说的角度，延迟激励时间拖得越久，激励效果越呈现出几何级的衰减效应，再加上不能做到相对公平，带来的常见情形是，一些公司每到年底发奖金，人心就涣散一次……

5. 金钱激励只是起点，必须同时匹配更多的激励要素

1959 年，弗雷德里克·赫兹伯格在他的著作《工作中的激励因素》中指出，对金钱的满足感主要是一个"保健因素"。

德鲁克在《21 世纪的管理挑战》第 1 章"管理的新范式"中指出："知识工作者不是下属，他们是'合作者'。"

他们更是他自己领域的专家，"但在他们自己的工作上，只有这些所谓的'下属'承担起教育上级的责任，即帮助'上级'了解市场调查或物理治疗的内容、具体的程序和各自的'效果'，上级才能发号施令。"

德鲁克举了一个形象的比喻：交响乐团指挥与乐器演奏者之间的关系。

他进而指出："组织中聘用知识工作者的上级，通常不会做所谓的下属

的工作，就像乐队的指挥不会演奏大号一样。反过来，知识工作者需要上级发号施令和给整个组织打'分'，即规定标准、价值、绩效和效果。正如交响乐团会影响到最才华横溢和最独断专行的指挥的质量一样，知识型组织也可以轻而易举地降低最精明能干的上级的管理质量，最独裁的上级就更不用说了。"

德鲁克认为：企业需要采用管理志愿者的方式来管理越来越多的"知识工作者"。"激励人们工作的因素，特别是激励知识工作者工作的因素，就是激励志愿者工作的因素……最重要的是，他们需要挑战；他们需要了解组织的使命和对使命深信不疑；他们需要不断的培训；他们需要看到结果。"

笔者认为，成长的激励是在金钱激励之外另一个最重要的因素，这部分的内容会在本书第十二章首节"成长的力量"中阐述。

正如德鲁克指出的："我们需要采取的做法是激发员工追求绩效的内在自我动机……唯一有效的方法是加强员工的责任感，而非满意度。只有当员工出于其他动机而愿意承担责任时，金钱上的奖赏才能发挥激励作用。"

6. 老板无私成自私，员工自私成无私

总结下来，老板必须是无私的，甚至是李嘉诚讲的"只取6分"，虽然自己取得少了，但实际上为自己汇聚的能人（知识工作者）多了。那么，大家为组织、为社会创造的价值就更多、更大了。

因为老板的无私，看似成就了员工的自私，但员工的自私实际上反过来成就了老板的无私——事业持续发展、顾客价值、经济价值和社会价值持续最大化、最优化，其实最终从利益上"老板"获益更多。

正如彼得·蒂尔在《从0到1》一书中强调的："如果你创建自己的企业，拥有100%股权，一旦公司倒闭你将一无所有；相反，如果你只拥有谷歌公司0.01%股权，最后你的价值将令你难以置信（超过3500万美元）"，所以，不在于拥有、不在于控制，而在于参与创造，共同创造——对于老板而言，是领导创造——无私反而创造和收获更多。

五、向上看愿景，对下负责任

正如前文所述，只有绩效激励是不够的，还需要管理者表现出言行一致的行为，特别从用人、待人环节上充分表达价值观，充分激发意愿。

实际上，任用正直的人是最重要的激励。德鲁克在《管理的实践》第13章"组织的精神"中，强调了正直的重要性："如果他（管理者）缺乏真正的品质——无论他知识多么渊博，多么聪明，多么成功——他具有破坏的作用。他破坏企业中最具价值的资源——企业员工。他败坏组织精神，损害企业的绩效。"

德鲁克进一步强调："在任命高层管理人员时，再怎么强调人的品德也不过分。事实上，除非管理层希望某个人的品质成为他的所有下属学习的典范，否则就不应该提拔这个人。"

德鲁克进而指出："如果一个人的注意力只集中在人们的弱点上，而不是人的长处上，这个人绝对不能被任命担任管理职务"——这也是为什么很多专业人士不能做领导的根本原因。

"管理层不能任命一个将才智看得比品德更重要的人，因为这是不成熟的表现。"

所以，正如前文所述直接经理可能对员工敬业度有直接作用，但背后我们还需要看是谁任用了他，为什么任用了他。

IBM 公司称管理者为下属的"助手"，管理者的愿景应该总是向上看，视企业为整体，但是他同样应该向下负责，向他所领导的团队中的管理者负责。基本的要求是，管理者应该明白他和下属的关系是一种责任，而不是上对下的监督。

优衣库创始人柳井正在其所著《经营者养成笔记》中提出，要"全心全意、全身心面对部下"。基于这样一个思考：在直接与每一个部下相处时，做到什么程度才算好呢？

他认为："答案很简单，那就是百分之百。人只有在别人百分之百尽全力对待他时，才会改变。不要妄想只通过浮于表面的交往就能改变一个人，这在人际关系上是不可能发生的事。"

在书中，柳井正提出了如下建议：

1. 站在部下的立场上认真倾听

最重要的是，要真正为对方着想。每个人对事物的看法、想法、感受、立场、经历以及性格和感情等都是不一样的，如果我们不能顺应对方的情况来倾听，是不可能收到好效果的。所以，领导者要站在部下的立场上认真倾听。

如果你不能以这样的态度去与对方交流，就不可能被对方接纳，对方会认为"即使说了，他也不会理解"，并往往因此而不说出他们的真实想法。

2. 用心理解并接受部下

在认真倾听部下的心声之后，还要用心理解并接受部下。但是，这并不等同于部下说什么是什么。所谓用心理解并接受，是指针对部下所说的话，运用自己所有的经验、知识和能力进行分析，考虑应该如何给他提出最好的意见和建议。

其实，部下是很敏感的。他完全能看穿你是真为他着想还是仅仅出于上司的立场才这么做的。

上司的自我满足其实对于经营并没有任何帮助，重要的是如何去感动部下并使部下发生改变，这才是上司应尽的责任。

但是，人不是那么容易就能被感动的。要想让部下接受自己，就必须让他觉得你是能够理解他的境遇和情感的人。

为了做到这一步，在实际工作中你必须站在对方的立场上，努力理解对方的思维方式和情感模式，除此之外没有别的办法。

这不是只花 30% 或 40% 的精力就可以做到的事。不花费 100% 的精力绝无可能做到。

3. 领导者必须时而做"魔鬼"，时而做"菩萨"

如果真为对方着想，身为领导在实际工作中就必须时而做"魔鬼"，时而做"菩萨"。领导的工作就是要让部下的未来一片光明。

因此，如果真为部下的未来考虑，就必须如魔鬼般对其进行严格的指导，直至其能够胜任某项工作。而且，还必须做一个为部下设立一个又一个目标，向部下提出越来越高要求的"魔鬼"。

另外，如果你只是"魔鬼"，部下不会追随你，也得不到成长。所以，当你认为部下做得不错，或者比以前有进步时，你就要做"菩萨"，好好地表扬他并对他的工作予以认可，这同样非常重要。

作为"菩萨"，仅仅表扬部下，对部下的工作予以认可是不够的，还应关心部下的健康状况和家庭情况，这种关心也是"菩萨"应有的一个侧面。

柳井正在书中提出了这样的思考：你的成员中，如果有人无精打采或是面露愁容，那多半是什么原因呢？

他指出：人不仅仅只有工作。成员中，如果有人无精打采或是面露愁容，那多半是家庭或是健康方面出了什么问题。这种时候，作为领导者应该在问明原委之后，设身处地地为成员着想并给予恰当的关怀。如果是生了病，就给他介绍个医生，或者向他建议这个时候该怎么做会比较好。在了解情况之后，还可以考虑在那段时间对他给予一定的照顾。

领导者这样做，会使成员感觉到自己所在的公司是个好公司，自己的领导是个好领导，并因此而产生要更加努力工作的意愿。

他最终的结论是：不懂得体察别人心情的人是做不好经营的。

六、目标、组织和机制——机制、组织和目标

德鲁克在《21 世纪的管理挑战》一书第 2 章"战略——新的必然趋势"中指出："我们必须重新规定'绩效'在特定企业，特别是大型上市公司中的定义。我们必须学会如何在短期结果（即目前强调的股东价值所指的含义）与企业的长期繁荣和生存之间取得平衡。"

笔者对企业的建议是目标、组织和机制同步考虑，实质上反过来也同样有效：即机制激发了员工的意愿：积极性和创造性，并与有效的组织方式结

合，就会有效地促进组织进化，目标达成，甚至遥不可及的目标的达成。

在这一点上，海底捞给我们创造了典范。

如通过公开的可以查询到的资料，我们可以了解海底捞给出了两种薪酬方案供所有店长选择：

（1）自己所管理餐厅利润的 2.8%；

（2）自己所管理餐厅利润的 0.4%+ 徒弟管理餐厅利润的 3.1%+ 徒孙管理餐厅利润的 1.5%。

如果你是店长，你会怎样做呢？结果是，绝大多数老店长会拼尽全力帮公司培训新店长。

从管理的角度来看，这样的制度设计，解决了另一个重大问题：员工自发的扩张意愿。

说得更加时髦一点，就是"裂变"，非常值得其他企业学习、研究和思考。

这其中，浓缩着师徒制的精华。徒弟要想走上人生巅峰，必须努力帮师傅干活，而师傅如果能培养徒弟成为店长，能够获得丰厚的后续收益。这样的制度设计，释放了强力的员工成长机制，并且让整个人力资源体系"裂变式"自我扩张。这里虽是细节，但其实是海底经营管理方式和方法的精华，浓缩了强大的智慧。

当然，这其中蕴含了海底捞作为平台的力量。

整个海底捞品牌体系、员工培训体系、火锅底料供应、食材供应链都帮助店长搞好了，店长的责任就是将自己的店做好之后，培养徒弟徒孙。

因为海底捞的供应链由关联公司蜀海供应链负责，底料则由关联公司颐海国际提供，这两块资产，是海底捞上市主体外的资产，是店长重要的平台资源支撑。

在这种平台资源支撑之下，店长留在海底捞，维持本店现状，源源不断培养新店长，他的收入会呈指数级上升。

这种组织、机制的设计，完全就是在德鲁克建议的任务小组制向联邦分权制的进化基础上匹配的人才进化模式和机制。更重要的是，后台有强大的平台支撑。海底捞的店长，只要能培训出 6 个能当店长的徒弟，那么他个人一年的收入就能有单店净利润的 3.1%×6=18.6%。

这从机制角度反过来促进了组织的进化，因为组织的进化，推动了一个组织战略目标的不断达成。

这充分体现了海底捞高层管理团队对人性的认知和激发，是其他企业家学习的楷模和榜样。

第十二章　发掘能力

经济成果是差别化的成果。这种特有的差别化的源泉，以及企业在这种差别化的基础上谋求的生存与发展的源泉是企业中的一批人所掌握的特定和独特的知识。

——彼得·德鲁克

阅读本章前，你需要首先问自己几个问题：

（1）你怎样看待员工成长这个问题？你认为的员工最好的成长方式是什么？

（2）为什么需要员工"自我管理"？

（3）你认为领导在发掘员工能力和促进员工成长环节上应该扮演什么角色？为什么？

（4）你认为在怎样的组织状态下，知识工作者的能力最能有效发挥？

（5）你是怎样看待目标管理、自我成长、自我管理、领导力、组织、机制这几者在促进知识工作者能力发挥上的关系的？

一、成长的力量

希思兄弟在《打造峰值体验——行为设计学》一书中讲述了史蒂夫·坎布的故事。

坎布一生酷爱电子游戏，他担心自己会沉迷于游戏中的快感而错失太多的生活现实。后来，他慢慢意识到，如果能弄明白自己为什么会对游戏如此着迷，他就可以运用这些原理，来重建自己的生活。

在坎布的《生命的升级：成为自己故事中的英雄》一书中，坎布描述了带给人快感的游戏背后的原理：这些游戏是由层级体系构建的，通关的感觉真的很棒。

由此，坎布设想，是否可以将自己的人生目标按照游戏的方法设置"关卡"和"层级"，使人能够在不断的通关和升级中收获自我激励，进而爱上现实的生活和工作。

坎布自己借鉴游戏的设置原理，为自己学会爱尔兰小提琴设置了一个朝向"学会"这个大目标的6级升级目标：

第一级：每周保证上一节小提琴课，每天练习15分钟，坚持6个月；

第二级：重新学习识谱，奏出克雷格·邓肯的《凯尔特提琴曲》；

第三级：奏出《指环王：护戒使者》里的《担忧的霍比特人》；

第四级：和其他乐者一起用小提琴合奏30分钟；

第五级：学会用小提琴拉奏《大地英豪》中的《海角》一曲；

终极之战：坐在爱尔兰的酒吧里演奏30分钟的爱尔兰小提琴。

实际上，结合上述坎布的洞见，就是将大目标进行小目标的分解，类似于游戏中的关卡，这样，我们能够有效地享受到一级级突破、类似过关的自我实现、自我满足的快感，而不是面对大目标时所感受到的力不能及的恐惧和挫败感。

通过坎布的洞见，我们可以再延伸一下，站在员工角度，更进一步的是将员工作为顾客的角度考虑，并结合目标管理的小目标分解，就可以换一个角度将企业最重要也最难落地目标管理有效落地。同时基于目标管理，促进员工自我管理，使企业员工更加高效地为公司做出贡献，实现企业与员工的共同成长。

1. 将员工作为顾客，站在他成长的角度梳理其成长程序

我们可以用一个笔者团队服务企业的例子来诠释这个过程。曾经，我们

服务的这家公司的分公司都是销售型公司，但招聘的员工如"流水"一样飞快地双向淘汰。如该公司广州分公司1年内招聘了200名员工，最终只留下20名不到，怎么办？大家都很困惑。

笔者团队在与该公司高管、该公司几个分公司的负责人一起站在员工角度讨论分公司的"员工成长计划"程序的时候，大家的眼睛里充满了阳光和希冀。

图12-1是笔者团队服务的这家企业的分公司的员工成长计划。

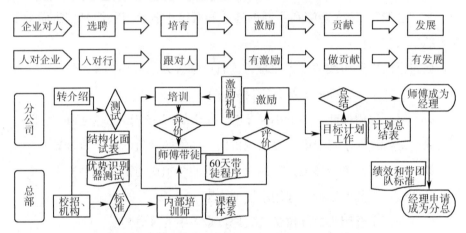

图12-1　某公司销售分公司的内部员工成长计划流程和工具

实际上，这个成长计划就是更换了一个角度，将员工作为为企业贡献敬业度的顾客，基于这个角度梳理其不断成长、敬业和贡献价值的过程。

（1）横轴既是公司对人力资源发展的希望，同时也是员工（顾客）在企业获得满足感（发展和成长）的过程，这两个过程如果能够目标一致、实现共赢是最佳的状态。

我们都能理解，或者站在企业角度出发，企业对员工都是所谓的"选聘、培育、激励、贡献和发展"的希望，但反过来，如果将员工看作"顾客"，或者将"员工敬业度"作为员工与企业进行价值交换的类似于"顾客满意度"的顾客价值，那么，员工对企业也是一种选择。他们应该有这样的希望："入对行、跟对人、有激励、做贡献和有发展"。我们看到，如果从员工的角度出发，将会得出不一样的结论、要素和结果。

（2）无论是企业视角的"选聘"还是员工视角的"入对行"，无论是企业主动出击还是被动接受新员工投简历、老员工转介绍，都是一个双向选择的过程，这个过程更重要的是给"目标员工"一个建议，什么行业、什么职业、什么岗位，更能发挥他的才干、技能和知识。

这个时候，需要企业明确岗位素质模型和岗位职责，必须有一定的标准、时间和过程对目标员工进行选拔，反过来，目标员工通过这个过程实现对自己的判断、对企业的考察，这是一个双向的共赢的过程。最终双赢的衡量标准应该是企业选拔了"潜力股"，员工实现了"入对行"。

培育的过程就是双向选择的过程，无论是培训之后的评价，还是导师带徒的过程评价。员工入行后的第一位导师非常重要，每个企业都要为新员工选择导师这项工作花费心力。

针对该公司情况，我们最终设置了 3 天培训，7 天试岗，15 天第一轮快速双向选择的程序。当然，后续的 1 个月和 2 个月都是一个双向选择期，我们的目标是，50% 的不匹配的面试者在面试时进行相互淘汰，初步入职后的不合适的员工 80% 在 15 天内相互淘汰并给其如何发挥天赋才干的建议。这样企业大幅度降低了和不匹配员工的交易成本，同时，对不适配的员工也是最大的关爱。

（3）激励贡献是非常重要的。只有通过激励贡献，才能不断提升员工的意愿和能力。

在这个环节，我们除了设置价值增量激励之外，强化了另外两个环节。一个是员工成长的激励，我们讨论决定，如果员工入职后成为导师，他在带徒的前 3 个月基于徒弟的业绩有逐步递减的激励比例，如果他带的徒弟的绩效之和能够达到一定的程度，他就可以成为一个经理，再达到一定的程度，就可以申请由他牵头到其他区域成立一个分公司——裂变式创业，另一个环节是计划和计划管理，这个环节的核心是按照德鲁克在《卓有成效的管理者》中所提示的 5 个维度，基于成果导向、明确工作的优先级，并将优先级植入到工作计划中，如针对营销岗位的工作计划，我们设计了这样一个工作计划表。如表 12-1 所示：

表 12-1 基于优先级的月度工作计划表（例）

	工作	责任人	时间	总结
1	第一优先级：VIP 顾客多买和转介绍		第一周全力以赴	优点：
2	第二优先级：一般顾客向 VIP 顾客转化		第二周全力以赴	
3	第三优先级：新顾客开发		每天 2 小时	改善点：
4	顾客开发回顾，顾客档案整理		每天下午 2 小时	
5	……			下一步计划：
6	……			

这个基于优先级的月度工作计划表要求营销岗位员工每月结束后，从 3 个维度进行总结，首先是做得成功的环节，可以称为优点；其次是需要改善的环节；最后是下一步计划，而下一步计划就是下月的目标和任务分解、优先级计划和时间分配。

制订月度目标是月度计划最重要的环节，首先要求对自己的顾客进行分析，明确自己的 VIP 顾客和非 VIP 顾客，考虑当月目标有多少由 VIP 顾客的再买、多买和转介绍实现，多少是通过非 VIP 顾客的一般顾客向 VIP 顾客转化（再买、多买和转介绍）实现的，然后不足部分由新顾客开发实现，倒算需要开发多少新顾客……

在上述基础上，对自己的时间进行分级。如第一周全力促进 VIP 顾客发挥作用，第二周全力促进非 VIP 顾客向 VIP 顾客转化，每天下午留 2 个小时开发新顾客，并每天留一定时间进行顾客开发总结回顾和顾客档案整理。

通过上述基于意愿和成长的激励，基于计划和计划管理的知识总结和能力管理，我们相信，该企业基于每个员工的成长，一定会收获组织更强大的成长力和生产力。

2. 将公司对员工的希望和要求，转化为员工自己要实现的目标和对自己的要求

参照坎布的洞见和实践，结合员工自身成长"过关"的期望，我们结合

公司的目标，结合员工自身个人成长的目标，将两者合二为一，将公司绩效的大目标和员工成为内部创业者（合伙人）的大目标分解为小目标，转化为类似游戏的一个个关卡。如表 12-2 所示：

表 12-2 某公司基于员工成长计划的大目标向小目标分解

	公司期望的大目标的关卡	个人期望的大目标的关卡
第一关	聘用到有意愿和潜力的员工	通过面试，测试自己的才干和潜力
第二关	1 个月淘汰不适配员工	通过 1 个月时间快速确定是否"入对行"
第三关	2~4 个月，产出：工资 > 2：1	成功签约第一单，并快速挣出自己工资
第四关	5~9 个月，超过员工平均绩效	成功超越团队成交率和客单价平均值
第五关	9 个月 ~ 1 年，成为一名导师	成为一名令人尊敬的导师
第六关	成为一名带团队的营销经理	成为一名带团队的营销经理
终极战	成为一名分公司总经理	成为一名分公司总经理

应该说，上述基于"过关"角度进行的目标分解，是在员工成长计划（见图 12-1）基础上、站在员工（作为顾客）角度，或者员工发自内心地对自己的自我管理的结合，将会真正有效地促进企业和员工实践目标管理和自我管理。做到了这一点，公司的事业就会自然地成为员工自己的事业。

3. 结合"关卡"明确标准，设置有仪式感的激励机制

除了关键升级关卡的设置，还需要标准、激励机制和通关后的仪式，通过三者的结合，促进员工不断在获得欣喜感、仪式感、荣耀感和使命感的基础上，重新认知自己、收获更大的自信，创造更大的价值。如表 12-3 所示：

表 12-3 某公司员工升级关卡标准、激励和仪式

	标准	激励机制	仪式
第一关	才干测试和结构化面试	试用合同	入职仪式（董事长使命诠释、导师带徒）
第二关	掌握岗位职责和营销流程和话术	正式合同	正式上岗仪式

续表

	标准	激励机制	仪式
第三关	客户发展的成交率和月度回款	营销激励政策	成功签约第一单分享会
第四关	成交率与月度回款	营销激励政策	新员工超越平均绩效分享会
第五关	绩效达标、内部讲师训通过	导师激励政策	导师聘任仪式，导师带徒仪式
第六关	带出？位徒弟，自己＋徒弟绩效之和大于？万元	营销经理激励政策	营销经理聘任仪式
终极战	带出？位营销经理，整体绩效之和大于？万元	分公司总经理股权激励政策	分公司成立仪式暨分公司总经理聘任仪式

应该说，上述三个维度和视角的突破，既是对该企业站在员工角度经营事业的突破，同时也可以为更多企业提供借鉴意义：

首先，将公司对员工的要求转化为员工自我管理、自我成长、自我成就的要求——员工不会愿意做企业对其希望和要求的事，他会更有意愿做他自己想做的事。

其次，将员工成为创业者这一遥不可及的梦想通过将大目标转化为一个个小目标，转化为一个个可攀登的台阶，一个个可通过的"关卡"。让员工看到实现目标并不是想象的那么难——最重要的前提是：企业选对人，员工入对行——选拔意愿和才干，培养技能和知识，用绩效和贡献衡量。

最后，为每一个通"关"的员工通过仪式感赋予其成就感、荣耀感和使命感。当然，前提是有标准和激励机制。这样，既是对员工本人，也以对其他员工的一种感召和唤醒，从而有效激发全员目标管理和自我管理的意愿和能力，真正使员工成为岗位上自己的老板，未来成为公司平台上的创业者、合伙人和股东。

二、管理的力量

彼得·德鲁克在《创新与企业家精神》一书第 2 章"有目的的创新和创新机遇的七个来源"中对管理用另外一个角度进行了解读：管理（即一种

"有用的知识"）首次使得拥有不同技艺和知识的人能够在一个"组织"里一起工作，这是 20 世纪的创新。

正因为有了"管理"，我们才可以将"个人"组织成为"团队"，才能运用团队和组织的力量，做一个"个人"所不能完成的事和事业。

本书所展开的"从目标开始、用流程梳理、由机会着手"就是对如何有效地"管理"的一种解读。

在"管理"工作中，核心在于两点，一是目标，一是人。管理者很容易理解目标的重要性，也很容易理解必须统一组织中全员目标的重要性。但对于"人"的理解，或者如何有效地发挥人的效能的理解却存在巨大的差别，这实际上是企业与企业之间、组织与组织之间生产力存在巨大差别的核心所在。

很多专家用了很多漂亮的词汇诠释这个问题，如从"人事"进化为"人力资源"，再进化为"人力资本"。但无论如何将"人"这个名词进行变换，都必须真正地"以人为本"。都必须要求作为企业的"一把手"从目标、组织和机制上对"人"的效能发挥基于"人性"进行充分理解和量身定制的考量和实践。正如大家一致认为张勇就是海底捞的人力资源部长，任正非就是华为事实上的人力资源部长和"蓝军司令"一样。

利·加拉格尔（Lenny Rachitsky）在他所著《爱彼迎传：打造让用户热爱的产品》写道："当你在一个产品团队中处于领导地位时，你很快就会发现，最重要的产品是你如何组织你的团队。

如何组织你的团队？它可以是一个力量倍增器，也可以是实现目标难以跨越的障碍。从我的经验来看，成功的团队设计有几个关键因素：

优化具有明确任务的跨职能团队。根据笔者的经验，这是领导者在组建团队时能做的最有影响力的一件事。你肯定希望团队能够尽可能自主地朝着一致的目标前进。

任何缺少的资源（例如设计师、预算等）、额外的跨团队依赖关系或冲突，都会极大地降低团队的影响（这通常在一段时间之后才会显现出来）。

考虑一个团队需要与另一个团队交流需要花费的所有时间，尽可能缩短无效时长。运作良好的团队就像一个黑箱，输出定期的更新和出色的工作。

正确地设定目标。关于目标已经有很多说法（例如 SMART 原则，目标与关键成果法），但是我认为团队仍然会低估实现目标所需要的力量。根据我的经验，正确的目标不同于飞速的进步和无休止的波动。

什么样的目标对我最有用：①尽可能少的目标——理想情况下是只有一个或两个目标；②拥有快速反馈回路，这样就可以立即看到某行动的影响；③与营收业务增长有直接联系；④容易理解；⑤跳出舒适区。

要知道，没有完美的团队，只有你当时最好的想法。在 Airbnb 的时候，我经历了十几次重组。在那段时间里，我从未见过一个能解决所有问题还能让所有人都满意的团队计划。确保你已经解决了最大的痛点，尽可能地在未来加以防范，然后继续前进。

它会有一些缺陷，例如，产品权责不清晰、团队职责重合、团队发展不匹配……所以要注意到这些问题，并在它们周围建立起相应的系统。最好能做出组织未来将再次发生变化的预期计划。"

笔者从"任务"和"当时最好的想法"两个角度诠释一下利·加拉格尔对"目标"和"人"连接的准确定义。

（1）任务源于目标，而目标一定是有优先级的，顾客需求、顾客的满足感第一，基于顾客需求和顾客的满足感，"任务"因应而生。

基于明确的"任务"，而不是基于"职能"、不是基于"专业"，职能和专业只是为了达成顾客需求这个"任务"的必备知识和分工而已。所以，强调任务必须大于职能，职能必须服从于任务，任务必须源于顾客。否则，一定会产生德鲁克所谓的"职能主义者"，产生部门壁垒，严重影响顾客需求的满足，进而直接影响企业创造经济价值。

（2）基于任务才能产生"当时最好的想法"。这其实就是哈耶克"知识的即时性"的通俗表达。每个知识工作者头脑中的知识都如冰山一角，他的知识表达需要"场景"，需要"任务"，需要"互动"，需要在即时应用需求时的"调用"——当时最好的想法。

这也是 20 世纪 80 年代初 GE "群策群力" 和 21 世纪初日产 "V-up" 的应用的核心理论和实践基础。

正如谷歌董事长埃里克·旋密特在《重新定义公司》一书 "前言 谷歌是如何运营的" 中指出的：谷歌聘用创意精英，而 "所有的创意精英都必须具备商业头脑、专业知识、创造力以及实践经验，这些都是基本特质。"

"创意精英的共同特点是：认真努力、乐于挑战现状、敢于从不同的角度切入问题。" 必须 "重设管理原则，创造并维持一种新的工作环境，在这家飞速发展的企业中为我们卓越的创意精英们提供茁壮成长的沃土。"

这就是管理的力量，基于目标，创造知识工作者贡献知识，创造新知识、组织知识的环境和氛围，持续构筑企业核心竞争力。

三、自我管理的力量

哈佛商业评论连载最多的文章《什么决定了你的未来》，实际上就是德鲁克 89 岁高龄出版的《21 世纪的管理挑战》的第 6 章 "自我管理" 的提前发表。

在该章（文）中，德鲁克提出了五个 "需要" 来做到自我管理：

（1）他们需要问："我是谁？我的优势是什么？我如何工作？"

（2）他们需要问："我属于哪里？"

（3）他们需要问："我能做什么贡献？"

（4）他们需要承担维系人际关系的责任。

（5）他们需要为他们的下半生做好规划。

笔者从本章（文）收益良多，也为很多人推荐过这篇文章。一个重要的心得是：不能 "千里马常有，而伯乐不常有"。

每个人都要充分表达 "我是谁"，我的 "价值观是什么"，充分展现 "我的优势是什么"，并明确 "我如何工作"，进而与组织内外的人有效匹配，共创价值，无论是老板还是普通员工都要如此。

1. 发现才干，拓展技能和知识

如果可以使用《优势识别器 2.0》对自己的才干进行一下测试，它会给你五个关键词的解读。通过这五个关键词，每个人都可以从一个角度明确一下自己的才干，并在自己的才干基础上去探索努力的方向和目标，根据方向和目标拓展和学习相应的技能和知识。

才干、技能和知识，也是本书推荐的企业岗位素质模型的三个关键要素。

《首先，打破一切常规》一书是这样定义技能和知识的：技能所应回答的是一件工作"怎样做"的问题。它们是人们可以相互传授的各种能力。知识就是"你知道的东西"。世界上有两种知识：一种是事实性的，就是你知道的事情；另一种是经验性的，就是你从实践中获得的各种理解。

才干、技能和知识的区别在于，技能和知识是可以学习和被传授的，而才干不会。才干、技能和知识在一个人身上的独特组合可以产生巨大的威力，也是一个人的"优势"所在，而且每个人的优势都绝不相同。

当然，最重要的还是德鲁克推荐的"反馈学习法"（见第十一章"敬业度是一种意愿吗"一节），致力于发现和发挥自身优势的人都应该学习和运用。这实际上就是自我管理的 PDCA 或者被称为复盘，在这个过程中不断发现自己的优势和成功的边界。

2. 发现和改进自己的学习和工作方式，高效地学习和工作

笔者真正提升学习能力是在 2012 年左右，在之前，笔者几乎是通过干或者运用"观察学习法"学习的，也就是通过自身实践或观察优秀的人进行学习的，虽然学习的效果还不错，甚至可以用高效概括。但毕竟每个人所能从事、观察和参与的人与事有限，所以这会限制提升自己技能和知识的广度和深度。

2012 年之后，笔者突然顿悟式地发现，"抄书"是我通过书本学习的最佳路径。之前书看过之后基本就是忘掉，或只能通过工作强化。笔者发现，基于问题或者工作的困惑，为找到理论依据看书而强化记忆的学习是一种效

率太低的模式，或者是一种碎片化的、点状的"问题—答案式"的知识学习方式。但开始"抄书"之后，笔者发现，无论对作者本身的理解，还是对书的主题思想，还是关键要素的把握，都大大增强了。

更重要的是，自己可以对自己的知识形成一条主线。或者形象地借用质量管理体系图表之一的"鱼骨图"类似的结构梳理自己的知识主线，有了这条主线之后，我们就可以基于自身知识的主线去在"书海"中针对性地寻找相应的经典不断加强自己的优势知识。

通过上述发现，笔者进一步发现自己是"读者型"的。无论是学习，还是工作，通过"写"来思考更能进行知识学习和工作方案制订的系统化及结构化。

通过发现最适合自己的学习方法之后，笔者也对合作伙伴是什么类型有了更深入的理解和把握。如一位合作伙伴，他本身就是听者型的，他在与人交流的时候实际上是在整理自己的思路，所以很多人不能理解为何他每次在讨论一件事情时前后的观点会大相径庭。笔者曾经拿他开玩笑：他应该对着墙说话，以整理思路，反正也不需要对方真的听。

既然我们的工作成效取决于我们能否做我们擅长的事情，那么：

我们每个人必须充分地了解自己：我是如何学习的？是靠写来学习，还是干中学习，还是通过详尽的笔记来学习的？……

我们每个人必须充分地明确：我是善于阅读式倾听还是问询式倾听？我是读者型（习惯阅读信息）还是听者型（习惯听取信息）的人？

我们必须明确对自己的认知：我是在压力下表现出色，还是适应一种按部就班、可预测的工作环境？我是更适合当决策者，还是作为顾问，还是适合作为执行者？

一些人作为团队成员工作最出色，另一些人单独工作最出色。一些人当教练和导师特别有天赋，另一些人却没能力做导师。明确自我，才能更好地与人合作，同时在学习中明确方向。

正如德鲁克告诫我们的："不管怎样，不要试图改变自我，因为这样不大可能成功。但是，应该努力改进自己的学习方式和工作方式。"

3. 找到内心中最渴望的自己

笔者经常说，成功的定义各有不同，成功的路径也千差万别，但总有一点：我们的天赋才干用对了地方。这个地方就是我们的组织价值观与个人价值观匹配的地方。所以，德鲁克强调，我们每个人必须追问自己：我的价值观是什么？

这并不是只指企业中的普通员工，企业的创始人和高层管理团队必须价值观一致，且旗帜鲜明、言行一致地向企业的内外表达，并按照价值观招募合伙人和员工，把价值观一致的员工基于才干培养技能和知识，发展为合伙人。

试想，一个企业的高层管理团队面对着一群价值观不一致的员工，或者一名员工面对一群价值观不一致的上级和团队成员，他怎能高效地学习和工作进而创造顾客价值和经济价值呢？

让我们谨记德鲁克对我们的告诫："我们所遵从的伦理道德要求我们问自己：我每天早晨在镜子里想看到一个什么样的人？在一个组织或一种情形下合乎道德的行为，在另一个组织或另一种情形下是否也是合乎道德的？如果一个组织的价值体系不为自己所接受或者与自己的价值观不相容，人们就会备感沮丧，工作效率低下。

一个人的工作方式和他的长处很少发生冲突。但是，一个人的价值观有时会与他的长处发生冲突。一个人做得好甚至可以说是相当好、相当成功的事情，可能与其价值体系不吻合。在这种情况下，这个人所做的工作似乎并不值得贡献毕生的精力，甚至没必要贡献太多的精力。

成功的事业不是预先规划的，而是在人们知道了自己的长处、工作方式和价值观后，把握机遇水到渠成的。知道自己属于何处，可使一个勤奋、有能力但原本表现平平的普通人，变成出类拔萃的知识工作者。"

4. 我应该和必须贡献什么

"贡献"的另一个角度的表达实际上应该是"责任"。

在明确：我是谁？我的价值观是什么？我的优势和强项是什么？我是如何学习和工作的？——这些问题之后，我们必须问自己，我的责任和贡献应该是什么？必须是什么？

笔者通过《优势识别器2.0》测试发现，笔者的才干是：伯乐、信仰、思维、理念和专注。笔者对自身的价值观的总结是：君子和而不同，笔者的优势和强项是：系统化、结构化、组织化地快速将团队的知识汇聚创造新的组织知识，笔者是通过观察、干和读（抄）书中学习的，工作方式是读者型为主的……那么，笔者应该贡献什么呢？——笔者对自己的定位：作为企业外部的"张良"，帮助企业的"刘邦"成就一番伟大的事业。

作为企业的一名知识工作者，你梳理了自身的贡献和责任吗？或者，你在什么环节能够承担责任和做出贡献呢？

作为企业中的一员，你需要在上述问题和思考的框架之后进行梳理。

当然，这个框架可以用本书整体的框架来展开：

（1）基于企业的目标，自身岗位的目标是什么？这个目标与企业的价值观和自己的价值观是否匹配？这个目标是否与自身的优势和强项匹配？这个目标的实现是否有效结合自身最高效的学习和工作方式？

（2）基于组织的价值链和流程，自身的任务、贡献和责任是什么？这个任务、贡献和责任是否能带来顾客价值和资本（经济）价值的提升，同时又能够促进自身技能和知识的提升，进而创造新的知识，创造出更具核心竞争力的组织知识。

（3）从机会着手，无论是循序渐进地PDCA持续改善，还是发现、发掘突破性的机会，是否与目标和成果、与履行的责任匹配？是应该放弃还是持续？这需要有效决策。

这些思考使我们得出以下结论：做什么？要设定什么样的目标？从哪里开始？如何开始？最后的完成期限？这样，我们就可以有效地进行自我管理了。

正如德鲁克指出的："如果以'我应做出什么样的贡献？'为出发点，我们就拥有了自由，而这种自由是建立在责任的基础上的。"

5. 我们必须高效沟通和合作

做好自我管理只是创造价值和成果的前提，我们必须学会沟通和合作，高效地沟通和合作。只有通过与其他人合作，我们每个人才能充分发挥出效能和效率，这同样是一种必须承担的责任。

正如我们需要了解自己的价值观、优势和做事方式一样，我们必须了解与我们共事的人的价值观、优势和做事方式，只有如此，我们才能不会相互误解并进而实现高效合作。

正如前述笔者的那位合作伙伴一样，如果你不了解他是听者型的，不知道他与你的交流只是在梳理他的思路，你就不会做好一个倾听者，更大的可能是会误解这个人为什么是如此的前后不一，而忘记了他实际上是在创造，在构思未来。

我们必须在了解每个共事的人的基础上调适自己的合作方式，这需要高效地沟通，通过有效的沟通同时向对方告知自己的价值观、优势和做事方式，了解对方的目标、责任和贡献，以实现高效地匹配。因为只有如此，大家才能互相理解，建立信任。正如德鲁克指出的：组织的基础不再是权力。信任日益成为组织存在的基础。信任不意味着每个人都是相同的，它意味着人们可以互相信赖，它的前提是人们彼此了解。因此，我们绝对需要承担维系人际关系的责任。这是一种责任。

同时，如果你是中高层管理者，你必须管理好你的老板（上级），正如德鲁克告诉我们的：他们需要了解老板，并问："他的优势是什么？他如何工作和做事？他的价值观是什么？"事实上，这就是"管理"老板的秘诀。当然，如果你是老板，那么你必须首先管理好自己——自我管理在先，目标管理反而在后。

6. 如何和必须拓展自己的第二特长

文章《中国员工的敬业度全球最低，阿联酋最高，这个结果意外吗？》称：拥有一份全职工作以及一份兼职工作的员工的工作投入程度是最高的，这个结果可能有点出乎意料。

该文章的结论是：不管工作是什么类型，员工所拥有的工作数量看上去会影响工作敬业度。其中一个推测是，某些工作的结合提供了"两个世界的最佳元素"，即全职工作给予员工稳定性和经济收入，而第二份工作则让员工有机会做他们所热爱的事情。

另一篇文章《ADP：全球仅有16%的全职员工具有高敬业度，零工工作者更加敬业》称：近三分之一（29%）的虚拟员工能够完全投入工作，相比之下，只有18%在办公室工作的员工能够做到全情投入。

上述两个结论估计会使很多"老板"特别是"控制型"老板大跌眼镜。一方面，需要提醒我们的企业高层管理者们，如何创造工作环境和氛围是一件多么有挑战性的事情；另一方面，需要促进员工创新创业了，正如谷歌的20%非工作时间安排，正是因应了这样的人性自我崛起吧。

正如德鲁克指出的："自我管理将越来越意味着知识工作者需要培养和趁早培养出第二个主要兴趣。

自我管理是人事上的革命。它要求个人，特别是知识工作者展现出全新的面貌和做出史无前例的事情"。

四、领导的力量

约翰·科特教授在《哈佛商业评论》2004年1月号发表文章《领导者应该做什么》，指出了他的研究成果：领导行为和管理行为的区别和联系。

文章指出：任何企业都存在两种行为，一种是处理复杂情况，一种是应对变革。但无论是哪种行为，都有三项任务需要处理：决定需要做什么，建立完成一项计划所需要的员工和关系网络，努力确保员工各尽其责。

科特教授认为，应对变革是领导行为，对应的三项任务演变为：确定方向，使员工协调一致，激励员工。他进而指出：领导与处理变革有关。要在新的环境中生存下去并有效竞争，重大变革变得越来越有必要，而重大变革总是需要更多领导力。

处理复杂情况是管理行为，对应的三项任务演变为：计划和预算、组织和配置人员、控制和解决问题。他进而指出：管理与处理复杂情况有关。好的管理给诸如产品的质量和盈利能力等关键指标带来一定的秩序和连贯性。

实际上，作为读者，我们不需要过于深入地了解科特教授对领导行为和管理行为的分类方式及方法。对我们启发的是，领导行为更大程度上是因为确定方向甚至重启方向，是对员工意愿和能力，或者所谓敬业度产生重要影响的行为。特别是在企业的变革阶段，是价值观、组织目标和方向、团队匹配和协同的碰撞和挑战，越到危机和变革时期，领导力对员工潜力和能力的发挥越显重要。

《ADP：全球仅有16%的全职员工具有高敬业度，零工工作者更加敬业》一文称：信任团队领导者的员工更有可能全心投入工作，其敬业度是其他员工的12倍。

员工受教育程度和等级越高，他们的敬业度越高。拥有高学历的人中有近五分之一（19%）员工具有高敬业度，而没有受过大学教育的人中，这一比例仅为12%。

相比于中层和一级团队领导者（14%）以及普通员工（8%），近四分之一（24%）的高级管理人员／副总裁级员工具有高敬业度。

在接受调查的国家中，阿拉伯联合酋长国有最高比例的高敬业度员工，为26%。中国最低，为6%。

通过上文的分析我们可以更加深入地进行剖析：

（1）信任第一。在一个经济性组织——企业中，权力越来越不重要，因为，任何员工都可以用"离职"向你这个拥有所谓"权力"的人投票。笔者多年前写过一篇文章，从权、威、信的角度对领导力进行过解读。结论是反向的"信、威、权"的递进关系，因为信任是基石，信任也非常简单：说到做到。有了信，就会产生威，即威信，才会进而成为所谓的权威。

（2）层级要尽可能少。层级越多，员工离中枢越远，越不能感知创始人和企业高层管理团队的价值观、使命、愿景和战略目标。层级尽可能少的另一个解读是必须任命价值观与企业高度一致，且言行一致的中层经理，无论是从敬业度和员工能力提升，接班人发现、发掘的角度上都应该如此。

（3）责任意识要被充分激发。以身作则是责任意识被充分激发的前提，每一层管理团队（当然，一定是最少的层级）必须明确自身的目标和责任，并做到言行一致，将自身的责任有效地传递传导到每个员工，这样，员工能力、责任才能、才会被有效地激发。

优衣库创始人柳井正在其所著《经营者养成笔记》归纳了领导的三条生命线："信赖、言行一致、始终如一"。

书中指出："信赖才是一切。身为领导者的你，如果得不到团队成员的信赖，即便你有再出色的思路、再辉煌的经历，团队成员都不会从心里接受你，都不会产生追随你一起奋斗的意愿。即使被你表扬了，对方也不会太高兴，只会觉得'不过是想哄我高兴罢了'。

言行一致与始终如一。在很多团队中经常发生这样的事：'尽管他很优秀，但是我却不愿意追随他。'

虽说有能力是很重要的条件之一，但因为领导艺术是产生于人与人之间的，所以源自人性更根本的东西才更为重要。

团队成员并不是一群领导说什么就信什么的人，他们会听其言，然后察其行，最后再决定对方是否值得自己信任。

信任是起点，有了信任，还必须将信任通过期望、通过要求传递下去，充分发挥员工的能力和潜力。"

柳井正指出："提出期望，发挥部下长处"。

前一段时间笔者听到了一个不是笑话的笑话：90后会因为一句话而辞职，95后会因为与领导对一下眼神而辞职。

柳井正认为：人对于自己是否被别人期待是能够感知的。团队成员能够从领导的眼神、态度，以及日常的接触方式和频率上解读领导对自己的期待。也就是说，成员其实非常了解领导者到底是怎么想的。

他进而指出：如果领导以"这个成员的能力也就到这个程度了"之类的想法来看待成员的话，那么，他手下的成员是不会有工作热情去努力工作的。因此，越是要求成员获得出色的成果，就越是要对成员寄予更高的期待。人一旦感觉到别人对自己的期待，便会产生绝不辜负对方期待的心理。而期待表达重要的不是技巧，而是诚意。

他同时给出了"怎样才能发自心底地对成员寄予期待"的建议：

首先是认真观察成员。能够对成员寄予期待的人，一定是认真观察成员的人。这里所说的认真观察是指将成员的情况全都认真看在眼里。认真观察他有哪些优点，认真观察他有哪些缺点。因为人不会因为被别人指出了缺点而去改正，但是，一旦意识到这样做有益于自己的话，他就会主动想办法去克服自己的缺点。而优点和缺点往往是同一事物的正反两个方面。你认为是优点的地方有时会变成缺点，你认为是缺点的地方有时会变成优点。

他用了日本的一个俗语"矫角杀牛"，来比喻总是记挂着缺点，一心想矫正缺点，结果却如磨瑕毁瑜，毁了全局。

他进而指出：没有完美的个人，只有完美的团队。作为一个领导必须用心进行团队匹配，只有团队成员间能够互补，团队的优势就能体现出来。

他希望达成这样一种状态：缺点大家能够互补，各自的优势则要最大限度地发挥。这才是理想的团队。做到了这一步，也就做到了德鲁克指出的：平凡的人也能够获得非凡的成果。

通过柳井正的论述，也让我们知道了一个伟大的企业家是怎样细致入微地做好"领导"这一角色，并进而发挥和发掘员工的能力和潜力的。

吉姆·柯斯林（Collins）与他的研究人员通过对有15年持续成长历史的公司进行研究，最终"发现"了"第五级领导"。

第五级领导者是指拥有极度的个人谦逊和强烈的职业意志的领导者。拥有这种看似矛盾的复合特性的领导者往往在一个企业从平凡到伟大的飞跃中起着催化剂似的促进作用。

第五级领导强调更多的是领导者的人格特征，而不是个人能力。能力并非成功的绝对因素，但是，在成功面前，优秀的品质是不能打折扣的。

正如笔者一直向领导者强调的，也构成了本书的一条主线——创业成功是因为创业者作为领导的"自我"，但达到一定程度后，就必须"忘我"，才能突破规模化发展瓶颈。但实现更大的突破还需要更进一步："无我"——"太上不知有知"。

如果说领导在创业时期必须通过"能力"推动企业进步的话，那么，到了成长期，则最大的推进力量一定是领导的"人格"。

五、组织的力量

德鲁克认为，组织最基本的功能是组织能超越个人的生命而持续不断地发展。但组织还应该有第二个功能：组织是每个知识工作者的价值、绩效放大器，将每个人的绩效和价值放大 50 倍。

但必须发挥：成长的力量、管理的力量、自我管理的力量、领导的力量，当然，对于组织而言，领导的力量应该排在第一位。

而实际上，上述四种力量结合在一起，可以称为"组织的力量"，因为我们必须明确，一个人为什么愿意被"你""组织起来"，接受"你"的领导和管理——当然最高境界是"无为而治"、自我管理——为"你"和 / 或组织发挥"他（她）"的能力和潜力，创造价值和成果。

按照德鲁克对经营的定义：外部知识转化为外部成果的过程。成果、机会、知识如果都是外部的话，那么，组织的定义和边界将会受到前所未有的挑战。

确实，互联网时代，这种知识的外部性、机会的外部性和成果的外部性都在不断被强化和放大。

一个人在组织中"自我管理"的能力和成果，很大程度上也是发现和创造外部机会，并将机会转化为外部成果：一个项目、一个生意或事业并创造经济价值，这实质上是一种创业。关键的前提是，组织是否为"人"搭建起了一个这样的平台、构建起了一个这样的生态。

在互联互通的时代，组织生存在一个无限"链接"的空间中。企业外部以顾客为核心构建了相互链接的价值共同体，其基本特性是：顾客与各种供方多向互动，各种供方多向互动，各种基于顾客需求的机会通过各种不同的知识的排列组合——创新创业的机会随时呈现和创造——价值网里每一企业的角色都随着顾客需求而变，并在不同价值网里扮演多样化的角色；价值网里各角色之间的关系呈现"超链接"和松散耦合的关系。管控与命令已经无法基于机会落实，发现和创造机会者必须快速决策而将机会转化为一项事业。所以，在这个无限链接的空间里，企业内部必须按照开放的、社区化的组织形态进行价值发现和价值创造。

如果说，过去的分工使劳动效率最大化得以实现；分权则让组织获得了最大化的效率；分利充分调动了个体，让个人效率最大化。而今天，组织需要解决的是整体效率，既有组织内部，又有组织间与组织外部的，"分工、分权、分利"必须从组织内部的效率出发与外部"分工、分权、分利"，从而使组织绩效真正由内部转向外部。所以，组织间整体效率也更大程度地转向了组织间和组织外部，组织间和组织外部的效率则需要依靠协同，依靠于信息交换与共享，依靠于平台化和生态化。

在这个基础上，大家所熟悉的商业模式、管理模式和组织模式将被重新定义。这意味着，组织从一个线性、确定的世界，走向一个非线性、不确定的世界，柔性化、平台化和生态化将是以互联网技术为基础和特点的商业时代最突出的特质。

还是那家（第一章和第八章分别举例）新三板上市的以食品和保健品出口贸易为主营业务的企业，在明确了战略目标并基于价值链梳理的基础上，笔者与该公司核心团队从价值链向产业链延伸，基于核心竞争力的机会挖掘，战略优先级的梳理，战略实施路径的明确等维度持续进行了深入探讨。

首先，我们共同梳理了 2016 年前的该公司在整个产业链中的位置。如图 12-2 所示：

图 12-2 某公司在产业链中的位置

2018 年底，该公司因为向上游投资工厂，向下游投资全资欧美子公司的情况下，在整个产业链中的位置发生变化，如图 12-3 所示。

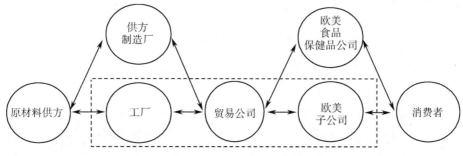

图 12-3　某公司在产业链中的位置变化

应该说，我们从图 12-2 到图 12-3 的变化可以得出结论：该公司在产业链的上下游同时进行了延伸。但是，很明显，该公司并没有为上下游的延伸做好准备，没有支撑企业的效率和效益的更优化。特别是在最核心的营销和产品（创新）环节——该公司既没有为工厂明确定型的所应该生产具体品类的产品，也没有为全资的欧美食品公司明确要生产的具体的哪种终端品类的产品，更加没有明确顾客和市场。或者可以说，这两个方向的产业链延伸有很大程度的盲目决策的成分存在。

在 2016 年比较好的经营状态下，该企业董事长"居安思危"，认识到一定要进行产业链延伸，但却没有做好相应的价值（产业）链匹配，或者可以称为协同发展。这在很大程度上是中国大部分"创业者企业"的典型写照，对发展方向的直觉非常正确，但时机把握和系统性、协同性值得商榷。

工厂已经投入，欧美子公司已经投资注册，怎么办？当然，该公司董事长清醒地认识到，他需要战略明确方向，他也认识到，制定和梳理战略需要一个过程，需要一个团队共同探讨、达成共识并将战略落地的一个过程。

在帮助他们梳理战略的过程中，笔者与团队成员讨论，站在产业链的角度回归到最初最理想的 2016 年的那个时点重新思考（假设没有目前向上游和向下游两个维度的投资），如图 12-4 所示。

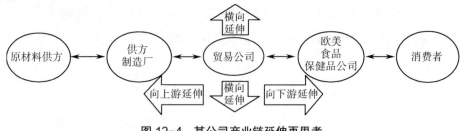

图 12-4　某公司产业链延伸再思考

我们发现，该公司当时产业链延伸的选择有三条路径可循，而其中两个，一个向上游延伸投资工厂，一个向下游延伸投资食品公司，该公司通过"直觉"决策已经做出了。

但还有一个可能的路径就是横向延伸——即将企业的核心竞争力："海外营销"作为一个外延业务，搭建一个垂直的电子商务贸易平台，为目前进行海外营销的本行业的个人或公司赋能，同时，基于这个平台，获得更加明确的市场和产品信息，为工厂明确核心产品打下基础。

讨论到这里，该董事长说，横向延伸这个业务他们实际上已经想到并开始做了，但没有这样明确且赋予如此大的平台化和战略的意义。

在上述三个方向的基础上，我们共同探讨了基于现实业务的其他业务的战略曲线，并明确了相应的战略优先级。如图 12-5 所示：

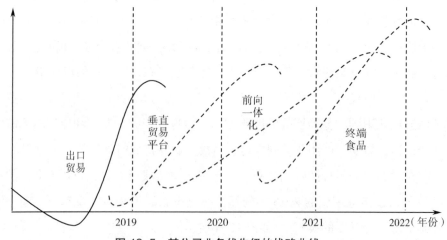

图 12-5　某公司业务优先级的战略曲线

图 12-5 告诉我们，在现有业务增长率持续下降的今天，必须延伸出第二曲线并规划未来的第三、第四曲线，而企业领导和团队头脑中有三个可能，哪个业务优先，或明确初步的优先级，明确战略实施路径，是至关重要的——做正确的事情比正确地做事更重要。核心的依据是发掘"我是谁"，基于核心竞争力出发（见第九章），基于顾客价值和资本（经济）价值进行综合考量。

当然，该公司也做了大量的工作，对标了国内同业最著名的上市公司，发现了其产业链的系统和协同优势；发掘了出口数据，基于顾客、市场和需求分析，发掘了未来巨大的市场潜力品类所在。基于这两个核心的机会，结合其内部的核心竞争力分析，就形成了图 12-5 的该公司基于战略目标的业务优先级选择，这个战略优先级实际上是对过去两年半的业务展开情况进行了重新排序，将工厂和终端放在了第三、第四曲线的位置。

（1）该公司现在的原材料出口贸易业务，即第一条曲线已经出现相对稳定甚至增长率持续下降的状态，不可能支撑公司远大目标的实现。现实的压力，即工厂的投资必须通过其他业务的突破实现投资回报率的提升，以实现顾客价值、资本（经济）价值和公司核心竞争力的平衡。

（2）虽然工厂的产能必须卖出去，但如果没有"单一产品上大量"的营销爆品的突破，工厂并不能为营销支撑成本（价格）降低、为公司支撑利润空间扩大的"重任"。所以，第二优先级是应该发挥公司的营销优势，打造一个基于食品和保健品原材料行业、面向欧美的垂直贸易平台。

这个平台可以成为中国本行业创业者的创业平台，一方面链接需方、一方面链接供方，充分发挥该公司的营销环节的强大知识优势，为创业者和生产者赋能。

当然，该企业营销团队可以也必须率先成为这个平台的创业者。

（3）在垂直贸易平台的基础上，公司对本行业出口贸易的大数据进行分析，明确真正能够"单一产品上大量"的产品品类，进而充分发挥工厂的作用，并以此促进更加强大的营销能力突破，反过来继续为贸易平台的创业者赋能，实现互促互进。

（4）在第二、第三业务曲线趋于平衡的状态前，启动第四曲线业务，即通过欧洲或美国子公司，真正启动终端食品加工业务，形成产业链一体化的战略布局、平台化组织结构、生态化系统进化的格局。

应该说，从第一曲线到第二曲线，是该公司贸易价值链"1到n"平台化转型（或复制）的一个尝试，基于这个转型，公司将从专业型组织向平台型组织进化。

当然，这只是"规划"，也有很大的可能，公司第4曲线因为外部合伙人的发掘，成为第2曲线，进而带动其他事业发展。

在此基础上，我们将图12-6的纵轴修改为销售收入，将该公司战略目标分解到具体的业务上，明确了具体业务的战略目标。

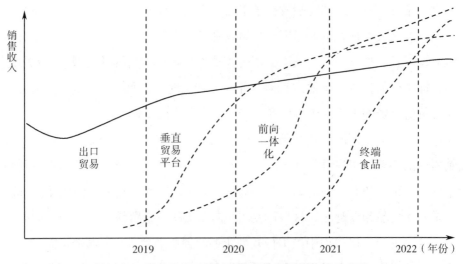

图 12-6　某公司基于战略目标的业务优先级战略曲线

我们按照"一页纸战略"将其进行了系统化表述，以明确公司的发展方向，统一内外部利益相关方共识，同时将战略曲线明确为具体战略举措、课题和计划。应该说，上述案例是一个基于目标、流程和机会结合明确未来发展方向、实现"1到n"的典型规划案例。

说它典型，是因为它具备中国绝大多数创业者企业（非企业家企业）的典型特征和特性：

第一，创业者企业是根据"老板"直觉进行决策的，而这种直觉基本在方向上都是对的（或有对的成分），但时机、系统性和价值（产业）链的协同和匹配度需要调适。

第二，需要站在更大的时空角度、系统（目标、流程、机会）的角度去审视，做一些微调，就会使企业发展焕发巨大的生产力。

第三，从未来的理想状态、过去的最理想的状态两个维度综合审视，结合顾客价值、资本（经济）价值和核心竞争力的三大目标和标准，就可以找到最有效的企业快速发展、突破规模化发展瓶颈的路径。

必须强调的是，该公司能否真正实施好这个战略，必须从组织角度有效匹配和进化，"组织"起全世界相关领域最优秀的"知识工作者"成为这个组织的内、外部创业者——正如中欧国际工商学院杨国安教授有一个著名的"杨三角"组织能力模型——企业的持续成功＝战略 × 组织能力。战略是方向，面向未来，而组织能力是去承接公司战略的落地。如果战略是"1"，组织能力就是"0"。当这个 1 是对的，0 越多，这家公司就越值钱；如果 1 错了，后面的 0 再多也没有用。

从战略（时间和目标）、价值链（向产业链延伸）和组织进化、发现和创造机会相结合的角度，笔者建议该公司应用动态柔性的组织结构构建的方式和方法，从顾客、渠道和产品端的开拓任务小组开始开展内外部创新创业，进而根据进展，根据专业性和系统性的程度发展为联邦分权制，实现向平台型和生态型组织进化。可以预见的是，在这 4 条战略曲线的业务逐步展开的时候，该公司就已经进化为一个平台化和生态化的组织了。

当然，这其中最具挑战性的还是人的问题，是该公司董事长和他未来选育更多创业者的问题。

这无疑需要一个更加宽广的视野和胸怀，更加互动的关联以及更加开放的格局，这更类似于一个"生态系统"的逻辑，复杂、多元、自组织以及演进与共生。

在这种思维方式之下，每个既有的组织更大程度上更应该在充分专业化的基础上向一个开放的平台进化，海纳百川，连接需方、供方和更多维度的参与者。这样，组织在不断生发和进化中越来越依赖于自组织，越来越无边界，越来越"变自生变"。

第十三章　高效行动

没有人计划失败，但失败总追随没有计划的人；不为明天做准备的人永远不会有未来。

——戴尔·卡耐基

阅读本章前，你需要首先问自己几个问题：

（1）你认为知识工作者有没有可能或怎样才能提升 50 倍的生产力？

（2）如果想绩效突破，或突破规模化发展瓶颈，天才第一步是什么？为什么？

（3）如果用战略目标（基于使命、愿景和价值观）统一方向，那么战略目标中最核心的是什么？为什么？

（4）目标、流程、机会，目标、组织、机制，你是如何理解这两个结构的？

（5）为了有效突破，我们如何制订突破计划并管理我们的计划？

一、挑战 50 倍的生产力

德鲁克指出：组织有潜在的优势，它能使单个人所做不到的事变成做得到的；它能通过分工取长补短，从而取得比个人所能取得的效果之和大得多的整体效应；它能超越个人的生命而持续不断地发展。

德鲁克在《21 世纪的管理挑战》第 5 章"知识工作者的生产率"中指出："20 世纪，制造行业的体力劳动者的生产率增长了 50 倍。"他同时指出："21世纪，组织最有价值的资产将是知识工作者及其生产率。"

笔者也希望在本书中提出这样的希望和号召，作为知识工作者，我们必须把自己的生产力提升50倍。

提升知识工作者的生产力，是企业创始人、负责人、高管团队和企业协作的结果，其必须通过目标管理和自我管理的有效方式和方法实现。在一定意义上，这也是本书撰写的初衷之一。

德鲁克在《21世纪的管理挑战》第5章"知识工作者的生产率"中提出了提升知识工作生产率的六个方面的建议：

"1. 要提高知识工作者的生产率，我们需要问这样的问题：'任务是什么？'

"2. 要提高知识工作者的生产率，我们要求知识工作者人人有责。知识工作者必须自我管理。他们必须有自主权。

"3. 在知识工作者的工作、任务和责任中必须包括不断创新。

"4. 对于知识工作，知识工作者需要不断接受教育，他们同样也需要不断指导别人学习。

"5. 我们不能或至少不能只用产出的数量来衡量知识工作者的生产率，质量至少与数量同样重要。

"6. 最后，要提高知识工作者的生产率，组织应把知识工作者看作'资产'，而不是'成本'，并给予相应的待遇。在面临所有其他机会时，知识工作者需要有为组织工作的意愿。"

本书在十二章"发掘能力"中，整理和建议了发挥知识工作者50倍生产力的五种力量，即成长的力量、管理的力量、自我管理的力量、领导的力量和组织的力量。

应该说，前四种力量是基础，最终汇聚为组织的力量才能真正创造50倍的生产力。这其中的一个核心要素是知识的组织化，并在形成组织知识之后创造出巨大的生产力。

可以说，苹果是发挥知识工作者50倍生产力的代表，其通过"1个抵50个的工程师"创造的苹果系列产品，真正实现了知识工作者创造50倍生产力的可能。在中国，华为公司特别是华为手机也正在向这个方向努力。财报显示，2018 年，苹果 13.2 万名左右的员工实现收入 2656 亿美元，净利润 595 亿美元；华为 18.8 万名左右的员工实现收入 1070 亿美元，净利润 87 亿美元；但华为 2018 年的收入增长 19.5%，高于苹果的 16%，华为正在努力赶超。

海底捞通过不断将门店基于标准化、流程化的模式化后，进行了有效的模式化复制，快速实现规模化。这种模式的力量保证了海底捞 2018 年 466 家门店收入 164.9 亿元，平均每家店每月收入 295 万元，净利润 16.49 亿元，同比增长 38%。根据公开资料显示，海底捞新店 1~3 个月内实现盈亏平衡，6~13 个月可以收回前期的投资成本。而海底捞开 1 家新店的成本在 800 万 ~1000 万元。当然，海底捞的人均产出远低于苹果和华为，但海底捞管理层基于门店的这个基本经营单元而创造的"标准化模式"放大了管理层"组织知识"不止 50 倍的生产力。同时，因为创造了门店店长徒子徒孙的激励机制（店长分享自管门店利润的 2.8%，或自管门店利润的 0.4%，徒弟门店利润的 2.8%~3.1%，徒孙门店利润的 1.5%），促进了店长努力培养徒子徒孙，也是一种有效地放大 50 倍生产力的好机制、好模式。

汤姆·彼得斯建议组织一定按照"虚拟组织"的模式设计，他认为应该将组织机构分解为小的、自给自足的、鲜明个性的单元，并且去掉这些单元之上的几乎所有上层机构。

汤姆·彼得斯比我们更早地明白了一个道理，组织必须柔性化，同时又能够承担特定的目标。

韩都衣舍的 300 个左右的以产品小组形式展开的柔性化组织（以产品小组做个性化的事，而公共部门做相对标准化的共性的支撑工作），就是通过横向组织放大 50 倍绩效和价值而创造成果（运用互联网这个工具）的一个典范。

制造业中的基于"标准化""通用化"的"模块化"也是实现知识工作

者创造 50 倍生产力的关键。试想，一个汽车（电器、手机等）如果不是模块化组合的，如何能够实现一个单品年产几十万台、几百万台甚至几千万台的产出。但在中国，标准化和柔性化很大程度上被认为是矛盾的，这在很大程度上需要突破。实际上，基于标准化、通用化基础上的模块化，可以为柔性化打下坚实的基础。

反过来，海底捞实际上是对一个单店进行了基于标准化、通用化基础上的模块化，并基于此进行了组织裂变和进化。组织中的每一个模块既是单独的作战单元，更能"组织"成集团军作战，这是基于模块化的柔性化组织的基本特征。

二、资本（经济）价值 = 顾客满意度 × 员工敬业度

笔者基于本书提出的顾客价值（满足感和满意度）、资本（经济）价值、核心竞争力（知识工作者创造的组织知识）这三大企业目标的维度和源泉，提出了一个系统的公式，希望将三者统筹起来，即企业资本（经济）价值 = 顾客满意度 × 员工敬业度。

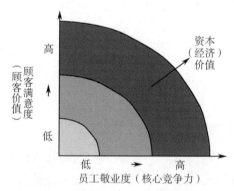

图 13-1　企业资本（经济）价值 = 顾客满意度 × 员工敬业度

通过图 13-1，笔者希望与企业创始人和高层管理团队探讨如下课题：

（1）企业追求资本（经济）价值的努力是"面积"，是顾客满意度（顾客价值被满足）和员工敬业度（员工意愿和能力被激发后的知识贡献）相辅

相成（乘）的结果。单纯追求片面的顾客价值或其他的任何一个单方面的价值都是不够的。如图 13-2 所示：

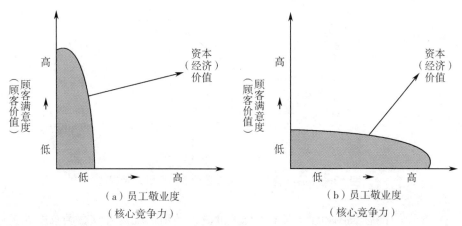

图 13-2　单纯的顾客满意度和员工敬业度都不能带来企业追求的资本（经济）价值

　　图 13-2（a）是高度关注顾客满意度但员工敬业度不高的情况。由于员工敬业度不高或者只是由"老板"或有限的高敬业度的核心团队在满足顾客价值，所以，企业所能创造的资本（经济）价值是有限的。

　　图 13-2（b）是高度关注员工敬业度但顾客满意度不高的情况，顾客满意度不高很大程度上是企业没有站在顾客角度真正有效地发掘并满足顾客需求，员工的敬业度的努力方向可能需要调适。

　　但图 13-2 这两种情况都是很难持续的，不能发掘顾客需求，提供有效的顾客满足感，员工的敬业度就会难以持续，因为没有足够的经济价值和满足顾客的成就感维持员工敬业度。

　　发掘了顾客的需求，提供了足够高的顾客满意度，但由于员工敬业度不高（或只有少部分员工能够使顾客满意），企业服务的顾客范围有限或难以持续，同样难以支撑企业事业和资本（经济）价值的最大化。

　　所以，很大程度上，如果顾客满意度和员工敬业度不能匹配，则一定会回到起点。如图 13-3 所示：

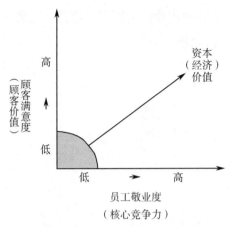

图 13-3　顾客满意度和员工敬业度不匹配的结果

（2）为了提升企业的资本（经济）价值，必须系统提升顾客满意度和员工敬业度。首先，必须明确：基于顾客满意度的顾客价值、基于员工敬业度的核心竞争力、基于资本价值的经济价值是企业制定目标的系统考量，必须站在系统的角度综合平衡和设置企业的目标，并在上述三个要素之间实现高度统一。

其次，必须真正到市场和顾客现场，感同身受地进行顾客的需求洞察和发现（见第十章发现"顾客是谁"），真正发掘顾客的需求，并基于顾客获得满足感的过程提升企业产品和服务的竞争力，进而创造独特的和差异化的竞争优势。

最后，必须以员工为顾客，真正站在员工意愿和能力提升（见第十二章"成长的力量"一节）的角度，提升员工敬业度，更大程度上凝聚知识，创造组织知识和核心竞争力。而员工敬业度提升又反过来提升了顾客满意度、提升顾客价值——在顾客满意度提升和员工敬业度提升的相互良性作用下，提升企业的资本（经济）价值。如图 13-4 所示：

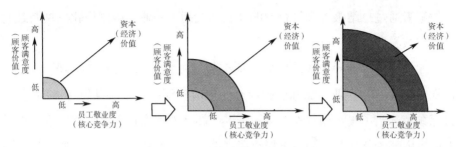

图 13-4　三大价值的层层递进

做到三大价值的结合必须将企业作为一个系统综合考虑，需要将本书的方法和工具结合企业的实际进行系统的导入和应用，本章下文将致力于诠释如何有效导入和应用目标管理和自我管理体系这个问题。

三、战略定位和业绩突破同时启动

提升企业内部知识工作者 50 倍生产力与突破规模化发展瓶颈是一个命题的两个角度。只有通过目标管理和自我管理的系统和结构，才能激发知识工作者 50 倍生产力，同时必然突破企业规模化发展瓶颈。

一个企业要突破规模化发展瓶颈必须既明确战略目标，构思企业"理想化模式"，指明发展方向和目标，要明确天才第一步——业绩突破的切入点。更重要的是，只有明确了战略定位、战略目标，才能达成共识，明确天才第一步，为实现快速突破打下基础。

实际上，按照本书介绍的方法和工具实施企业高效行动，并不是按照本书的章节顺序展开的，需要打破本书的章节次序，现状把握应该是第一步，可以考虑按照下述的步骤展开。

1. 通过发现"我是谁"并进而发现"顾客是谁"

首先，应该按照表 9-1、表 9-2、表 9-3 进行顾客（用户、渠道）、产品、市场和竞争分析，表 9-6 和表 9-7 进行组织知识分析。并在此基础上按照本书所介绍的表 10-1~ 表 10-5、图 10-1~ 图 10-3 的方法和工具进行需求调查。

笔者通过总结服务大量企业的经验，找到了企业突破规模化发展瓶颈的钥匙和核心切入点：VIP 顾客分析。

如果一个企业没有 VIP 顾客，那么问题极其严重，说明顾客的（需求）认知价值没有与企业产品和服务承载的价值匹配，所以必须思考的问题是：目标顾客选错了吗？如果没有选择错误，那么如何通过需求调查发现需求进而进行内部创新变革？如果选择错误，谁才是我们的目标顾客？通过什么枢纽节点（渠道）发掘目标顾客？

当然，如果一个企业 VIP 顾客过于集中，也有问题。一方面，企业蕴藏了巨大的潜力却没有有效发挥；另一方面，企业的抗风险能力需要考虑加强，需要总结现有 VIP 顾客的关键特性，确定和发现新的目标顾客，进行市场拓展。

如果通过分析发现 VIP 顾客和目标顾客没有问题，但 VIP 顾客的需求中所占的市场份额在上升或下降。这也需要进行分析，顾客的认知价值、企业的价值定位（特别是顾客感受到的价值）和竞争对手的价值定位和顾客感受到的价值如何演进和变化？需要为企业的后续发展重新定位，重新制定目标打下坚实基础。

2. 进行战略定位和制定简明（一页纸）战略

在发现成果和发现需求的基础上进行战略定位，并基于战略定位，按照本书的表 1-4 内容进行一页纸战略制定。

战略目标首先源于战略定位，按照菲利浦·科特勒的"R-STP-4P-I-C"营销流程，要做到定位，必须从市场调查（R）开始，进而进行 STP（市场细分，确定目标市场，市场定位）（营销流程中后面的 4P 是产品、价格、渠道和促销，I 是实施，C 是反馈和控制——笔者注）。笔者一直认为，营销战略无论就其重要性还是内容本身都决定了整个企业战略的 80% 以上，甚至可以说企业战略就是营销战略。所以，市场定位就是战略定位，主要在于明确笔者提出战略三问："顾客是谁？我是谁？为什么是我？"

3. 明确业绩突破方向

在战略明确的基础上，按照图 1-3~ 图 1-5 所阐述的杜邦公式的思维、方法和工具，明确企业的真正基于投资回报率的业绩突破的关键突破口，开源？产出？加速？杠杆？

但无论哪个突破口，永远开源第一，后面那三个突破方向需要与开源匹配起来才能事半功倍。

4. 开源——营销业绩突破

当然，绝大部分情况下，机会在外部，在顾客的需求和认知中。所以，按照营销业绩倍增的方法和工具，见图 2-3~ 图 2-6 的方法和工具，梳理目标倍增、业绩突破的路径和关键切入点。同时，通过顾客价值矩阵，从图 2-7~ 图 2-13 将顾客感知的价格和利益（价值），通过同行（同业、竞争对手）互为参照可视化呈现和辅助决策，为调整企业的价值要素、营销定位（见图 10-4）打下基础。

营销业绩突破路径的核心在于三个递进式的环节：

第一考虑：是否 VIP 顾客达到"二八法则"的比例状态。实际上，可以用相反的角度来思考，如果达不到 20% 的 VIP 顾客贡献 80% 的经济价值这种状态，说明企业一定需要突破，且具备巨大的突破空间。如那家上海 AI 企业，只有 2% 的 VIP 顾客，笔者与他们创始团队一起运用图 2-13（营销目标制定七步法），从总结这 2% 的 VIP 顾客的特征、特性开始，进而对标现在的一般顾客作为针对性市场开发的起点。并同时在潜在顾客分析并发掘目标顾客时就直接考虑"短路"营销流程——目标顾客直接向 VIP 顾客转化。

实现这样转化的核心要点是从企业自身的核心竞争力的打造出发，从产品和服务的优化出发，从营销团队的营销和服务能力出发。

当然，VIP 顾客过于集中也是需要突破的，这在本书前文中已经有所论述。

笔者强调达到"二八法则"的比例状态还有另外一层含义，即通过"二八顾客"带来的经济价值，保证当下利润创造并为投入未来准备好资源

（金）；同时，"倒二八顾客（即 80% 顾客带来 20% 的经济价值）"作为"长尾"，为企业发掘未来创新创造创业的机会打下基础。

第二考虑：是否"目标用户"需要调整和优化。我们曾经服务过一个做高端食用油品的企业，他们定位的目标用户是企业家，他们的渠道选的是企业家协会等组织，采用的模式是会员制，每年续费一次。但最大的问题是，续费率很低，如果续费率低，说明该企业 VIP 顾客数量没有达到"二八法则"的标准。我们与该企业讨论的突破方向是将目标顾客从老板向老板娘转变开始的（基于购买决策者的调整），后续实现了很大的突破。

第三考虑：是否"枢纽节点（渠道）"需要优化。如果目标用户不需要调整，但目标渠道可能会变，而如果目标用户改变，那么大概率事件是目标渠道一定会变。还是上述那家做高端食用油产品的企业，如果目标用户从老板变成了老板娘，那么它的渠道就发生了变化，后来讨论的结果是将老板娘聚合的枢纽节点作为渠道进行拓展。

四、事与人同时互动互促

知识是企业最重要的资源，承载知识的知识工作者（所谓人）和其需要承担的目标、任务、责任（所谓事）需要一起进行梳理。可以考虑从以下几个方面展开：

1. 基于业绩倍增目标，对营销流程进行再造

贝恩咨询公司 2011 年所做的一项研究发现，客户保持率增加 5%，就能带来利润 125% 的增长。2015 年，沃顿商学院的一项惊人研究也同样发现，根据行业数据，客户流失率减少 5%~10% 可以带来高达 75% 的额外利润增长。

所以，传统以潜在顾客到目标顾客再到成交顾客的正向流程已经也必须改造为以 VIP 顾客甚至终生顾客为核心的逆向营销流程。即从吸引客户、发展客户然后留住客户，发展和改造为：留住客户，然后吸引新客户，并同时发展新老客户。这其中首先运用好图 2-14 进行业绩倍增的梳理，在此基础

上，按照图 6-1 到图 6-3 和图 6-7 的步骤进行从 VIP 顾客逆向再造营销流程。包括运用图 7-6 和表 7-2 的方法和工具，最终实现销售漏斗、现状流程和再造流程的对比优化。

2. 基于营销经理的"二八法则"，访谈优秀的营销团队成员，并总结岗位素质模式、岗位职责和岗位说明书

从访谈优秀营销团队成员的才干、技能和知识开始，了解他为什么能够创造出极佳的生产力和绩效。笔者多年前曾经写过一篇文章——《优秀的营销程序就在你身边》。

在访谈的基础上，按照才干、技能和知识，梳理岗位素质模型（见表 8-3 的第二栏）。结合营销目标和营销流程，明确流程任务，最终落实岗位任务，并将岗位任务明确为岗位职责（见表 8-1）。在岗位素质模型和岗位职责基础上，在岗位员工自我管理（确定岗位目标）的基础上，活用 OKR 等工具，制作岗位说明书（见表 8-3）。

3. 运用素质模型选拔才干，运用知识和技能培育现有及新招募的员工，运用岗位目标和岗位职责落实目标、任务、责任，促进员工高绩效成长

岗位素质模型的"才干"环节是在选拔阶段使用的，有了这个模型，就可以在选聘新员工时进行对标，并综合考虑：动机、态度、情绪和习惯等因素，作为选聘的标准。对于一定时间（如新员工的试用期的 3 个月甚至更短时间）达不到平均数或中位数的现岗位员工也同样可以进行对标调整。很大程度上员工绩效不好，并不一定是意愿和能力不够，而是才干不能与相应岗位匹配。

结合优秀岗位员工的知识和技能，将其编制为企业内部培训的标准课件，结合优秀岗位员工的成长经历，将课件和培养过程形成培训计划，并选派优秀岗位员工作为导师进行内部训练（刻意练习）。不达标不能直接面对顾客，提升全员营销和服务顾客的能力，最终提升顾客满意度，提升岗位员工生产力的平均数和中位数。

有了岗位目标和岗位职责，员工自己就可以有效落实目标管理和自我管理，不断通过 PDCA 的自我反馈提升自己的生产力，见第十二章"自我管理的力量"一节。同时，企业的管理体系、领导和组织不断优化，促进员工创造 50 倍的生产力。

4. 从营销端的激励机制优化和员工成长计划开始，激发意愿和能力

激励机制是企业的发动机，结合上述营销端的优化，营销环节的激励就已同步优化了。具体见第十一章的内容和方法。

同时，将员工作为顾客，制订员工成长计划，见第十二章"成长的力量"一节，促进员工与企业共同成长，促进员工向企业的内部创业者和合伙人进化，为企业裂变式发展打下基础。

五、价值链定制打通利益相关方共赢

营销端的人与事互动互促是一个企业最重要的起点，营销端实际上又包含了创新环节，因为营销和创新是互不可分的，营销的流程、岗位和激励机制优化本身是一种创新。虽然，有时是递进式的，有时又是颠覆式的。

进行了营销和创新的人与事的目标、流程、岗位、机制优化之后，就需要通过价值链向供方、向全员延展：

（1）以顾客认知价值和企业追求的经济价值为起点，梳理顾客体验过程，并基于此梳理公司主价值链，打造顾客价值和供方价值（怎样强调也不为过的是，供方同样是企业的顾客，特别是平台型的组织）。具体需要应用图 6-7 和图 6-8 的两个工具，这其中，价值链梳理必须以顾客的体验释放层层递进的预期使顾客逐步获得满足感为核心，明确相关体验过程中的最核心价值要素，明确价值链任务，并梳理价值要素间的协同递进关系。

（2）价值链环节的内部流程优化和再造，并同时结合流程的输入输出优

化公司主价值链。结合价值链相关环节的核心价值要素，价值链任务，对相应环节进行流程分析。这个环节同样以顾客获得满足感的过程为起点，将体验和感受作为衡量基础，参见图 7-1 进行流程分析和优化。

流程分析时与营销流程方式一致，先制作现状流程，并在此基础上，以顾客价值、资本（经济）价值和核心竞争力（生产力）提升三个维度作为目标，优化流程，重构流程任务。

在流程分析基础上，重点关注流程节点，并明确关键控制点。基于关键控制点，站在顾客的角度，审视流程之间的协作和递进——再次强调加强期望值管理，使顾客满足感不断提升。见图 7-2 到图 7-5，并在此基础上按照本章上节"事与人同时互动互促"的步骤，将价值链各环节的流程不断进行优化再造。

这其中，创新流程是公司的一个重点和难点，它由适应性创新和颠覆式创新两个维度展开，而且它很可能来自市场调查后的洞察（见表 10-5、图 10-6）。它首先必须服务现有业务的优化，同时要为"将来的事业"创造顾客，创新全新价值链和第二曲线，开创全新的事业可能。

（3）基于岗位职责选育员工作为起点，基于员工成长梳理人力资本的成长和发展流程，在实现员工价值基础上创造更大价值，提升员工敬业度。

按照营销环节的岗位素质模型到员工选育的方式，将相应价值链环节、相应流程任务、相应岗位的岗位素质模型、岗位职责和岗位说明书进行梳理，促进员工进行目标管理和自我管理。

在此基础上，结合企业发展和个人意愿，为各岗位员工制定员工成长计划，在促进员工的意愿和能力成长中，为组织创造更大价值，实现个人与组织、顾客的共赢。

（4）以现金流为核心，梳理财务资源支撑流程，并以现金流、信息流（数据流）、物流三流合一优化相关价值链。现金流是企业的命脉。如果说价值链是企业的信息流，并在此基础上实现数据流和物流的话，那么，现金流就是整个价值链在经济价值维度的检验基准。

从基于顾客认知价值的定价，从顾客认知价值的购买（通过消费、付款、交割的产品和服务与"钱"的交换）模式和方式，到企业的现金在公司内部的流转模式和方式（包括员工薪资发放和其他固定费用发生），再到企业向供方付款模式和方式——最终用流动资金的生产力（流动资金周转率或周转次数、天数等）衡量。

如对本书前述的那家高端墅装公司，笔者帮助他们梳理了"5算程序"，即从"概算、预算、核算、结算、决算"的五个环节，层层递进式地从顾客商务洽谈作为起点，到设计交付、施工交付（含中间工序验收）、最终竣工进行了梳理，梳理过程就是从经济价值角度对整个企业创造顾客价值、交付顾客价值进行的审视和优化。

六、目标管理和自我管理构建经营管理体系

上述从战略目标到营销突破，到从营销流程优化作为起点并沿整个价值链演进的价值链定制和流程优化再造，在任务明确的基础上的岗位素质模式、岗位职责和岗位说明书的明确，基于目标、任务、责任基础上的激励机制优化，是一个"你中有我、我中有你"的过程。上述过程在推进到一定阶段后，就可以基于目标管理和自我管理构建经营管理体系了：

（1）从战略目标出发，梳理年度目标和高管目标。可以与年度预算或半年度预算结合（见图3-3），从顾客价值、资本（经济）价值和核心竞争力（生产力）三个角度出发，将战略目标落实到年度或半年度。在此过程中，高管必须以身作则，首先制定自己的岗位目标（见图3-4和图3-5）和岗位职责，在这个过程中掌握相应的方法，并为未来指导下属制定岗位目标、明确岗位职责打下坚实基础。

（2）基于年度目标和高管目标，从时间轴向季度、月度分解（或按照项目的关键里程碑节点分解），从组织轴向中层和员工分解（可以考虑使用OKR工具，将目标和关键结果3个月一周期进行动态调适），并由中层和员工自主制定目标为主，落实基于目标管理的自我管理。

（3）全员绩效激励机制优化。一个最核心的忠告是，目标是不能被考核的，需要从价值增量的角度，按照全价值链协同激励，共创共享的角度，按照从绩效到期权到股权激励的进化维度，进行全员激励机制优化。

（4）经营管理体系构建和运行。如第四章图4-3和图4-4所示，企业需要建立一种有效的自上而下分解、自下而上支撑，落实目标、任务、责任的，不断反馈和进化的经营管理体系（本书所称的"目标管理和自我管理体系"与"经营管理体系"是一体的两面）。这个时候，表9-4、表9-5和表9-8，特别是表9-8就可以成为企业经营管理分析的通用工具了，可以将表9-8的相关指标落实到月份进行目标和数据分析对比。

实际上，本章希望从循序渐进的角度给企业经营管理者提出一个逐步建立，但也是快速推进构建"从目标管理到自我管理"这样一个结构的建议。如图13-5所示：

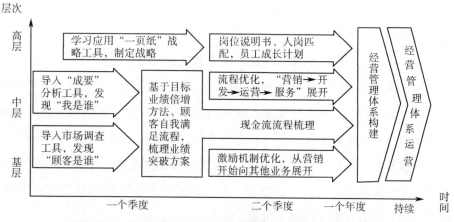

图13-5　企业构建"从目标管理到自我管理"的结构系统

图13-5是从时间轴和层级轴两个维度对本书方法和工具导入的一个建议。层级轴好像看起来都是高层、中层、基层一起参与的，但实际上也不是，开始研讨时必须是从高层发动，中层和高绩效的基层骨干参加，实施过程一定是全员推进的。

同时，每个过程都是一个持续进化而非一劳永逸的过程。如发现成果和发现需求是必须成为制度性安排，特别是在逐步建立企业经营管理体系之后，发现成果就成为月度经营分析的主要内容，发现成果的方法和工具与企业日常经营结合量身定制，每月都要进行分析，特别是用趋势图的形式进行判断，才能为企业的有效决策打下坚实基础。

发现需求同时需要日常化或制度化，如明确必须半年进行一次企业组织的需求调查，每位接触顾客的公司员工必须将日常营销和服务过程作为市场需求的调查过程，并将此作为岗位职责和流程任务进行明确。这样，企业就能够不断通过顾客工作和生活场景的点滴发现不一样的，甚至能够成为创新创造新事业的机会起点。同时，在不断发现顾客需求、满足顾客需求的过程中，锻炼员工的个人能力和动力，促进高潜质员工的快速成长。

战略定位和业绩突破的过程也是动态的、日常化的，必须转化为目标和计划，将人、财、物等资源统筹起来，结合发现成果和发现需求不断反馈、优化、调整。

流程优化、岗位说明书（人岗匹配）和激励机制优化也同样是动态进化的过程，从营销（服务）这个最接近顾客，最需要满足顾客需求的流程和岗位开始，梳理营销（服务）流程、明确营销（服务）岗位说明书并进行人岗匹配，结合营销（服务）目标、任务和责任进行激励机制优化，在营销（服务）的基础上，创新、交付（制造）、采购等流程会随之由营销（服务）、创新这个龙头拉起和带动，真正创造一个以顾客为导向的企业，在创造顾客价值的基础上创造资本（经济）价值。

员工成长和现金流两个流程是与上述主价值链流程匹配的，在上述主价值链、流程、岗位说明书、激励机制推进到一定程度的基础上，这两个流程就可以同步制定和优化了。制定和优化这两个流程的目的在于：

（1）充分发挥这两个企业最重要的资源——人和资金的作用。人的成长和产出，资金的效率必须同步提升。

（2）有效验证主价值链达成目标，流程协同的程度，反过来优化和助推主价值链。

　　没有在本书中列出的《瓶颈诊断——全价值链分析表》也需要定期分析，审视全价值链的匹配和配称的程度，以最佳的资源投入获得最优的资本（经济）价值回报。

　　结合上述理解、思考和实践，结合中国中小企业特别是"卡"在规模化瓶颈不能突破的企业实际，笔者和合作伙伴共同梳理了一个企业最简经营管理体系图（见图13-6），作为一个供创业者向企业家进化过程中系统梳理内部结构的工具图谱。

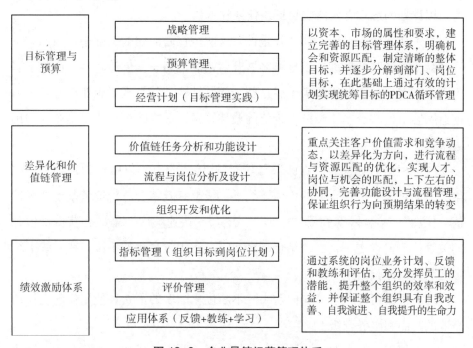

图 13-6　企业最简经营管理体系

　　这个体系图可以梳理本书的相应图表，每个企业可以结合自身实际定制一套最适配自己的系统化、结构化的经营管理体系工具。

七、从目标、机会、资源到计划

基于"目标管理和自我管理"的经营管理体系化工具，我们需要将工具结合目标、机会和资源转化为计划，公司战略计划、年度计划、季度计划（项目计划）、月度计划，每个员工（知识工作者）的战略（成长）计划、年度计划、季度计划（项目计划）、月度计划。

杜邦公式是梳理目标、机会、资源和计划的有效方法和工具，围绕基于杜邦公式明确的"开源、产出、加速、杠杆"，整个公司和每位岗位员工都可以以计划的形式有效落实目标、任务和责任：

（1）在"顾客是谁"和"我是谁"这两个核心问题的交互中，按照"单一产品上大量"的标准向目标顾客展开营销和创新——创造顾客。满足了多少顾客和多少顾客获得了满足感这两个问题结合，就是基于企业核心竞争力创造顾客价值和资本（经济）价值的最佳答案，最终的衡量成果是企业的销售增长。

（2）根据目标顾客"在哪"，以顾客体验为起点，以触点为连结点，以生产力为目标，拉动企业的价值链线下、线上有效结合。价值链基于顾客价值"拉动"，结合顾客在哪"落地"。毕竟，"快速响应"是顾客获得价值感的关键价值要素之一，必须结合顾客在哪，运用数字化的手段，线上线下结合定制价值体验链条。

（3）根据目标顾客"如何购买"不断优化顾客的消费和使用体验，拉动企业的产品和服务升级。

（4）根据目标顾客"认为什么是最重要的"不断优化（甚至开创）让顾客认知和获得满足感的产品和服务。

（5）管理者必须承担起管理的任务，因为上述所有的工作必须通过"管理"，由知识工作者实施——计划我们的工作，按照计划工作。同时，必须建立一个"计划—行动—反馈—修正—再计划—再行动"的PDCA循环体系。

实际上，基于战略定位制订一个3~5年的战略计划。基于年度预算和目标，制订一个年度经营计划，基于半年度、季度和月度，特别是月度目标，并结合上期目标达成情况、机会和问题梳理、资源匹配情况，制订月度工作计划，而企业每个层级的员工，从企业"一把手"开始到每位员工，都应该有一个月度计划（见表 4-1 或表 12-1），这个月度计划是基于成果、优先级和时间管理的有效工具。

OKR，这个目前比较热的工具是一个比较好的目标管理和自我管理工具，但应该与计划管理的甘特图结合使用效果更好，即将目标、关键成果和需要开展的基于优先级的具体任务和行动落实到时间轴上。

当然，只有计划还是不够的，在工作开展之前我们要有计划，但过程中又必须按照实际情况动态调整，不能完全机械地按照计划执行，这时，每一级领导都要发挥他的领导和管理的作用。

德鲁克在《管理的实践》第 27 章"管理者及其工作"中指出："管理者有两项特殊的任务：第一项任务是创造出大于各部分总和的真正整体，创造出有生产力的实体，而且其产出将大于所有投入资源的总和。第二项任务是协调每个决策和行动的长远的需求和眼前的需求。无论是牺牲长期或短期利益，都会危及整个企业。"

基于上述的论断，德鲁克指出，企业管理者必须展开的五项基本活动为：

（1）管理者设定目标，决定目标应该是什么，也决定应该采取哪些行动，以达到目标。他将目标有效传达给部门员工，并通过这些员工来达成目标。

（2）管理者从事组织的工作。他分析达成目标所需的活动、决策和关系，将工作分门别类，并且分割为可以管理的职务，将这些单位和职务组织成适当的结构，选择对的人管理这些单位，也管理需要完成的工作。

（3）管理者必须激励员工，与员工沟通。通过与下属的关系，通过奖励措施和升迁政策，以及不断地双向沟通，把负责不同职务的人变成一个团队。

（4）管理者必须为工作建立衡量标准——这是关乎组织绩效和每位成员最重要的因素之一。他必须确立组织中每个人都有适用的衡量标准，并把衡量标准重心放在整个组织的绩效上，同时放在个人工作绩效上，并协助个人达成绩效。他分析员工表现，也评估及诠释他们的表现。同时，和其他方面的工作一样，他和下属也和上司沟通这些衡量标准的意义及衡量。

（5）管理者必须培养人才。管理者可以通过管理方式，让员工更容易或更愿意自我发展。他引导下属朝正确的方向发展，激励他们的潜能，强化他们正直的品格。

优衣库创始人柳井正在其所著的《经营者养成笔记》中指出："交托工作并予以评价。"

柳井正提出了这样一个问题：如果作为领导者，你的方案（结合本书的语境，我们可以称为计划）只是稍微比下属好一点，你会怎么选择执行方案呢？

他认为：一个好的公司，是所有员工都把工作当成自己的事来做的公司。不好的公司，是所有员工都把工作当成别人的事来做的公司。

柳井正指出：为了成为好的公司，领导者必须让团队成员自己思考工作。而且，工作中还要尽可能地听取成员的意见。

如果成员的想法从根本上就是错的，那当然不能采纳。这时候必须清楚地告诉他那是错的。但如果成员的想法并没有错，如果领导者的方案只是稍微好一点的话，那还是应该让成员按自己的方案去做。

如果领导者总是抱着"这个事就得这么做"，或者"我的方案比你的好"这样的思想，一味地要求成员全部按照你的想法去做事的话，成员的工作热情就会降低。

——这其实就是本书的关键主题之一，所谓的"自我管理"。

柳井正指出：领导者要有"睁一只眼闭一只眼"的勇气。

他认为："工作成果 ＝ 能力 × 干劲"。无论你的能力有多高，创意有多妙，如果执行的人没有干劲，也不会获得好的工作成绩。

既然对部下说了"请按照你自己的想法和做法在某月某日之前完成这项工作"，那么领导者就必须忍耐，必须放手让成员做到最后。

柳井正从松下幸之助先生的说法出发："放手，又不能完全放手。"进而解释道：不能放手了就不管了，而要时刻关注着，必要时还要听取成员的汇报。如果发现成员的做法偏离了企业的根本目标或标准，就要以提建议或指导的方式对他进行修正。

干涉过多的话，越是优秀的成员越会离你而去。"放手"固然很重要，但"放手的方式"也同样重要。

柳井正指出：在放手之前，领导者必须与成员进行反复沟通，让成员清楚自己希望成员达成什么目标、执行什么标准。领导者必须牢记这一点。如果成员对领导者要求的目标和标准尚不清楚，就要不断沟通，直至双方达成共识。否则切不可放手让成员去做。

——这才是目标管理和自我管理的真谛！

柳井正最后指出：领导者在放手让成员去做之后，还必须对成员的工作进行评价，这样才算给自己的"放手"画上了一个句号。自己交托的工作，成员完成得好还是不好，对此领导者必须认真进行评判，并在日常交流时或寻找合适的时机将自己的评判结果告知成员，这一点非常重要。如果放手让成员去做，却不认真给予评价的话，成员的工作水准就不可能有所提高，更加不可能做到高效行动。

第十四章 从 1 到 10 再到 100……

征服自己需要更大的勇气，其胜利也是所有胜利中最光荣的胜利。

——柏拉图

一、从一个人到一个组织再回到组织中的每一个人

看到本书的前言，很多人可能会认为本书是《从 0 到 1》的续集，但真正读下来却会发现：本书还是在写"从 0 到 1"或最多是"1 到 2"或"2 到 3"，在写创业者从心理进化和应用落地的方法和工具的从 0 到 1。

读者可能会问，既然是从创业者到企业家，既然是要做到从 1 到 10，到 100 甚至到 1000，那为什么还是一直在写从 0 到 1 呢？

实际上，很多公司正是因为在"1"这个基础没有打好的情况下贸然向 10、向 100 进化，结果事倍功半、欲速不达，甚至"死"在踌躇满志的路上。

所以，为了做好从 1 到 10、到 100……前提还是那个 1，而为了构建这个"1"，必须从"事"和"人"的角度做好准备，必须构建"目标管理和自我管理"的体系和结构。让我们铭记老祖宗提示我们的：1 生 2，2 生 3，3 生万物。

本书实际上描述了这样一个结构：一个企业由一个人（或几个创业者）开始，最终还必须回到组织中的每一个人，让每一个人特别是知识工作者成为组织内外部的合伙人、创业者。

首先，一个创造和发现机会的创业者开创了一个事业，他的使命、愿

景、价值观和战略目标吸引到一群人，他们一起创造顾客价值、创造资本（经济）价值，这个由一群人组成的组织逐步发展壮大，企业逐步从 0 到 1，这个从 0 到 1 的 1 是一群人的 1，已经不是企业开创时的那一个人了。这个时候，我们才可以说，创业者已经进化为企业家了；这个时候，这个企业就打好了坚实的基础，这个 1 就可以去生 2、生 3、生万物了。

其次，为了让这个组织创造更大价值，必须通过系统化、结构化、组织化的方法和工具，使组织中的每个人都成为创业者，他们一起感知顾客的价值需求的变化、环境的变化、科技的进步……不断创造顾客，他们必须像一个人、一个有机体一样去协同进化。

创业者带领全体员工完成从 0 到 1 的过程极其不易，但想从 1 到 5、到 10、到 100 则更加艰难。难点在于：

（1）找到与创业者这个 "1" 一样能干的创业者很难，因为如果有像他一样能干的创业者基本上都会自己创业了，怎么可能等在那里被他发现、为他 "打工"。但还有一条路，企业内部创造一个 "创业生态"，创业者既可以找到与他一样的优秀的创业者加盟或联盟，也可以从年轻的大学生中发掘才干，找到他 "过去的自己"。

（2）如果创业者是直觉型的快思考者（见《思考快与慢》，作者卡尼曼），企业进化的过程就是在他过去 "直觉上" 的成功基础上构建一个系统化、结构化和组织化的理想的企业（所谓 "1"）模型。这一定也不是直觉型的创业者所能具备的能力，他的 "慢思考" 能力一定需要被匹配，但他可能很难如马云一样 "碰" 到蔡崇信。

（3）这个模型一定是 "分权制" 的，因为在模型构建的过程中必须同时将企业员工（知识工作者）的优势和强项进行匹配，去承担相应岗位的责、权、利，而每个人被细化为 "螺丝钉" 的过程，又恰恰为创业者提出了另外一个巨大的挑战，就是能不能作为一个管理型的知识工作者领导、统筹和管理企业内部的各个专业型的知识工作者。

上述三个难点也只是假设创业者不是 "专制型" 的领导，如果创业者更偏爱爱迪生或老福特那样"老板 + 随从"的管理模式，则表明该创业者并无领导、发掘和培养一大批创业者，而自己进化为企业家的诉求——从创业者到企业家的进化首先是"人"的意愿问题。

所以，如果创业者有进化为企业家的意愿，那我们必须"从目标开始"，用目标使每一位员工的方向与顾客的需求一致，与企业追求的资本（经济）价值和社会责任一致；我们必须"用流程梳理"，将对创造成果的渴望转化为"过程"，将任务落实到具体岗位，将责任落实到具体人；我们必须"由机会着手"，机会在我们的核心竞争力中，机会在我们认知的顾客价值（或顾客认知我们的价值）里，机会在我们发掘的每一位员工的意愿和能力里，机会在我们的高效行动中。

二、合伙人的重要性

亨利·福特在 1903 年开创企业之前，他先找到了一个合适的人做合伙人，这个合伙人叫卡曾斯（James Couzense），由他负责管理、财务、分销渠道、市场推广、销售和人事。福特认为自己不属于上述领域，他认为自己擅长和专注于工程和生产领域，而且打算只让自己负责这两个领域。

卡曾斯为公司的成功所做出的贡献与福特一样大。许多归功于福特的著名政策和措施，如 1913 年著名的 5 美元日薪和开辟分销渠道及服务等政策都是卡曾斯的主意。一开始，福特还反对这些政策。后来，卡曾斯功高盖主，福特越来越忌妒他，卡曾斯于 1917 年退出福特公司。而且，卡曾斯离开之前的最后一个建议是坚持废弃 T 型车，用公司的巨额利润的一部分开发后续车型。

福特汽车公司的成长和繁荣在卡曾斯退出之日起就停滞了。短短几个月以后，当亨利·福特一世包办了高层管理的所有功能后，福特汽车公司就江河日下。亨利·福特固守 T 型车不放，整整 10 年未推出新车，直到该车型无人问津为止。卡曾斯被解雇后的 30 年里，公司的下滑一直没有被扭转过来，直到老福特过世，他的孙子年轻的亨利·福特二世接管时，公司已经濒临破产。

GE 前总裁科迪纳在 1953 年以《有效的组织结构》为题在哈佛商学院

演讲的时候讲道："企业 CEO 如果负责，应该在接受任命的 3 年内，努力找到 3 名以上的主管和他表现不相上下，有资格接任他的职位……我们因此认为，企业最高阶层应该有一些职位和 CEO 的职位一样重要，薪资水平差不多，而且具有同样的威望，这是非常重要的事情。如此一来，等于创造了好几个执行副总裁的职位，他们组成了高层管理团队。我们的想法是，这些高层主管应该和总裁及董事长成为一个团队，每个人都有自己的特殊职责，同时在必要时，又能接替其他人的工作。"

这也应该成为一个标准，也就是说，一个企业是否准备好了三个以上的 CEO 的随时接任者，是这个企业的创业者向企业家进化成功的一个标志。

100 年前福特的案例告诉我们，创业者一定起码需要一个互补的合伙人。60 多年前科迪纳的演讲告诉我们，创业者必须找到和培养三个以上可以随时接替自己的人。

三、一个企业家带领一群创业者持续进化

哈佛商学院创业研究领域教父霍华德·史蒂文森（Howard Stevenson）将"创新精神（企业家精神）"定义为：追寻现有资源范围以外的机遇。这实际上可以诠释为：

（1）"追寻"是指绝对专注的态度：①极度的专业化，发挥知识工作者知识专长；②极度的专注，研发出顾客体验极佳、科技领先的产品和服务。

（2）"现有资源范围以外"是指要突破资源限制：①敢于打破自己过去构建的体制僵化的限制；②客户需求发掘和创造；③资本、资源、知本的连接和共创。

（3）"机遇"是指要创造并有所作为：①忘记"我（我们）"，以顾客为中心，发掘顾客新需求：推出创新产品或改进已有产品，质更优、价更廉；②设计全新商业模式；③发掘新客户群。

笔者在前言中总结了这样一个结论：一个创业者发掘和培养出一群创业者了，他就从一个创业者进化为一个企业家了。

实际上，企业的开创者从创业者进化为企业家，必须经过一个量变到质变的过程，增加一些必须增加的特质、摒弃创业者的某些特质，但他同时必须保持创业者的某些特质，既做到某些特质的相对稳定和固化，又能保持企业的创新创业的活力和动力，能在两者之间求得动态平衡。

同时，他必须用全新的视角发掘和培养具备全新创业者特质的平台上的创业者，通过目标、流程和机会为核心要素的企业经营管理体系，使知识工作者能够做到"目标管理和自我管理"，从而促进知识工作者成为岗位上的创业者，我们可以称为平台创业者。

对于平台创业者而言，与平台现有业务的目标、流程、机会不同，他开创新业务时，这三个要素需要调整次序为：目标、机会、流程。因为平台创业者需要在平台的远大目标框架下，先由机会着手，并基于机会创新创业，并努力将机会发展为一项新事业，定制价值链和流程，开创出平台的第2、3……曲线。

我们从前言表0-1引申一下，可以简单绘制一张从企业家发掘和培养平台创业者的"人"与"事"要素矩阵表，如表14-1所示。

表 14-1　企业家发掘和培养平台创业者的"人"与"事"要素矩阵

维度		人：企业家→平台创业者	
		企业家	平台创业者
事：经营管理体系	从目标开始	①从使命、愿景、价值观出发制定远大目标 ②目标既是自己，更是利益相关方共同的 ③使目标成为激励全员的最有效因素	①从公司的使命出发提出更具挑战性的目标 ②挑战各种不可能，敢于实践、试错和失败 ③将目标作为总结和提升的基础，修正目标
	由机会着手	①视时代进步和顾客需求变化为最大机会 ②从核心竞争力出发有所不为、有所为 ③激发知识工作者的意愿和能力创造机会 ④将机会作为开创新事业的起点	①从成果区总结、在顾客洞察中发掘新机会 ②个人和团队学习成长创造新知识、新机会 ③有意愿和能力基于创新展开平台创业 ④有组织地放弃过去，大胆创造未来

续表

维度	人：企业家→平台创业者	
用流程梳理	①从顾客需求出发定制企业价值交付流程 ②通过流程再造共创利益相关各方共赢 ③通过流程落实责、权、利，培育创业者	①基于顾客需求或产品创新发掘新应用场景 ②精益创业，迭代优化、创造新价值链 ③将新价值链发展为新的事业、第二曲线

一个创业者在不断发掘和培养新的创业者的时候，则这个创业者就在向企业家进化。在这个过程中，伴随着他本人对企业经营管理体系的构建，伴随着他通过目标统一大家的方向而不是他的要求，伴随着全员洞察机会发掘组织更大的潜力和可能而不是由他一个人发现和创造机会，伴随着用价值链和流程落实顾客的需求而不是他的需求。

这个时候，因为"从目标管理到自我管理"的经营管理体系的构建，全员能够建立最基本的经营管理假设，掌握必要的基于目标、流程和机会的管理方法和工具；这个时候，实现"自我管理"的每位知识工作者就会逐步向平台的全新一代的创业者进化，这个进化应该包括三个进程：

1. 知识工作者成为自己岗位上自己的"首席执行官"

这是德鲁克 89 岁高龄在《21 世纪的管理挑战》一书对知识工作者的要求。也应该成为知识工作者对自己的要求，应该成为组织对知识工作者的要求，应该成为企业创始人向企业家进化过程中对自己要求的一个关键环节和自己是否真正向企业家进化的一个最重要的衡量标准。

衡量知识工作者是否有效展开"自我管理"应该包括以下三个标准：

（1）他们会在公司整体目标的基础上，结合自身对专业知识和职能定位的理解，提出更具挑战性的目标，发掘更大的机会和组织的潜能，发现更简单高效直达顾客满意的流程，特别是主动贡献自己的知识，创造更大的生产力。

（2）他们会站在跨界的角度，突破部门、职能和专业的视角和限制，与上下左右的岗位和部门高效协作，特别是在流程和职责的交叉与"灰度地带"，充分发挥自己的优势，发挥团队的优势，有意识地匹配团队其他成员的不足，创造更大的生产力。

（3）他们会担当更多、更大本不属于他们的责任，因为责任，他们主动寻求获得相应更大的权力。而他们的更大的责任和权力的统一实际上来源于他们创造的价值，特别是基于顾客价值满足而创造的资本（经济）价值。

2. 知识工作者做到"自我突破"

人生即修行，工作更是修行。在企业促进"目标管理和自我管理"的经营管理体系构建的过程中，在基于目标管理促进自我管理的基础上，实现了自我管理的知识工作者就可以实现"自我突破"了。

衡量知识工作者是否有效实现"自我突破"应该起码包括以下三个标准：

（1）他们会在公司整体目标的基础上，回归企业初心，从企业的使命、愿景和价值观出发，发现新的战略目标和方向，为企业突破性成长洞察和创造全新可能。

（2）他们在为顾客服务过程中，洞察到顾客未被满足的甚至是隐性的需求，基于需求和公司核心竞争力，重新组合知识创新创造，创造新的事业可能。

（3）他们会基于企业知识、企业的核心竞争力，结合自己和团队的学习和成长创造新知识，并基于新的知识洞察到全新的应用场景，创造新的顾客群，创造新的市场机会，创造新的事业可能。

3. 知识工作者真正成为"平台创业者"

在企业家的支持下、在平台的支撑下领导、组建和参与新的团队在企业的价值链上下游、产业链上甚至全新的领域创业。

衡量知识工作者是否真正成为"平台创业者"应该包括以下三个标准：

（1）最终的成果与最初的设想大概率是大相径庭的，所以，从构想到实践会有极大的差异和差距，这期间巨大的鸿沟必须用行动去承诺、用失败去积累、用迭代去创造、用价值去跨越。这个时候，渴望、勇气、意志、毅力、责任这些创业者难能可贵的品质将是最珍贵的。

（2）他们依托企业已经构建的价值链和平台优势，无论从现有顾客新的需求满足出发，还是从现有产品的新的应用场景出发，可以更加有效地运用精益创业的思维、方法和工具，更快速地迭代创业，通过快速失败降低内部创新创业的成本，在快速创造顾客价值基础上创造经济价值，为平台创造新的事业，新的绩效增长点。

（3）他们依托企业家已经构建的经营管理体系和鼓励创新的机制优势，在企业价值链的内外部组织合伙人团队，通过合伙人团队的优势组合，知识组合，在企业所在的产业链上创新创业开创新的事业的同时，发掘和培养出与他一样优秀的更多平台创业者。

55 年前，德鲁克先生在《成果管理》的《结束语：责任》中提出：组织得井井有条的企业已经成为现代经济和社会的创业中心。

这个结论告诉我们，企业要想发展壮大，就必须让组织中的每个人都成为组织中他的领域的创业者，成功的企业就是为每个组织中员工搭建的企业内部的创业平台，而且只有如此，企业也才能够走向成功。

"如果商业企业是现代经济的创业中心，那么企业中的每一名知识工作者必须成为创业者""个人企业家必须把企业组织得井井有条，而且在取得任何成功后，他必须亲自肩负起管理者的职责。否则，他的创业成就立刻就会化为乌有。"

虽然"在现代企业中，知识是核心资源，几个高高在上的人无法靠自己的力量万无一失地取得成功"，但"最高管理者不会因此变得越来越不重要，或他们的工作变得越来越简单。相反，他们给他们的任务增加了新的、富有挑战性的内容：领导、引导和激励知识工作者成为卓有成效的管理者"，成为平台的创业者。

所有的一切根源还是创始人自己，创始人需要进化，创始人需要带领企业的知识工作者向平台创业者进化，而他，则在发掘和培养一群创业者的同时向企业家进化。

四、从 1 到 n，从蜕变到聚变到裂变

创业者向企业家蜕变进化的过程中，需要通过构建经营管理体系实现组织"聚变"，真正将企业、组织和团队的力量通过目标、流程和机会聚合，蜕变和聚变的阶段我们可以称为"1 生 2，2 生 3"，基于个人蜕变和组织聚变才会为实现团队和组织裂变打下基础，所谓"3 生万物"。

本书所称的 1 到 n 与彼得·蒂尔在《从 0 到 1》所提到的 1 到 n 有本质的不同。他在《从 0 到 1》一书所提到的 1 到 n 是指一个企业复制其他企业而做到 1 到 n。本书所称的 1 到 n 是指企业自身做好了 1，它自身就可以从 1 到 5，到 10，到 100，到 n 了。

创业者创业成功并向企业家进化实属不易，需要经历一些难以逾越的"坎"，最难的是我们在前言中所述的 1 亿元营收规模化的"坎"和第 7 章所述人员规模化的"坎"。这个时候，企业必须基于目标引入有效的流程化的组织、制度和体系进行管理，基于目标、流程促进更大机会的发掘、发现和创造。

所以，创业者向企业家蜕变进化、企业组织聚变的过程，是人与事交织的突破过程，是一个人到一群人到一个组织的突破过程。在这过程中，创业者自身心理需要突破，管理体系需要构建，员工需要实现自我管理，营销和产品（服务）必须时刻保持竞争力并努力创造差异化，机制需要创新以培育和吸引比企业开创者更能干的合伙人和员工——人的蜕变和组织聚变打好了基础，就可以进入人和组织裂变的阶段，就会为突破规模化发展瓶颈、实现从 1 到 n 打下坚实基础。

这个过程的复杂程度超出了一般人们的想象，这也应该是大部分企业无法突破规模化发展瓶颈的根本原因之一。一个创始人（或团队）如何有效地在这个过程中把握好相应的度（很可能是任正非所讲的灰度）是不容易的一件事情，同时，这又是令人振奋、促人突破、进步和成长的一件事情。

笔者试图通过一张简图更加形象和清楚地阐述这个过程，如图 14-1 所示。

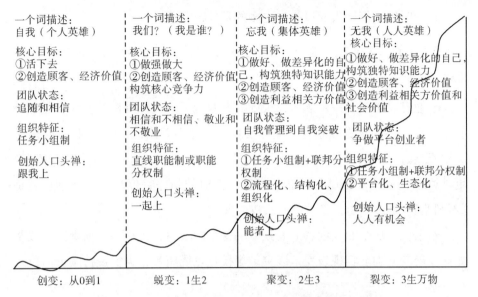

一个词描述：
自我（个人英雄）

核心目标：
①活下去
②创造顾客、经济价值

团队状态：
追随和相信

组织特征：
任务小组制

创始人口头禅：
跟我上

一个词描述：
我们？（我是谁？）

核心目标：
①做强做大
②创造顾客、经济价值，构筑核心竞争力

团队状态：
相信和不相信、敬业和不敬业

组织特征：
直线职能制或职能分权制

创始人口头禅：
一起上

一个词描述：
忘我（集体英雄）

核心目标：
①做好、做差异化的自己，构筑独特知识能力
②创造顾客、经济价值
③创造利益相关方价值

团队状态：
自我管理到自我突破

组织特征：
①任务小组制+联邦分权制
②流程化、结构化、组织化

创始人口头禅：
能者上

一个词描述：
无我（人人英雄）

核心目标：
①做好、做差异化的自己，构筑独特知识能力
②创造顾客、经济价值
③创造利益相关方价值和社会价值

团队状态：
争做平台创业者

组织特征：
①任务小组制+联邦分权制
②平台化、生态化

创始人口头禅：
人人有机会

创变：从0到1　　　蜕变：1生2　　　聚变：2生3　　　裂变：3生万物

图 14-1　创业者向企业家进化的蜕变、聚变和裂变过程

我们可以用图 14-1 中五个维度简单归纳和总结一下创业者向企业家进化的四个阶段：

1. 在创变阶段，这个时候的关键词是"自我"

创始人是以个人英雄的形象和身份出现的，他必须是一个全才，要么是一个创始合伙人团队组成了这个全才。他必须依靠自我的力量，一个人将营销、产品、交付、采购全过程打通，同时，还需要懂财务，否则，他无法核算是否赚钱；他还需要懂人事，否则他不知道如何招聘到合适的员工。

这个时候，他的主要目标是活下去，他经常处于现金流随时断流的境地，处在目标顾客选择、产品打磨、模式试验阶段。他必须创造顾客价值，为顾客提供产品和服务，赚钱是这个阶段的第一目标。

这个时候的团队人数还比较少。留下来的员工都是因为选择相信才留下来的，他们都是创始人的粉丝和追随者。

这个时候的组织很简单，基本是基于任务的一岗多能，基本是根据创始人的命令和要求展开工作的。

这个时候，创始人的口头禅更多的是：跟我上。

2. 在蜕变阶段，这个时候的关键词是"我们？"，但却是怀疑和纠结的"我们？"

企业已经做到了一定规模，但随着营收规模和员工规模的扩大，创业者有了力不从心的感觉和感受，突然发现自己并不万能，对团队又有所怀疑，又缺乏促进企业和团队创造更大绩效的方法及体系；企业规模的止步不前，更加剧了创业者对自己和团队的怀疑。有时候想停一停，但发现创业就是"不归路"，不进则退，必须硬着头皮向前。

本书就是从企业开创者需要蜕变的这个阶段写起，写到如何聚变，以及如何在聚变基础上实现裂变，以突破规模化发展瓶颈，为实现持续价值成长打下基础。

这个时候，困惑、痛苦、煎熬的创始人开始寻求开创企业的意义，开始追问"我是谁"，并开始试图总结企业的使命、愿景和价值观，甚至设想通过"文化"管人。

这个时候，他的目标呈现一种纠结状态：既想做强、做大，但又发现不知道如何做强、做大。他发现机会就在那里，但却几乎不能抓住，而自己身陷救火和问题当中。他希望创造顾客价值和资本（经济）价值，但发现顾客可能因为不满正在远离他而去，资本（经济）价值创造能力持续下降。

这个时候，团队开始出现不和谐，老员工无法如过去一样与创始人称兄道弟，新员工难以相信企业的目的、目标和方向，不相信创始人、不相信企业的员工比例可能会大幅上升，员工敬业度持续下降。

这个时候，公司开始用直线职能制落实责任，试图发挥团队的力量，却发现部门壁垒高筑，每个人都声称为公司负责，但实际上大部分工作是在他的专业和职能领域对上级负责，因为没有价值链上下游的协同无法对顾客负责，无法对顾客负责，责任就会只是一句空话、套话和大话。

这个时候，创始人不断大声疾呼：一起上。却发现没有人上，或没有人能上。

3. 在聚变阶段，这个时候的关键词是"忘我"

不经历风雨，无法见彩虹。经过蜕变阶段的痛苦、纠结和挣扎，创始人从痛定思痛改变自己和改变组织两个维度入手。这个时候，他开始了体系构建，通过体系而不是他自己促进团队和组织的绩效突破。这个时候，个人英雄的企业开始向集体英雄的企业进化。

这个时候，他找到了自己，他的目标能够从使命、愿景和价值观出发，有所不为、有所为。他开始如彼得·蒂尔在《从 0 到 1》书中所写到的，从竞争中解放出来，"创造出崭新的事物，给消费者更多的选择"，通过"解决一个独一无二的问题获得垄断地位"。并在此基础上创造顾客，创造资本（经济）价值，进而创造更多利益相关方价值，为裂变打下基础。

这个时候，因为经营管理体系的构建，企业团队开始实现"目标管理和自我管理"，并向"自我突破"（本书用词）进化。

这个时候，组织特征是任务小组制＋联邦分权制，从任务小组制的创新创业，到发展为全新事业后的联邦分权制实现组织和机制突破。

这个时候，创始人口头禅转变为：能者上。

4. 在裂变阶段，这个时候的关键词是"无我"

通过聚变集聚力量之后，企业和企业家就汇聚了宇宙爆发状态的能量，这个时候，人人都可成为英雄。

这个时候，他逐步进入无我的状态。通过目标、组织和机制来进行领导和管理。

这个时候，他的目标从裂变时期对目标理解的基础上，更多考虑社会价值，真正回归初心、回归使命。

这个时候，因为目标、组织和机制的系统作用，团队成员都努力创造机会、提升自己向平台创业者进化。

这个时候，组织特征依然采用任务小组制＋联邦分权制，固化的业务因为人的裂变而持续裂变；新的业务继续通过任务小组制开创，在发展为全新事业后通过联邦分权制开创出第二曲线。企业向平台化、生态化转型和进化。

这个时候，创始人口头禅转变为：人人有机会。

必须说明的是，图 14-1 只是笔者设想的一种最简单的、通过具象表达的创业者向企业家进化的一种形式，上述的四个阶段、五个维度只是笔者从自己角度的解读和理解，不可能把全部要素和特征表述到位，一定还会有更多的现象、维度和有意义、有意思的现象和维度需要和值得被大家共同发掘。

而且，这种从创变到蜕变、到聚变、到裂变的过程也不可能完全机械地按照这样的次序进行，图 14-1 只能算是一个最简单的、易于理解的模型。

笔者希望，期望突破规模化发展瓶颈、走在蜕变阶段的企业开创者们，既然我们无路可走、无路可退，那我们就突破自己、勇往直前吧。

既然我们蜕变的时候更多地需要与自我做斗争，那我们就战胜自我，逐步忘我和无我吧。

既然我们通过蜕变到聚变后有更加光明的裂变可能，那我们就从目标开始、用流程梳理、由机会着手构建我们的经营管理体系，通过目标、组织和机制解放自己，促进知识工作者向创业者进化吧。

笔者相信，"从 0 到 1"你行，那么"从 1 到 n"，你一定也行。

致　谢

感恩即是灵魂上的健康。

——尼采

秋天是收获的季节，今天是 2019 年立秋，又一年的秋天的开始，于今天进行本书的收尾和"致谢"又有一种怎样的意义？

这本书能够开始动笔首先要感谢的是蒋石竹老师，她是一位令人尊敬的一直致力于为中国企业导入德鲁克管理理论和方法坚定的践行者，她践行的主题是《卓有成效的管理者》。正是在她与笔者充分探讨德鲁克的管理真谛的过程中，使笔者能从"人"的角度回顾起自 2004 年开始在东风汽车公司以"方针（目标）管理"为核心导入日产生产方式（NPW）的理论、方法和工具，并于 2010 年起服务民企、创业的成功和失败的点滴。笔者感觉有必要将德鲁克的管理理论与自身的实践进行充分的总结和梳理了。本书原拟题目为《从目标管理到自我管理》，以《从创业者到企业家》作为副标题，但蒋老师建议笔者进行主副标题互换，非常感谢她的中肯建议。

需要感谢的是 2018 年开始参与清华 BI（挪威商学院）教育项目的同事们。美籍华人林钰钊（George Lin）老师是我的老师，他帮助我厘清了很多似是而非的基本概念和基本原理，特别是本书中"知识工作者创造 50 倍生产力"的设想就是由他最早提出的，那个最简的经营管理体系图也是我们合作的产物。周健老师多年来从事企业管理咨询服务并作为香港某上市公司副总裁和董秘在大型企业工作多年，主持过 200 亿元以上的并购案，很荣幸能与他共事，他对笔者写作本书给予了很多鼓励并提出了很多好的建议。耿毅老师是一位年轻的创业者，来到清华 BI 教育项目是为了"静静"重新出发，他自大二开始学习和实践德鲁克理论和方法，作为一个暖男却从事了母婴领域的创业事业，他对本书的结构和内容提出了很多好的意见和建议，特别是在他的鼓励下，我们注册和运营了"一亿先生教练"这个公众号，为正在突破规模化发展瓶颈的企业家和企业服务助力。

需要感谢的是我的"师傅"唐跃青和我的"徒弟"雷有发。唐跃青先生是原 DFL 组织开发部负责人和 QCD 改善部负责人，当时笔者获得第 2 个日产全球总裁奖就是在他负责导入 V-up 期间对我的认可，他对本书的结构和内容提出了很多好的意见和建议。雷有发先生是笔者任职上市公司总裁的那家公司最大的子公司的一名员工，后来依靠自身的努力成为上市公司最重要的子公司的高管，他也是一位德鲁克理论和方法的坚定践行者，他对本书内容提出了很好的意见和建议。

需要感谢长沙工信局周双恺副局长，周局长在百忙中抽出时间关心本书的写作，并对本书进行了审阅，对本书如何能够与企业家产生共鸣提出了很好的建议。

需要特别感谢的是陈远先生和朱德全先生，陈远先生是笔者在上市公司任职期间的实际控制人，是他邀请笔者去北京参与清华 BI 教育项目的运营，陈远先生是一位博览群书的创业者、企业家和金融家，基本上每 3 天看一本书，他有句名言：所有的管理书籍所阐述的内容都是德鲁克管理理论的推论，都可以从德鲁克的原著中找到理论出处，学习管理看德鲁克的书足够了。

朱德全先生是清华工研院的副院长，正是朱院长和陈远先生的信任使笔者负责了一段时间清华 BI 教育项目的运营，并在运营过程中向为教育项目付出的教授、教练和创业者们学到了更多，特别是朱院长提出的"客户价值、资本价值和企业价值"的系统思考，对我启发很大。

需要感谢的还有我们长沙龙企投资公司的另外 11 位合伙人，我们自

2013年开始，以创建和服务区域龙头企业这个梦想起航，一起走到了今天，虽然还一直在路上。他们是我们龙企投资的董事长丁润良先生、总经理胡懿姿女士和其他合伙人欧腾先生、周耀先生、黄得意先生、刘新先生、刘喜荣先生、魏仲珊先生、欧阳增军先生、刘黎明先生、綦锋先生。欧腾先生建议本人将书名中的"创业家"的"家"字改为了"者"，他是我的一字师。他们一直是我创业和成长路上的陪伴者，这更让笔者理解：陪伴和时间是人生最好的老师。

着重需要感谢的是笔者近期深度参与他们实践的企业和企业家们，他们实践才是最弥足珍贵的。在为他们服务的过程中，使笔者获益良多。他们是浙江的郑必华先生和王燕芳女士，北京的张送根先生，上海的沈悦先生、李闯先生和王智慧先生，湖南的黎明先生、刘喜荣先生、魏仲珊先生。

更需要感谢的还是我的家人们，没有他们的支持和理解，本书是不可能在4个多月时间成稿的。父母是我们的"佛"，我人生中最遗憾的事，就是一直不能在二老身边尽孝，希望把这本书作为送给他们的礼物，祝福他们二老身体健康。同时还要感谢弟弟李军立和弟媳李敏，他们帮我承担了照顾父母的重任。

最要感谢的是我的妻子和两个孩子，作为她们三个的"情人"，她们一直支持我通过书籍去传播自己的实践，我的妻子何霞女士自2011年移居长沙以来逐步有了自己的生活圈子，并以帮助8岁的二女儿李嘉睿养成好的生活习惯和学习习惯为任务，她的生活非常充实。大女儿李嘉祺今年18岁成年了，马上步入大学生活，希望在未来大学4年的学习中做最好的自己，而且她也承担了本书的校对任务，本书每一章都有她认真校对的痕迹，真的感谢她的认真和细心。今年秋天读小学三年级的二女儿李嘉睿很有志气，她希望像爸爸一样读书和学习，未来目标是考上清华大学，祝福她心想事成。

最后，特别需要感谢的是已经长眠的德鲁克先生，他的思想和理论一直在发挥着巨大的作用，激励着我们这些以管理为职业的知识工作者前行，笔者希望践行德鲁克的"中国的管理必须由中国人实践"的希望。笔者正是从德鲁克管理理论的最关键环节"目标管理和自我控制"和"自我管理"出发，站在伟大的德鲁克先生的臂膀上，基于落地性和实践性系统化和结构化了本书的主题和内容。同时，还要感谢书中援引的相关知识和案例的原作者，正是他们在探索企业创造价值和成果的过程中无论从管理维度还是领导维度、无论是从理论维度还是工具维度、无论是从方法维度还是人性维度的实践赋予了笔者实践的理论、方法和工具的力量。

从几百年前的亚当·斯密开始，人类为创造价值而进行了卓有成效的实践经验、方法和理论的总结、升华，笔者以"目标管理和自我管理"为主题，以"从创业者到企业家"成长为主线，希望能够对企业和企业家的成长有所帮助。但其中错误在所难免，希望各位读者批评指正，你的指正是我继续实践的出发点、落脚点和动力之源。